KB154430

세계사 만물관

세계사 만물관

LE
MAGASIN
DU MONDE

피에르 싱가라벨루·실뱅 브네르 엮음

김아애 옮김

윌북

∼

세계사의 이면을 보게 될
한국 독자에게

이 책의 기획은 우리 두 사람이 함께 집필한 『19세기 세계사His-toire du Monde au XIXe siècle』에서 시작되었다. 『19세기 세계사』에서는 19세기 동아시아의 재편부터 러일전쟁까지, 한국과도 관련 있는 여러 사실을 비롯해 지금까지 제대로 알려지지 않았거나 충분히 평가받지 못했던 역사적 사항들을 다루었다. 우리는 전반적인 구성을 고민하면서 총 네 챕터 중 하나에 '세계의 도서관'이라는 제목을 붙였는데, 이 결정에 학문적 혹은 윤리적인 문제가 있다는 생각이 들었다. 물론 글은 유통력이 강한 매체지만 글을 연구하는 것만으로는 세계 전체를 포괄할 수 없기 때문이다. 문자로 적힌 결과만 고려하는 경우, 문자가 없는 사회를 배제할 위험이 있고 문자 사회 내에서도 글을 읽을 줄 모르는 사람들의 존재를 지우게 된다.

이 문제를 해결하기 위해 우리는 각종 사물과 원자재가 잡다하게 뒤섞인 창고이자 전시관인 '세계의 만물관' 챕터를 구상했다. 고무, 상아, 석탄, 아편, 시계, 퀴닌 등 사물과 원자재의 생산, 유통, 적응 방식을 살피면서 세계사를 색다른 방식으로 파악하려 한 것이다. 곧 여러분이 느끼게 될 것처럼, 우리 또한 각 분야의 전문가들이 작성한 30여 편의 짤막한 글들을 따라가며 놀라운 역사를 발견할 수 있었다.

'세계의 만물관' 챕터를 집필한 공저자들은 의욕과 열정을 보이며 그만큼 독창적인 글을 쓰기 위해 최선을 다했다. 다행히 독자들도 이 챕터에 열광적인 반응을 보였고, 우리는 더 많은 인원으로 팀을 꾸려 수많은 사물이 전해줄 수 있는 세계사를 더 깊이 파고들어가보기로 했다. 이번에는 대량생산된 '사물'에 집중해서 『세계사 만물관』의 목차가 될 목록을 적어 내려갔다.

우리는 이 책에 실을 사물들을 19세기에 국한하지 않고 가장 최근 시대까지 넓게 그물을 펼쳐 선정했다. 처음 작업을 시작했을 때는 시공간이 뒤섞이며 이렇게까지 격변의 시대가 연이을 줄 몰랐지만 말이다. 어떤 사물을 소개할지 고민하다가 각종 뉴스에서 좋은 아이디어를 얻기도 했다. 가령 노란 조끼나 마스크 같은 물건은 현시점에서 모두가 생각해봐야 할 거리가 담긴 물건들이니 말이다. 알고 보면 동아시아에서 초창기 보급이 시작된 물건, 과거와는 다른 의미와 가치를 갖게 된 물건 등 우리는 이 책에서 많은 사람이 평소 잘 모르는 채 살아가는 물건 속 숨겨진 역사들을 다루었다. 결과는 기대에 부응할 만한 수준이었다. 학계를 넘어 일반 독자들의 관심을 불러일으켰을 뿐만 아니라 기대했던 것보다 더 많은 생각거리를 남겨주었으니 말이다.

일상을 구성하는 사물들의 지역적 연원은 생각보다 훨씬 다채로우며 우리 선입견만큼 서양에 편중되어 있지도 않다. 또 각 물건들의 생산과 유통은 전 세계적으로 놀라운 영향을 미치고 있다. 비록 처음에는 물건들의 리스트가 엉뚱해 보일 수 있지만,

사실을 알면 알수록 현인류를 구성하는 경제, 사회, 정치, 문화적 바탕과 연결 관계가 꽤 복잡하다는 걸 느낄 수 있을 것이다. 덧붙여, 이 책이 다루는 세계화의 역사는 서양 청소년들이 점점 더 열광하는 독특한 문화의 주인공인 한국을 거쳐 가지 않을 수 없다. 등장하는 물건 가운데 많은 것이 한국 독자에게도 익숙할 것이다. 젓가락, 샴푸, 피아노, 모두 전 세계인이 함께 쓰고 있는 것들이기 때문이다.

한편 우리는 먼 옛날부터 한국이 속한 동아시아 지역에서 지도를 제작하던 전통이 서양 쪽의 지도 제작 방식과 어떻게 겨뤄왔는지, 중국의 태음태양력이 한반도의 역법에 어떤 방식으로 영향을 주었는지 같은 역사적 팩트도 짚었다. 물론 동시대적인 흐름도 다루었다. 예를 들어 사람들이 여름에 즐겨 신는 플립플롭이 석유가 생산되는 쿠웨이트에서 출발해, 폴리에틸렌과 에틸렌비닐아세테이트 알갱이를 만드는 대한민국의 산업단지를 거쳐, 플라스틱 샌들 제조 활동으로 전 세계 오대륙을 연결하는 제조업의 절대 강자 중국의 푸저우를 찍고, 메이드 인 차이나 완성품 수만 켤레가 유통되는 아프리카 최대 시장 에티오피아의 아디스아바바에 도착하는 긴 여정을 따라가는 건 흥미롭고 신기한 간접 체험일 것이다.

세계사에 관심이 있는 사람들조차 자신에게 친숙한 영역 외의 것은 알기를 꺼려하는 우를 범하곤 한다. 하지만 가장 일상적인 사물들이 각자의 방식으로 세계사를 말하는 것처럼, 익숙하지 않아서 다룰 줄 모르거나 더 이상 취급하지 않는 물건이라 해도 그것들이 중요한 이야기를 담고 있다는 사실에는 변함이 없다. 한국 독자들도 이 책을 읽는 동안 어쩌면 낯설게 느껴지는 물건을 마주할 수 있겠지만, 부디 열린 마음으로 받아들였으면 하는 마음이다.

나 자신과 타인의 일상을 들여다보면 온 세계가 얼마나 긴밀하게 연결되어 있는지 느낄 수 있다. 이제 여러분에게는 사물들의 이야기를 들으며 깜짝 놀랄 준비만이 남았으니, 기대해도 좋다.

여러 저자를 대표해
피에르 싱가라벨루, 실뱅 브네르

⋏

가장 일상적인 사물들에
켜켜이 쌓인 뜻밖의 세계사

당신은 쇼핑을 마치고 마트 계산대 앞에 서 있다. 쇼핑 카트에는 무엇이 들었을까? 샴푸, 페트병, 알루미늄 캔, 연고, 볼펜, 추잉 껌, 전구, 탐폰, 재봉틀용 실, 콘솔 게임기에 넣을 건전지, 카메라 플래시, 통조림 캔… 물건이 수북하다. 청바지 뒷주머니에서 진동이 울려 스마트폰을 확인한다.

　오늘 저녁 당신은 신문에 좋은 평이 실린 재즈 공연을 보러 갈 예정이다. 오랜만의 데이트를 앞두고 마음이 설렌다. 우아한 업라이트 피아노가 서 있는 공연장의 근사한 분위기를 상상해본다. 연주자들은 반도네온으로 낭만적인 탱고를 반주하거나 밴조로 유쾌하게 흥을 돋우겠지. 저녁에 외출할 때는 세미 정장을 입을 수도 있고, 인도 여행에서 충동적으로 산 사리를 입을 수도 있다(안 될 게 뭐람). 무얼 하든 텔레비전 앞에서 시간을 보내는 것보다는 나을 것이다. 공연이 끝나면 중식당에 가서 은은한 양초 불빛을 즐기며 젓가락으로 식사를 할 것이다. 기분이 좋으면 시가를 한 대 피울지도 모른다. 저녁 일정의 끝은 아마 침대일 것이다. 콘돔과 피임약은 아직 넉넉히 남아 있고, 얼마 전 새로 산 성인 용품을 실험해볼 수도 있을 것이다.

마트에서 지폐 세 장을 내고 계산을 마친 뒤 집으로 돌아온다. 우편함에 우표가 붙은 엽서 한 장이 도착해 있다. 엽서 뒷면의 풍경을 보니 문득 여행이 간절해진다. 이번 휴가 때는 어디 멀리 가볼까? 등산화, 텐트, 해먹은 있고, 여권 유효 기간만 확인해보면 된다. 달력을 보니 다행히 일정이 맞는다. 그때 강아지가 달려와 당신을 반겨준다. 장갑을 벗고 목줄을 풀어준다. 진열장 위에는 오래전부터 수집한 분재 화분과 조가비가 놓여 있다.

우리의 삶과 세계는 이처럼 수많은 사물로 구성된다. 마트에서 산 마스크, 콘돔, 양초, 거실 여기저기에 놓아둔 장식품, 콘서트장에서 본 악기들은 언제, 어디서, 누가 처음 만들고 사용한 걸까? 어떤 시간을 거쳐 지금의 형태와 쓸모를 갖게 된 것일까? 이 책은 우리 삶을 구성하는 사물들에 얽힌 아주 특별한 세계사를 들려준다. 사물의 기원, 그것이 장소와 시대를 거슬러 재발견되었던 과정을 탐구하며 쉽사리 볼 수 없던 인간의 역사를 전하고 있다는 걸 느낄 수 있을 것이다. 지금 우리 곁에 놓인 모든 사물은 저마다 세계사적 사연을 지니고 있다.

우리는 역사적으로 굵직한 사건들을 짜깁기한 세계사에 익숙하다. 그러나 수면 위로 드러난 이야기만을 전하는 이러한 역사는 개개인의 다양성과 인간의 삶을 제대로 다루지 못한다. 문학사와 예술사의 수많은 담론 또한 문자가 없던 시대나 문자가 있는 사회이더라도 문맹인들의 경험은 배제하는 경우가 많다. 그러나 말 없는 사물은 역설적으로 인간과 세계를 이해하는 가장 보편적인 관점을 제공한다. 사물은 대량생산이 시작된 18세기 말부터 사람들의 최소 공통분모가 되었다. 사람들은 거의 똑

같은 물건을 시기와 장소에 따라 제각기 다른 방식으로 사용하고, 교환하고, 받아들였다. 각국의 사물과 그 사물의 사용법(연구자들은 이를 '물질문화'라고 부른다)을 비교해보는 것은 세계의 서로 다른 사회를 이해하는 좋은 방법이다.

서핑은 미국이 아니라 폴리네시아에서 처음 시작되었다는 걸 알고 있는가? 우리는 우리 주변의 많은 사물과 문화가 서양에서 생산되어 전 세계로 퍼져나갔을 거라는 좁은 시야의 '전파론'에 빠지곤 한다. 너무도 오랫동안 유럽과 북아메리카가 세계 무역 경로를 지배해온 탓이다. 이 책은 세계 각지에서 처음 만들어진 사물의 기원과 그것이 장소와 시대를 거슬러 재발견되었던 과정을 탐구하고, 어디서도 볼 수 없던 인간과 사물의 세계사를 들려준다. 흥미로운 이야기를 따라 읽다 보면 어떻게 콩고에서 유럽식 정장이 유행하게 되었는지, 피아노와 사하라 이남 아프리카의 역사가 어떤 연관이 있는지 알게 될 것이다. 가장 일상적인 사물들에 켜켜이 쌓인 뜻밖의 역사를 말이다.

『세계사 만물관』은 일반적인 역사책이라기보다 흥미로운 사물과 이야기가 큐레이션된 박물관에 가깝다. 단순히 연대기 순이 아니라 일상, 부엌, 취향, 혁명, 여행지, 이야기를 주제로 묶어 77가지 사물의 역사를 소개하는 구성을 취하고 있다. 말 그대로 우리가 매일같이 접하는 것들, 부엌에서 사용하는 것들, 어떤 이들의 취향이 가득 담긴 것들, 세상을 바꾼 혁명을 이룩한 것들, 여행지에 가서 만나볼 수 있는 것들, 수백 년의 시간을 거치며 여럿의 이야기가 깃든 것들 말이다. 우리는 일곱 가지 큐레이션에 배치된 물건들을 하나하나 살펴나가는 동안 대륙과 바다를 넘나들며 수십 개의 국가와 지역을 탐험할 예정이다. 각 사물에 깃든 역사를 알아가는 동시에 세계를 여행하는 기분을 맛보면서 말이다.

일목요연하게 정리된 이 책의 역사를 쭉 따라가다 보면 우리가 사물들의 시대를 살아가는 마지막 인류가 아닐까 하는 생각이 든다. 노트북과 스마트폰, 인터넷은 '비물질화 시대'를 예고하는 게 아닐까? 미래 세대는 지금 우리가 사용하는 물건들을 지구의 환경을 파괴하는 공산품으로, 쓰레기로 여기게 되지 않을까? 18세기 중후반에 시작된 산업화 시대와 소비사회 시대는 어쩌면 우리와 함께 끝나가고 있는지도 모른다.

"보편적인 세계사는 필요하지만 불가능하다." 1869년 독일의 거장 역사학자 레오폴트 폰 랑케의 말이다. 그러나 사물들 덕분에 '개별적인 세계사'는 우리에게 필요함과 동시에 가능한 역사다. 이 책이 바로 그 증거다.

피에르 싱가라벨루, 실뱅 브네르

차례

일상에서
함께하는 것들

샴푸

인도인 사케 딘 마호메드는 벵골 군대의 퇴역 군인이었다. 그는
1814년 9월부터 영국계 아일랜드인인 아내 제인 데일리와 함께
영국 남부 해안가에 있는 브라이턴에서 스파를 운영하기 시작
했다. 브라이턴은 18세기 중반부터 영국 상류층 사이에서 온천
치료로 유명한 곳이었다. 딘 마호메드는 손님들에게 자신을 의
사라고 소개하며, 신체 여러 부위의 근육을 안마하는 인도의 샴
푸 기법을 영국에 도입해야 한다고 주장했다. 그가 의학적 치료
인 것처럼 설명한 이 기법의 이름은 마사지라는 뜻의 힌디어 '샴
포champo'에서 따온 것이었다. 영국 상류 사회와 왕실의 샴푸 사
랑이 어찌나 대단했는지, 1822년에 국왕 조지 4세와 윌리엄 4세
는 딘 마호메드를 샴푸 전문의, 즉 공식 세발사로 임명했을 정도
였다.

1810~1820년대 영국 상류층은 인도의 문화와 생활 방식에 열광했는데, 샴푸의 인기는 이를 보여주는 하나의 사례였다. 딘 마호메드는 여러 광고에서 자신의 이국적인 정체성을 드러내며 샴푸라는 치료 행위가 인도에서 유래했다는 특성을 놓치지 않고 강조했다. 그러나 19세기 유럽의 일부 학자들은 생각이 달랐다. 예컨대 1895년 스코틀랜드의 물리학자이자 의사인 존 더전은 샴푸와 연관이 있는 쿵후 기술(쿵후는 일반적으로 중국 무술을 가리키는 말로 쓰이지만, 중국에서는 '숙달된 기술이나 솜씨'를 뜻한다 — 옮긴이)에 주목하며 샴푸 기법이 중국에서 유래했다고 주장했다.

딘 마호메드가 주창한 인도의 샴푸 기술은 영국에서 유행한 오리엔탈리즘과 인도에서 영국인을 대상으로 제작한 '인도 문화 매뉴얼'이 인기를 얻으며 그 덕을 톡톡히 봤다. 매뉴얼에는 샴푸, 안마, 머리 감기같이 청결한 신체를 위한 풍습을 따를 것을 권장하는 내용이 쓰여 있었다. 비누풀 같은 식물성 재료를 사용해 머리를 감는 행위는 고대부터 아시아뿐만 아니라 이집트를 비롯한 북아프리카에도 존재했다. 반면 유럽에서는 물에 대한 불신이 높았고 머리에 물을 바르면 두통이나 치통이 생긴다고 생각했다. 그래서 머리카락을 감는 게 아니라 밀기울이나 전분을 발라 빗질을 했다. 동인도회사 간부들에게는 이런 관습을 버릴 것을 권유하는 매뉴얼이 배포되었다. 토머스 윌리엄슨 대위는 『동인도 편람East India Vade-Mecum』(1810)에 머리를 감는 게 분이나 포마드를 바르는 것보다 낫다고 썼다. 분이나 파우더를 바르면 쥐와 바퀴벌레가 꼬이기 때문이다.

영국 사전에서는 1860년대부터 두피 마사지와 세정이라는 개념이 샴푸라는 용어와 연관되기 시작했다. 프랑스에서 이 단어가 처음 등장한 건 1877년 『리트레Littré』 사전에서였다. 『리트레』는 샴푸를 "요즘 프랑스의 미용실 간판에서 많이 찾아볼 수 있는 영어 단어로, 특정 액상 비누를 사용해 두피와 머리카락을 감는다는 뜻"이라고 정의했다. 1875년부터 1900년까지 샴푸하는 행위가 널리 퍼져나갔으며 같은 시기 도시에는 미용실이 늘어나고 수도 시설이 발전했다.

개인위생 개념에 대한 점진적 변화도 샴푸의 유행에 영향을 미쳤다. 19세기 초부터 의학 논문과 보건 개론서에서 몸단장 시 물을 사용할 것을 강조했다. 19세기 말에는 청결이 에티켓 문제를 넘어 의학의 관심사가 되었고, 몸과 머리카락 모두 분칠로 가리기보다는 비누로 깨끗이 씻는 것이 권장되었다. 유럽 국가들은 위생, 보건과 관련된 도덕적 가치를 식민지로 수출했다. 메이지 시대의 일본처럼 식민 지배를 받지 않은 국가도 서구의 현대적인 청결 표준을 받아들였다.

20세기 초 유럽과 미국에서는 샴푸 사용에 획기적인 변화가 일어났다. 이때부터 샴푸는 흔한 일용품이 되었다. 사람들은 액상 비누, 달걀, 레몬즙, 식물 추출액을 넣어 직접 샴푸를 만들어 쓰기도 했고 화학자들은 물과 세제, 향료를 포함한 샴푸를 공장에서 생산하기도 했다. 그렇게 샴푸 생산법이 나날이 발전하던 중 1903년 독일인 한스 슈워츠코프가 개발한 수용성 샴푸가 큰 인기를 끌었고, 1920년대부터는 샴푸 광고도 대대적으로 이루어졌다. 영국의 샴푸 광고에서는 먼저 인도의 영향을 언급했고 제품의 출처와 세정력, 미용 효과 및 두피 마사지의 장점을 강조했다. 미국에서 샴푸는 순식간에 기업들이 광고비를 가장 많이 투자하는 상품이 되었다. 비단결 같은 매끈한 머릿결을 강조하는 샴푸 광고가 신문과 잡지, 라디오와 텔레비전에서 쏟아져 나왔다. 20세기 내내 이런 식으로 퍼져나간 미용 문화는 길고 찰랑찰랑한 머리카락을 자랑하는 백인 여성을 미의 기준으로 만들었다.

20세기 샴푸의 제조 방식과 판매 기법은 발전에 발전을 거듭했다. 1940년대 유럽에서 인기를 끈 샴푸는 식민지에서 들여온 코코넛 오일을 함유한 제품이었다. 기업들은 제2차 세계대전 동안 발전한 합성세제 제조 기술을 활용하여 1950년대부터는 샴푸를 상용화해 판매하기 시작했다. 샴푸는 전 세계적인 상품이 되었고 유럽과 미국 기업들은 아메리카 대륙으로 시장을 확대했다. 1954년에 설립된 영국 브랜드 선실크는 15년 후 27개국에 진출했다. 1960년대에 합성 샴푸는 인도아대륙 시장까지 뚫고 들어갔다. 하지만 당시에는 비싼 가격 때문에 인도의 소수 상류층만 샴푸를 사용할 수 있었다. 도시 저소득층이나 농어촌 지역에서는 일회용 소포장 제품이 출시된 1990년대에 들어서야 샴푸를 사용하기 시작했다.

1960년대부터는 다양한 샴푸가 등장했다. 같은 시기 흑인 인권 운동이 확산으로 숱이 많고 곱슬곱슬한 머리카락을 위한 샴푸가 개발되며 백인의 '매끈한 머릿결'만이 아름다움의 표준이 아니라는 인식이 확대되었다. 1970년대에는 천연 제품에 대한 관심이 높아졌다. 점점 더 많은 기업이 화학 성분보다는 꿀, 식물 추출물, 천연 오일을 넣은 제품을 만들었다. 환경보호에 대한 관심이 늘어나면서 화장품을 직접 만드는 사람도 많아졌는데, 사실 결과적으로 집안일이 또 하나 늘어나는 셈이었다. 에코페미니즘은 이러한 문제를 좌시하지 않았다.

19세기 영국에서 문화 간 교류의 결과로 등장한 샴푸는 그 자체가 세계화의 산물이라고 할 수 있다. 대량 소비재가 된 샴푸는 20세기 내내 서구식 표준을 전파하는 매개체였다. 이제는 샴푸에 관한 문화적, 정치사회적, 환경적 문제를 검토할 차례다.

부채

1827년 파리의 부채 제작업자 장피에르 뒤벨루아는 메종 뒤벨루아라는 자신의 이름을 딴 회사를 세웠다. 이 회사는 곧 프랑스 부채 업계에서 가장 잘나가는 브랜드가 되었다. 프랑스혁명과 나폴레옹 원정 이후 뒤벨루아는 처음으로 광고를 이용해 부채를 유행시켰다. 그는 고급품 외에도 부담 없는 가격의 제품군을 만들어 공급을 다각화했으며 도시에 사는 모든 계층에 부채를 전파했다. 메종 뒤벨루아는 내수 시장에서 자리를 잡은 다음, 1850년에는 런던에 지사를 내고 전 세계로 상품을 수출했다.

성가신 모기를 쫓고, 더운 날 바람으로 땀을 식히고, 얼굴을 가려 다른 사람들의 시선을 막아주고, 불이 잘 붙도록 공기를 불어넣는 부채는 수천 년 전부터 다양한 모양으로 제작되어 다용도로 사용되어왔다. 로마제국 시절에는 성선聖扇, flabellum이라고

하여 왕족이나 귀족을 호위하거나 교회의 예배 소품 등으로 쓰던 아주 커다란 부채가 사용되었다. 성선은 손잡이에 깃털, 송아지 가죽, 동물의 털, 천 등을 붙여서 만들었는데, 고정된 것도 있고 들고 이동할 수 있는 것도 있었다. 부채는 로마제국 시대와 중세를 거쳐 14세기까지 주로 제례용으로 쓰였으며 종교와 세속 권력의 표상이었다. 부채는 상징적인 만큼이나 기능적이기도 했기 때문에 고대부터 이집트, 메소포타미아, 그리스, 로마, 중국 등지에서 널리 쓰였다. 동아시아에서는 군대나 지휘관의 휘장처럼 특수한 목적으로 사용되기도 했다.

아랫사람들이 주인의 뒤를 따르며 벌레를 쫓아줄 때 쓰던 긴 부채도 있었고 주인이 몸의 일부처럼 들고 다니던 작은 개인용 손 부채도 있었다. 부채를 의미하는 프랑스어 단어 'éventail'이 처음 등장한 것은 15세기로, 이후 동아시아(특히 중국과 일본)에서 유입된 부채를 지칭하는 말로 쓰였다. 유럽에서는 16세기부터 부채가 크게 유행하기 시작했다. 유럽은 처음에는 포르투갈을 통해, 나중에는 네덜란드 동인도회사를 통해 부채를 수입했다. 유럽 수공예 업자들은 동양에서 수입한 부채를 베껴 유럽인들의 구미에 맞게 개량해 판매했다. 부채 제작은 여러 사람의 협업이 필요한 일이었다. 부채는 부품을 만드는 사람부터 최종 조립을 담당하는 사람까지 수많은 전문가의 손길을 거쳐 만들어졌다. 세부 부품들은 각기 다른 곳에서 왔으며(이탈리아산 앞 선면扇面, 코끼리의 상아로 만든 중국산 속살, 프랑스산 뒤 선면, 남아프리카산 타조 깃털 등) 이전 시대 재료나 부품을 재활용하기도 했다.

동양에서는 여자나 남자나 항시 부채를 사용했다. 16세기에 동아시아로 파견 간 예수회 수도사들은 이 모습을 보고 깜짝 놀랐는데, 당시 유럽에서는 여성들만 부채를 썼기 때문이다. 유럽에서 부채는 귀족 여성이 몸치장을 할 때 없어서는 안 될 장식품이었다(나중에는 부르주아 계층 여성까지 부채를 사용했다). 19세기에 사회 전 계층으로 확산되기 전까지 부채는 소유자의 부와 취향을 드러내는 사치품이었다. 동아시아에서와 마찬가지로 유럽에서도 부채는 수작업으로 만들기에 하나하나가 세상에 단 하나뿐인 작품으로 여겨졌다.

동양에서 들여온 온갖 값비싼 재료로 장식하는 게 유행하기 시작한 후로 부채는 곧 들고 다니는 보석이 되었다. 장신구처럼 자신을 드러내며 뽐내는 물건이 된 것이다. 멀리서 온 부속품이 쓰일수록 가격도 비싸졌다. 이국적인 목재나 상아, 거북이 등 껍질, 값비싼 광물, 보석으로 겉대를 만들었고 레이스, 자수, 비단, 깃털, 송아지 가죽, (특히 18세기부터) 종이 등으로 장식을 더했다. 이와 달리 일본의 부채 장인들은 대나무처럼 손쉽게 구할 수 있는 재료를 선호했다. 겉대를 보호하기 위해 옻칠을 했고 최고급 종이로 선면을 만들었으며 금과 은으로 그림을 그려 부채를 돋보이게 했다. 이 역시 쉽게 사기 힘든 고가의 사치품이었다.

18세기 유럽에서는 인도산 재료로 장식한 부채가 엄청난 인기를 끌기도 했다. 여러 유럽 국가에서 부채 제작 기술이 발전하며 경쟁이 극심해졌지만 이 분야에서 최고로 손꼽히며 유행을 선도했던 이들은 프랑스 장인들이었다. 1792년 프랑스에서 스페인으로 수출한 물량만 해도 약 65만 개에 이른다. 18세기부터는 주문 제작 사치품뿐만 아니라 중산층을 겨냥한 저렴한 제품군까지 생산되며 상품이 다각화되었다.

19세기에는 무도회나 전시장에서 유명 인사에게 사인을 받기 위한 용도로 부채를 만들기도 했다. 도시 부르주아들은 그 밖에도 다양한 용도로 부채를 사용했다. 저렴한 재료로 만든 부채를 대량생산하기 시작한 것도 이즈음이다. 동물 뼈, 뿔, 흔한 수종, 공장에서 대량생산한 종이, 마분지로도 부채 속살을 만들었다. 부채는 평범한 물건이 되었고 계속해서 바뀌는 당대의 유행을 좇아 모양도 바뀌었다.

1850~1860년대 유럽에는 중국산 부채가 수입되어 유행하기 시작했고 1880년대부터는 일본 제품도 들어왔다. 중국과 일본 부채는 이미 다 조립된 완제품 형태로 수입되거나 겉대만 들여와 선면을 붙였다. 그러다 19세기 중반부터 영국과 프랑스가 기계를 사용해 부채를 만들기 시작하면서 생산가가 감소했고, 제작 기술은 날로 발전해갔다. 이때 프랑스에서 출원한 관련 특허만 해도 자그마치 311건이나 된다.

부채는 실용적, 사회적, 상징적 기능을 모두 갖고 있었지만 예술품으로 만들어지기도 했다. 아시아에서는 유명 화가들이 부채에 그림을 그렸다. 반면 유럽에서는 19세기 중후반까지 이런 시도가 없었다가 나중에는 부채에 유명 포스터나 삽화를 그려 넣기도 하고 화제가 된 제품을 따라 만들기도 했다. 풍경이나 신화의 한 장면, 종교화, 풍속도, 초상화, 이국의 문물, 소설 삽화, 신문에 난 사건은 물론, 프랑스혁명 전에는 선동 포스터까지 그려 넣기도 했다. 나중에는 달력, 레시피, 지도, 악보, 광고까지 등장했다.

유럽은 1891년 한 해에만 일본에서 1500만 개나 되는 부채를 수입했다. 이미 부채는 대중적인 아이템이 된 터였지만 여전히 이국적인 소재와 우아한 모양새로 만들어지던 부채는 소유자의 신분을 드러내는 물건이었다. 폴 클로델, 스테판 말라르메같이 동양의 오랜 전통을 계승한 프랑스 시인들은 부채를 창작의 소재로 삼기도 했다. 각국은 세계화의 물결 속에서 생산품을 수출·수입했고 이 과정에서 서로의 제품을 모방하기도 했다. 부채는 이 역동적인 세계무역의 역사를 보여주는 증거라 할 수 있다. 하지만 1847년에 선풍기와 에어컨의 선조 격인 기계식 부채가 발명되고부터는 손 부채가 일상에서 차지하는 비중이 서서히 줄어들었고, 이제는 에어컨이 부채의 역할을 책임지고 있다.

비데

1905년 이탈리아인들은 화장실에 비데를 설치했다. 이탈리아어 사전에는 '신체의 부분을 세정해주는 도구'라는 뜻의 '비데토bidetto'라는 단어가 실렸다. 이동식 물건이던 비데는 오늘날 다양한 국가의 화장실에 필수적인 고정 부품으로 자리 잡았다. 당시 비데는 목욕용 대야와는 거리가 멀었다. 비데는 18세기 초중반 프랑스의 자그마한 조랑말이라는 단어에서 따온 것인데, 15세기까지 거슬러 올라가면 조랑말 위에 걸터앉았기 때문에 이런 이름이 붙었다(프랑스어로 비데는 조랑말이라는 뜻도 갖고 있다 — 옮긴이).

비데는 오랫동안 옮길 수 있는 가구였으며 청결과 건강뿐 아니라 이른바 '은밀한 부위' 혹은 '생식기', '아랫부분' 또는 '뒷부분', '회음부' 등등을 둘러싼 윤리와 금기에 질문을 던졌다. 신체를 씻고 관리하고자 하는 욕망은 고대 로마의 공동 목욕장이나 중세의 한증막, 근동의 하맘에서 착안한 르네상스 시대의 증기 욕실로 이어졌다. 그렇지만 유럽 기독교 사회에서는 정조를 해칠 수 있다는 생각 때문에 비데 사용을 권고하지 않았다. 다른 사람과의 접촉으로 질병에 옮을 가능성도 염려했다. 16~18세기 초 유럽인들은 물로 씻는 행위가 신체 기능을 손상시키는 건 아닐지 두려워했다. 몸을 씻는 것에 대한 두려움은 생식기관을 눈으로 직접 보지 않는 강박과 합쳐져 자신의 육체를 돌보는 일을 등한시하게 만들었다.

1857년에 출간된 아르장송 후작의 『회상록Mémoires』에는 비데에 대한 적대적인 분위기가 잘 나타난다. 훗날 루이 15세의 장관이 되는 아르장송 후작은 『회상록』에서 당시 절대 권력을 누린 프리 후작 부인과 대면한 순간의 이야기를 들려준다. "후작 부인은 ㅂ…에 앉아 있었다. 나는 자리를 뜨고 싶었으나, 부인은 나보고 그대로 있으라 했다." 반면 1739년 파리의 선반공 레미 페브리는 비데를 찬양해 마지않았다. 비데는 방탕과 호사를 상징하는 가구로서 상류 계층의 상징처럼 자리 잡았다. 당시 비데는 인체 구조에 맞춰 바이올린처럼 중앙으로 갈수록 줄어드는 모양새를 하고 있었고, 더 안락한 사용감을 위해 가죽 등받이를 달기도 했다. 비데는 굉장히 빠른 시간 안에 성공을 거두었다. 심지어 로코코 미술 양식을 대표하는 프랑스 화가 프랑수아 부셰가 1741년 작품인 〈내밀한 단장La toilette intime〉에 비데를 그렸을 정도다. 퐁파두르 후작 부인은 화려한 장식이 달린 치료용 비데를 두 개 소유하고 있었고, 루이 15세의 효성스러운 딸 아델라이드도 비데를 가지고 있었다. 1794년에 사망한 베르니 추기경의 재산 목록에는 비데 여섯 개가 포함되어 있었다. 18세기 중후반 영국인들의 눈에 유럽 대륙의 비데는 호기심을 불러일으키는 물건이었다. 1766년 스코틀랜드의 작가 토비아스 스몰렛은 영국과 달리 프랑스에서는 여성이 비데에 대해 말하는 게 외설적인 일이 아니라고 썼다. 영국의 농업가이자 작가 아서 영은 프랑스대혁명 직전에 프랑스를 방문했을 때 거의 모든 방에 비데가 하나씩 있었다고 기록하며, 비데가 "영국에도 더 많이 보급되기"를 꿈꿨다.

이탈리아인들도 비데에 마음을 빼앗겼다. 냉이 많아서 고생하는 줄리아나 데 산타크로체 공주에게 베르니 추기경이 비데를 선물한 일화는 유명하다. 그런데 공주는 크리스마스 만찬 때 커다란 장어를 요리해 선물 받은 비데에 담아 선보였다고 한다. 그만큼 이탈리아인들은 오랫동안 비데를 모른 채 살았다. 하지만 1762년에는 카를로 바티스티의 어원 사전에 프랑스에서 온 단어인 '비데'가 수록되었다. 1773년에는 도나 부부가 베네치아에서 결혼 선물로 비데를 받기도 했다. 9년 후 그들이 흙으로 만든 변기를 파도바 자택에 있던 비데로 바꾼 것은 이탈리아의 지도층 인사 사이에서 비데가 규칙적으로 쓰였다는 사실을 증명해준다.

한편 프랑스와 이탈리아를 포함한 수많은 국가에서는 비데에 대한 거부감도 만연했다. 이는 오랜 시간 비데를 감춘 채 사용하기 위해 온갖 애를 쓴 모습을 보면 알 수 있다. 1783년 파리에는 비데를 은밀히 덧붙인 침실 협탁이 등장했고, 몇 년 후 영국인 조지 헤플화이트는 면도용 물건을 두는 탁자 안에 비데를 숨기는 방법을 생각해냈다. 나폴레옹이 비데에 관심을 가지던 프랑스 제1제정 시기(1804~1814년) 이후 비데는 점점 더 여성을 위한 물건이 되어갔다. 1834년에는 〈비데〉라는 제목의 가요가 『정사La Gaudriole』 모음집에 실리기도 했다. 노래의 가사는 시골에서 온 청년이 주인집 비데에 '큰 거'를 눈 해프닝을 놀리는 내용이었는데, 여기서 비데라는 단어는 앞 글자만 쓴 아르장송의 글과 불온한 부분을 삭제한 카사노바의 『회고록Mémoires』을 통해 짐작할 수 있을 뿐이다. 도시에서는 비데를 쓰는 사람이 점점 늘어났지만 정숙이라는 덕목이 중요한 시대였기 때문에 대놓고 사용하는 이는 드물었다.

앵글로색슨 국가는 19세기까지 비데에 강한 거부감을 드러냈다. 비데를 매춘과 연결 지었기 때문이다. 청교도 정신은 비데가 경박한 풍속이며 매음굴, 피임과 연관이 있다고 믿었다. 오늘날에도 영국, 독일, 미국 같은 개신교 국가에서는 비데 사용이 일반적이지 않다. 영국과 프랑스 사이의 긴장이 고조되던 1986년, 영국 가수 제러미 니콜라스는 "프랑스인이 세계에 가져다준 건 입 냄새와 캉캉 춤과 비데뿐"이라며 빈정거렸다. 1997년에는 다이애나 왕세자빈이 뉴욕의 트럼프 타워 아파트 화장실에 비데를 설치했는데, 비데에 익숙지 않던 미국 대중은 병적인 호기심을 보이기도 했다.

귀족과 매춘부의 물건으로 여겨지던 비데는 19세기 말부터 점차 현대성, 쾌적함, 위생을 상징하는 용품으로 인식되기 시작했다. 프랑스에서는 제3공화국(1870~1940년) 초기에 비데가 설치된 정숙한 여성용 파우더룸이 등장했다. 이탈리아에서는 파올로 만테가차와 포아 같은 의사들이 비데와 관련된 윤리적 비난을 뿌리 뽑기 위해 노력하며 여성이나 남성이나 신체의 내밀한 부위의 청결을 유지하는 데 비데가 꼭 필요하다고 주장했다.

파시즘 정권 시기의 이탈리아에서는 비데가 방에서 욕실로 이동했다. 제2차 세계대전 후에는 이탈리아의 시골과 임대 아파트에도 비데가 들어왔다. 프랑스에서는 1955~1975년 사이 가장 낙후된 시골까지 수돗물이 공급되면서 비데 유입이 정점에 달했다. 비데는 욕조, 세면대와 함께 욕실에 설치되었고 이탈리아에서는 청결을 위해 비데와 변기를 가깝게 놓는 걸 선호했다. 1975년 이후 프랑스에서는 샤워기가 인기를 끌며 비데 판매량이 폭삭 주저앉았지만 이탈리아, 포르투갈, 스페인, 남미 국가에서는 견고한 성장세를 이어갔다. 알제리의 상류층들은 기도하기 전 발을 씻는 데 유용하다며 자신들의 고급 저택에 과시하듯 비데를 설치했고, 1980년대부터는 거의 모든 집에서 비데 대신 목이 긴 병이나 수도꼭지를 사용했으며 이후 튀르키예에서 들여온 샤워기는 화장실의 필수품이 되었다. 휴지를 거의 쓰지 않는 인도에서는 부정하다고 여겨지는 왼손과 물로 직접 비데를 한다.

20세기 남부 유럽의 가톨릭 문화권은 비데를 사용했지만 그 외 다른 곳에서는 거의 쓰지 않았다. 가톨릭 전통을 믿는 이탈리아인들에게 비데는 신체 위생의 상징이자 그들 문화의 필수품이 되었다. 자고로 이탈리아에서 완벽한 욕실이라면 비데는 필수였다. 한편 미국과 같은 개신교 문화에서는 비데가 호화스러운 삶을 상징하던 시기를 제외하고는 계속해서 기괴한 것으로 여겨졌다.

비데의 세계사는 여기서 멈추지 않는다. 현대에 이르러 매일 샤워를 할 수 있어지면서 그 필요성이 줄어들긴 했지만, 비데는 변기와 일체화되며 더욱 편리하게 진화했다. 일본의 주택 설비 제조 기업인 토토사는 1980년대부터 스위스 게버릿사의 '장애인 사용자들을 위한 제작 원칙'에 따라 비데를 다용도 전자식으로 발전시켰고, 일본 전역의 호텔과 개인 저택에 보급했다. 이 비데는 컨트롤러로 조작이 가능했으며 시트를 따뜻하게 데우고 노즐 각도를 조절해 누구든 내밀한 부위를 편하게 세정할 수 있었다. 따뜻한 공기까지 나와 세정한 부위를 건조시키는 기능도 있었다. 일본 대형 호텔의 마음을 사로잡은 이 전자식 비데가 세계 다른 곳으로 얼마나 퍼질지는 알 수 없다. 그러나 역사는 끝나지 않았다. 2020년 코로나 바이러스 팬데믹으로 미국을 비롯한 여러 국가에서 화장지 품귀 현상이 일어나자, 비데를 잘 쓰지 않던 곳에서도 전자식 비데 주문이 증가한 것이다. 비데 사용 증가 경향이 꾸준히 이어질지는 미지수다. 앞으로의 비데의 역사는 미래가 되어봐야 알 수 있을 것이다.

쇼핑 카트

쇼핑 카트는 1958년 프랑스에서 처음 등장했다. 유럽의 주요 제조업체인 '카디'에서 개발한 것이었다. 쇼핑 카트는 시내 중심가의 소규모 마트를 시작으로, 이후 파리 외곽의 생트주느비에브 데부아에서 최초로 개장한 대형 마트에서도 사용되었다. 프랑스 사람들이 카트를 카디라는 상표명으로 부르면서 카디는 일상생활에서 사용하는 단어가 되었다. 언론에서도 이 표현을 사용했는데, 카디는 자사의 상표를 보호하기 위해 적극적으로 이의를 제기하곤 했다.

쇼핑 카트는 대형 마트라는 새로운 소매점의 출현과 함께 떠올랐다. 처음에는 전차처럼 생긴 독특한 외관 때문에 주목을 받았으나, 점차 마트의 판매 증진과 매장 확장에 없어서는 안 될 핵심 설비가 되었다. 마트와 카트 덕분에 고객은 계산대 뒤편의 주인에게 일일이 질문을 하는 대신 진열장 사이사이를 누비고 다닐 수 있었고, 무겁게 장바구니를 들고 다닐 필요도 없었다. 쇼핑을 마친 후에는 카트를 이용해 물건을 계산대와 자동차로 쉽게 옮길 수도 있었다. 고객들이 가게에 줄을 서서 기다릴 필요 없이 마트에 놓인 물건을 바로 담을 수 있었기에 판매 업체 측에서는 대량 판매도 가능해졌다. 프랑스에서는 진열대, 매장 내 고객 동선, 카트, 출입구의 회전문, 계산대 같은 구성 요소 일체가 한 꺼번에 도입되었지만 미국에서는 이런 시스템이 정착되기까지 거의 30년에 가까운 시간이 걸렸다.

미국 남부와 중부에 최초의 마트가 등장한 건 20세기 초였다. 당시 대부분의 소규모 식료품점에서는 매대에 물건을 쌓아 두고 무게를 재서 팔았다. 배달과 외상 판매도 일반적이었다. 그러던 1916년, 테네시주 멤피스에 대형 마트 피글리위글리가 매장을 연 것이다. 고객들(대부분 여성이었다)은 입구에 놓인 장바구니를 하나씩 든 채 회전문을 통과해 일렬로 길게 늘어선 상품 진열대를 지나며 물건을 골랐다. 일방통행인 쇼핑 동선의 끝에는 계산대가 놓여 있었다. 피글리위글리 측은 오클로호마시티의 실번 골드먼이라는 사람에게 대형 마트 가맹점을 내주었고, 이 지점도 같은 방식으로 운영되었다. 골드먼은 고객 입장에서 구매하고자 하는 모든 물건을 장바구니에 담는 데 물리적 한계가 있다는 걸 깨닫고 1937년에 쇼핑 카트의 초기 형태를 발명했다. 위 칸과 아래 칸에 각각 장바구니를 놓을 수 있도록 2단으로 된 접이식 장치를 만든 것이다. 장치에는 바퀴를 달아 편리하게 이동할 수 있도록 했다. 골드먼이 만든 카트 덕에 소비자들은 양손 가볍게 장을 볼 수 있었고 구매량도 두 배 이상 늘어났다. 이 카트는 1930년대 중반에 등장한 대형 마트에 널리 보급되었고 10년 후에는 어디서나 볼 수 있게 되었다.

하지만 '폴딩 바스켓 캐리어'라고 불린 이 장치를 아직 완전한 쇼핑 카트라고 할 수는 없었다. 1946년 봄, 미주리주의 산업 디자이너 올라 왓슨은 장을 보러갔다가 폴딩 바스켓 캐리어가 뒤죽박죽으로 놓여 있는 모습에 충격을 받았다. 유압 시스템과 관련해 여러 특허를 냈던 왓슨은 직접 쇼핑 카트를 만들기로 마음먹었다. 그렇게 그는 몇 달 만에 서로 포개지는 카트를 개발했다. 카트 자체에 바구니가 달려 있고, 뒤쪽으로 다른 카트를 밀어 넣어 여러 대를 포갤 수 있는 구조였다. 바로 현재 우리가 사용하는 형태의 쇼핑 카트가 탄생한 것이었다. 왓슨이 발명한 카트는 고객들의 협조가 필요했지만(이 문제를 해결하기 위해 고안된 동전 투입구는 30여 년 후에 등장한다) 공간을 확보할 수 있다는 점과 대형 마트 시스템의 핵심인 효율성을 극대화한다는 장점이 있었다. 새로운 쇼핑 카트는 관리가 편하고(장바구니를 꺼내서 폴딩 캐리어를 접고 정리하는 것보다 카트 뒤에 다른 카트를 밀어 넣는 게 훨씬 더 빨랐다) 조직적이었다(마트 직원이 아닌 고객이 해야 할 일이었다). 왓슨의 초창기 카트는 기존 장치의 영향 때문인지 장바구니가 두 개였지만, 얼마 지나지 않아 하나로 합쳐져서 현재 우리가 아는 카트 모양으로 바뀌었다. 그렇지만 이 최종 디자인은 왓슨의 작품이 아니었다. 왓슨이 발명한 카트가 거의 즉각적으로 성공을 거두자 골드먼을 포함한 경쟁자들이 왓슨의 시제품에서 영감을 받아 카트를 만들었기 때문이다. 이후 특허 소송이 이어졌고 카트 제작에서 산업적 어려움을 맞닥트린 왓슨은 생산을 포기했지만 특허를 인정받을 수는 있었다. 특허권이 소멸된 1966년까지 미국과 캐나다에서 생산된 카트는 수백만 대에 이른다.

왓슨이 카트를 발명한 이래로 경제 성장 추세에 따라 지역마다 크고 작은 마트가 생겨났고, 동시에 카트 사용률도 높아졌다. 일본과 서유럽에서는 1950년대부터 마트가 생겨나기 시작하며 1960년대부터는 우후죽순으로 늘어났다. 마트 산업의 성장과 함께 카트의 시장 크기도 커졌다. 프랑스에서는 2004년 한 해 동안 60만 대의 쇼핑 카트가 팔렸다. 유통 전문 잡지《판매점Pointe de vente》은 10년 만에 대형 마트의 카트 평균 용량이 180리터에서 240리터로 늘었다고 보고했다. 이후 금속 카트는 더 가벼운 플라스틱 카트에 자리를 내주었다.

거대한 쇼핑 카트는 대량 소비를 상징했다. 미국의 극사실주의 조각가 두에인 핸슨은 이러한 소비 사회의 초상을 그린 작품을 만들었다. 그의 1970년대 작품 〈슈퍼마켓 레이디Supermarket Lady〉는 머리에는 롤을 말고 입에는 담배를 문 중년 여성이 고뇌에 찬 표정으로 식료품이 가득 쌓인 카트를 미는 모습을 통해 대형 마트로 상징되는 그 당시 미국의 물질적 풍요와 중산층의 삶을 보여준다.

남미와 아시아에도 오래전부터 마트가 존재했다. 콜롬비아에서는 1940년대 무렵 처음 등장했다(그러나 부유한 소수의 상류층만이 드나들었다). 아프리카 대륙의 국가들에는 식료품이 공급되는 마트가 많지 않다. 남아프리카공화국에는 꽤 있지만 케냐와 일부 북아프리카 국가의 마트 매장 수는 적은 편이다. 2018년 세네갈에서는 마트 개장을 반대하는 시위가 열리기도 했다. 자국 내 농업의 산업화, 가공식품과 장거리 운송의 발전, 생산 및 포장 기술 측면에서 근본적인 변화가 먼저 이루어지지 않는다면 마트 개장이 사람들의 삶의 질을 개선하는 데 큰 의미가 없을 것이기 때문이다. 게다가 마트는 전통 상점의 폐업처럼 상업 환경에도 영향을 미치고, 집안일을 하는 방식과 문화에도 변화를 일으킬 터였다.

마트는 풍부한 에너지 공급과 산업화된 식료품 공급 사슬의 중심축이었다. 동유럽의 사회주의 시장 경제 지도자들은 마트가 중앙집권적인 관리에 적합한 현대적이면서도 효율적인 유통 시스템이라고 판단했다. 1970년대 초에는 세르비아의 베오그라드, 헝가리의 부다페스트, 동베를린 지역을 비롯한 동독, 유고슬라비아, 체코슬로바키아 등지에서 쇼핑 카트를 갖춘 대형 마트들이 줄줄이 개장했다. 서구의 기술적 효율성만을 들여온다는 명목으로 이념적인 중립은 지킬 수 있었으나, 진정한 자유와 선택이 없는 상업적 연출은 사회의 결핍을 더욱 부각할 뿐이었다.

21세기에 쇼핑 카트는 전혀 다른, 오히려 더욱 극심한 궁핍 속에서 다시 등장했다. 주거지 없는 극빈층이 길에서 쇼핑 카트를 끌고 다니는 모습이 바로 그것이다. 노숙인들은 그들의 몇 안 되는 소지품과 돈으로 바꿀 수 있는 재활용품을 수거해 카트에 담는 현장은 쇼핑 카트가 보여주는 우리 시대 소비 사회의 이면이다.

마스크

코로나바이러스 감염증-19(COVID-19, 이하 코로나19) 팬데믹이 시작된 이후, 마스크는 언론에 빠지지 않고 등장하는 사물이 되었다. 국제기구는 보건용 마스크 착용을 권고했고, 글로벌 물류난과 수요의 급증 속에 전 세계적인 마스크 품귀 현상이 발생했다. 마스크 물량 확보는 위기 상황에서의 국가적 대응 능력을 판가름하는 지표이자, 대규모 소비재 생산과 관련한 지정학을 적나라하게 드러내는 사건이었다.

마스크 쓴 사람들의 모습은 과거 전염병의 시대를 떠올리게 했다. 온라인상에서는 공포를 조장하는 흑사병 시기의 이미지나 1918~1919년 스페인 독감이 유행하던 당시 마스크를 쓴 시민과 군인의 사진 등이 일파만파 퍼져나갔다. 사람들은 코로나19를 과거의 사례와 비교하며 교훈을 찾기도 하고, 어떤 이들은 마스크 착용을 의무화하는 행정 명령을 규탄하는 시위를 벌이기도 했다. 마스크는 바이러스, 세균, 그 밖의 다른 입자 전파를 차단하면서 인적 교류를 지속해나갈 수 있도록 해준다. 인류는 과학과 의학의 발전으로 전염병의 위협이 사라지기를 바랐지만 새로운 질병이 등장하면서 마스크를 착용하는 생활로 되돌아가야만 했다.

감염 예방용 마스크가 발명된 시기는 19세기 말이었다. 수술용 마스크를 본떠 만든 감염 예방용 마스크는 예방 조치의 개인화를 상징했다. 독일 의사 카를 플뤼게는 환자가 내뱉은 비말에 의료 인력이 감염되는 걸 막기 위해 1890년대부터 천을 여러 겹 겹쳐서 끈으로 연결한 수술용 마스크의 사용을 적극 권장했다. 반면 중세 시대에 흑사병을 치료하던 의사들이 쓰던 마스크는 이와 사뭇 달랐다. 그들이 쓰던 마스크는 17세기 프랑스의 의사였던 샤를 드 로름의 발명품으로, 얼굴 전체를 가리는 '가면'에 가까웠다. 코 부분은 새 부리처럼 길고 뾰족하게 튀어나와 있었는데, 그 길쭉한 공간에는 공기 중의 불쾌한 냄새를 막기 위해 향료를 채워 넣었다.

20세기 초에 들어서는 전염병이 두 차례나 유행했다. 첫째는 1911년 만주에서 창궐한 흑사병, 두 번째는 1918년에 발생한 스페인 독감이다. 만주에 흑사병이 돌자 중국, 유럽, 일본의 의사들은 팔을 걷어붙이고 나섰다. 당시 중국은 자국이 현대적이고 과학적인 국가라는 것을 전 세계에 보여주고자 했고, 중국 의사 우롄더는 마스크 보급에 큰 역할을 했다. 한편 스페인 독감이 유행했을 때는 오히려 마스크를 많이 쓰지 않았다. 유럽과 북미의 몇몇 지자체를 제외하고는 일본만이 마스크 착용을 권장했다. 일본 방역 당국은 국민들에게 마스크를 쓰도록 권고했고 1919년부터 무료로 마스크를 제공했다. 일본에서는 이때부터 백신이 보편화된 1970년대까지 독감이 유행할 때마다 마스크를 착용하는 게 일상으로 자리 잡았다.

20세기 중후반에는 마스크를 둘러싼 양상이 복잡해졌다. 현대 생물 의학의 보루인 선진국 병원에서는 마스크를 착용하는 게 당연해졌다. 이식수술과 인공기관 삽입술 같은 침습 시술을 하려면 무균 환경이 갖춰져야 했기 때문이다. 마스크와 함께 항생제 복용을 비롯한 약물 혁신이 일어나며 감염병 발생률은 현저히 낮아졌다. 결핵 같은 감염병들은 예방 외에 대책이 없어서 오랫동안 사회의 재앙이나 다름없었다. 하지만 백신과 치료제가 발달하며 선진국에서는 감염병 예방을 위해 마스크를 쓰는 비율이 줄어들었다.

착용률이 감소하기는 했지만, 1945년 이후부터 마스크는 산업 영역에서 비약적으로 발전했다. 19세기부터 공장 노동자들은 석면과 규토 가루를 흡입하지 않기 위해 방진 마스크를 썼는데, 이 마스크 시장이 확대되었기 때문이다. 농축산업 종사자들도 산업의 현대화에 따라 살충제나 박테리아를 막기 위해 마스크를 썼고, 냉전 시기 군인들도 원자력, 방사능, 화학적 위험 요소를 피하기 위해 마스크를 착용했다. 일본에서는 1980년대부터 꽃가루 알레르기를 앓는 사람들이 늘어나며 마스크가 보편화되었다. 제2차 세계대전 이후에 삼나무를 대량으로 심었는데, 삼나무가 알레르기 항원이 될 수 있다는 걸 그때까지 몰랐던 것이다. 자동차 산업의 발전으로 대도시의 환경오염이 심각해지자 중국에서는 20세기 말부터 마스크를 쓰는 사람이 늘어났고, 21세기 초에는 마스크 착용이 주요 정책 안건이 되는 지경에 이르렀다.

20세기 말부터 다시 마스크를 착용하는 분위기가 형성된 건 전 세계로 퍼진 감염병을 의학적으로 제어할 수 없었기 때문이다. 에이즈는 관리 가능한 질병이 되었지만 언제, 어디서, 무엇이 원인이 되어 퍼져나갈지 모르는 독감 바이러스와 신흥 전염병은 통제가 불가능했다. 전 세계가 속수무책으로 팬데믹 대응 계획의 조치를 논의하고 있을 때, 동남아시아는 세계보건기구WHO보다도 먼저 공공장소에서의 마스크 착용을 권고했다. 동남아시아가 이렇게 빠르게 행동에 나설 수 있었던 건 2003년 급성호흡기증후군의 유행과 동남아 지역을 끊임없이 위협하던 조류독감을 겪으며 얻은 교훈 덕분이었다. 2010년대 중앙아프리카와 서아프리카에서 에볼라바이러스가 유행하자 국제사회는 마스크와 방호복을 착용한 의료진을 파견했다. 이는 물론 현지 주민을 위한 인도주의적 지원이었지만 선진국까지 병이 퍼지지 않게 하겠다는 조치이기도 했다. 이렇게 마스크와 방호복은 세계 보건 시대 긴급 구호의 모순된 상징이 되었다.

세계화 속에서 진행된 산업·통상 지정학은 코로나19의 유행과 함께 마침내 뉴스에서 줄기차게 다루는 소재가 되었다. 합성섬유 필터로 만든 마스크, 인공호흡기의 전 세계적 품귀 현상은 많은 나라가 일부 생산국에 일회용 물품 생산을 전적으로 의존하고 있다는 사실을 드러냈다. 세계 마스크 생산량의 50~80퍼센트를 담당하는 것으로 알려진 중국은 핵심 원자재를 모조리 끌어들였다. 다른 국가들은 현지 생산 기지를 강화하거나 시민들이 직접 만드는 마스크를 포함해 필터 성능이 불완전한 천 마스크 착용을 장려할 수밖에 없었다.

인간은 다른 종이 사는 공간을 침범하고, 화학제품을 남용하며 환경을 파괴했다. 어떤 근본적인 변화가 이루어지지 않는다면 앞으로도 코로나19처럼 우리가 알지 못하는, 새로운 병원체가 출현할 가능성이 크다. 유일한 방어책인 마스크는 아이러니하게도 우리의 생존이 얼마나 불안정한지를 보여주는 듯하다. 세계적인 재난의 원인이 된 것은 잘못된 방향으로 어긋난 현대성이었지만, 개인의 손에 들린 것은 탈현대적이고 원시적인 마스크 한 장뿐이다. 현대성이 외치던 의기양양한 예언은 이제 가느다란 끈 하나에 아슬아슬하게 매달린 것처럼 보인다.

콘돔

1916년, 미국과 독일의 두 콘돔 브랜드는 유황 성분이 포함된 콘돔을 출시했다. 뉴욕의 멀 영스가 만든 '트로잔'과 베를린의 율리우스 프롬이 만든 '프롬스 액트'가 그것으로, 유서 깊은 피임 도구가 대중문화 속으로 들어온 순간이었다.

콘돔은 이미 수천 년 전부터 사용되었지만 20세기 사람들은 피임 도구를 점잖게 부르기 위해 다양한 표현을 동원했다. 프랑스에서는 '프록코트redingote'나 '영국군용 외투capote anglaise', 영국에서는 '프랑스 글자french letters'라고 부르는 식이었다. 이런 표현들은 당시 사람들이 콘돔을 어떻게 생각했는지 보여준다. 콘돔이 세계사 속에 완전히 들어온 건 산업혁명 이후, 제국주의 시대에 원자재 교환이 활발히 이뤄질 때였다. 옛날에는 직물로, 이후에는 동물 창자나 생선 방광으로 피임 도구를 만들어 썼다. 그때까지만 해도 콘돔을 사용하는 건 엘리트 계층뿐이었지만, 19세기에 가황법(생고무에 유황을 가해 탄성에 변화를 주는 처리)이 개발되며 고무로 콘돔을 만들 수 있게 되었고, 이는 엄청난 혁신으로 이어졌다. 영국은 브라질과 콩고에서 원자재를 수입했으나 곧 아시아에 직접 고무 농장을 세웠다. 그러자 타이어 생산 기업인 미국의 굿이어, 우비를 전문으로 만드는 영국의 매킨토시 등 고무 산업에 종사하던 여러 기업에서도 콘돔을 생산하기 시작했다. 그러나 여전히 대중적으로 보급되기에는 가격이 턱없이 비쌌다.

콘돔은 효과적인 피임 도구이자 매독 전염을 막을 수 있는 수단이었지만, 출산하지 않고 문란하게 성생활을 즐기는 쾌락주의자들의 물건이라는 오명을 썼다. 콘돔을 판매하거나 광고하는 행위를 금지하는 국가가 많아졌고, 곧 암시장이 발달했다. 제1차 세계대전 동안 성병이 유행하자 콘돔을 둘러싼 모순은 극에 달했다. 성병은 심각한 문제였고 교전국은 매독의 확산을 제지하기 위해 애를 썼다. 금욕을 격려하고 매춘을 관리하며 군인들을 감시하는 게 전 세계 공공 보건 정책이 되었다. 그러나 독일, 뉴질랜드, 호주 등은 19세기 말부터 선구적인 정책을 추구하며 군인들에게 콘돔 보급을 주저하지 않았다. 다른 국가들이 공중 보건과 낡은 윤리 사이에서 망설이는 사이, 결국 매독은 폭발적으로 퍼져나갔다.

양차 대전 동안 콘돔 생산량은 급증했다. 콘돔 생산을 전문으로 하는 기업이 생겨났고 이에 따라 새로운 마케팅 기법도 등장했다. 예컨대 율리우스 슈미트는 멋지게 디자인한 작은

틴 케이스로 제품을 포장하고 상징적인 이름을 붙여 판매했다. 이집트 파라오가 그려진 것은 '람세스 콘돔', 말을 타는 아랍 남성의 그림이 그려진 '셰이크(족장이라는 뜻) 콘돔'이었다. 이외에도 뉴욕 멀 영스의 '트로잔', 분홍색과 노란색 줄무늬 포장으로 유명한 '프롬트 액트' 등이 출시되며, 브랜드 경쟁이 시작되었다. 1929년에는 런던 러버 컴퍼니가 듀렉스 상표를 등록했고, 1920~1930년대는 화학물질을 무첨가한 라텍스를 사용하는 공정 방식이 개발되며 더 안전한 콘돔 제품이 탄생했다. 기계화된 생산 방식으로 생산량이 늘어남과 동시에 유통망도 다양해졌다. 저렴해진 콘돔은 술집, 주유소, 이발소 같은 곳에서 유통되는 건 물론, 편지 속에 담겨 은밀히 돌고 돌기도 했다. 테스트를 거친 콘돔은 약국에서 판매했다. 얼마 지나지 않아 독일, 네덜란드, 영국, 미국에서 차례로 콘돔 자판기가 등장했다. 프랑스는 피임 도구의 선전과 판매를 일체 금지하는 법안 때문에 이 흐름을 따라가지 못했다.

제2차 세계대전이 발발하자 각국 정부는 성병을 막기 위해 망설임 없이 병사들에게 콘돔을 보급했다. 제1차 세계대전 때 저지른 실수에서 교훈을 얻은 것이다. 그러나 진짜 제대로 된 피임 정책은 전쟁이 끝난 후 실시되었다. 콘돔과 자궁 내 장치, 불임수술 등은 개발도상국의 가족 정책에 동원되며 확산되기도 했다. 미국이 1960년대 말 인도에 니로드(인도의 콘돔 브랜드. 산스크리트어로 '두려움에서 해방'이라는 뜻 - 옮긴이)를 보급한 것이 그 예다.

일본은 1950년대부터 세계 콘돔 산업에 존재감을 드러내기 시작했다. 특히 오카모토 주식회사가 출생률 감소 정책의 보조 수단으로 콘돔을 생산하고 판매했다. 동남아시아, 특히 말레이시아에서 원자재를 수입한 일본은 1960년대 말 세계 콘돔 생산량의 무려 35.5퍼센트를 차지했다. 1960~1970년대 유럽에서는 콘돔이 경구피임약과 자궁 내 장치 같은 다른 피임 기구에 점차 자리를 내주었다. 성관계를 매개로 한 전염병은 사라지지 않았지만 성병은 더 이상 주목받지 못했다. 하지만 1980년대에 에이즈가 퍼지자 콘돔이 다시금 예방책으로 떠올랐다. 이후 콘돔은 신중한 성생활의 상징이 되어 성교육 정책의 중심으로 자리잡았고, 광고가 허용된 이후로는 TV 광고를 진행하며 캠페인 효과가 배로 증가했다. 에이즈 예방 단체들은 유일한 백신인 콘돔을 홍보하기 위해서라면 시끌벅적한 행보도 서슴지 않았다. 가령 1993년 12월 1일 액트업 파리 지사는 콩코르드 광장에 있는 오벨리스크에 콘돔을 씌우기도 했다.

콘돔은 성생활의 변화에 따라 변모했다. 이제는 더 편리한 사용을 위해 윤활제가 첨가되었고 색상도 다양해졌으며 두께도 훨씬 얇아졌다. 오늘날 콘돔은 여성과 남성, 동성애와 이성애 구분 없이 보편화되었다. 1980년대부터 세계에서 가장 많이 팔린 콘돔 브랜드는 영국의 듀렉스다. 주가가 급등한 듀렉스는 오늘날 영국과 네덜란드계 다국적 기업으로 통합되었다. 2007년부터는 신흥 시장인 태국이나 중국에서 듀렉스 제품의 생산이 전적으로 이루어지고 있다. 그렇지만 남미와 사하라 이남 아프리카처럼 여전히 콘돔이 거의 사용되지 않는 곳도 있다. 특히 가톨릭을 필두로 해 종교계의 금지가 계속되는 한 콘돔의 세계적 확산은 제한적일 것이다.

타이어

바퀴는 원래도 인류 역사상 손꼽히는 발명품이지만, 1888년 그 위에 튜브를 씌우면서부터는 획기적으로 효율성이 더해졌다. 타이어는 생각보다 훨씬 단순하면서도 오늘날 여전히 하이테크 제품일 정도로 기술 집약적인 사물이다. 사실 타이어는 바퀴에 잘 휘는 고무 막을 댄 물건일 뿐이다. 단단하고 유연하며 둥근 고리 모양을 한 타이어는 휠 위에 고정한 뒤 압축가스를 이용해 부풀리는 방식으로 만든다. 땅과 바퀴 사이의 접촉을 책임지고 밀착력으로 에너지 산일散逸과 연마를 견뎌내면서도 충격과 진동을 덜 받기 위해 타이어 구성 성분은 계속 복잡해졌다.

　　타이어는 도로 교통에서 아주 중요한 사물이다. 타이어 자체도 충분히 특별하지만 19세기 말 이후 제국주의, 산업화, 자원과 인력 개발, 여가, 교통수단의 변화, 전쟁, 세계화 등 인류 역사의 주요 현상이 다 타이어가 널리 쓰이면서 일어났다.

1888년 스코틀랜드 출신 존 보이드 던롭이 자전거용 타이어 튜브를 발명했다는 공문서가 남아 있다. 물론 바퀴에 고무를 달려는 시도는 그전에도 여러 번 있었다. 미국의 찰스 굿이어Charles Goodyear가 1839년에 개발한 가황법으로 고무는 비약적인 발전을 이루었다. 여기서 가황법이란 고무 반죽에 황을 넣어서 추위에 굳지 않고 더위에도 녹지 않게 하는 공법이다.

타이어 튜브가 개발되자 자동차는 급속도로 발전했다. 1889년, 던롭은 아일랜드 더블린에 공장을 세웠다. 뒤이어 1891년에는 미슐랭이 프랑스 클레르몽페랑에 공장을 세우고 1895년 최초로 자동차 타이어 특허를 냈다. 미국에서는 1892년 US 러버가 설립되고, 이어 굿이어 타이어 앤드 러버 컴퍼니(1898)와 파이어스톤 타이어 앤드 러버 컴퍼니(1900)가 세워졌다. 두 회사는 즉각적인 성공을 거두었다. 1900년에 자동차와 트럭 대수는 수백 대였으나 제1차 세계대전에는 이미 수만 대로 증가해 있었다. 파이어스톤은 1913년에 타이어 60만 개를 생산했다. 당시 미국은 세계 고무의 70퍼센트를 소비했으며 이 중 절반 이상이 미국 대부분의 타이어 산업 단지가 몰려 있는 오하이오주의 애크런 공장에서 만들어졌다. 애크런은 버섯처럼 쑥쑥 성장해 1900년에 4만 2000명이던 주민 수가 1920년에는 21만 명으로 증가했다. 그렇게 1910년부터 타이어 대기업들은 강력한 다국적기업이 되었다.

열대 숲에서 자라는 고무나무에서 라텍스를 채취해 수입했으므로 1935년까지 타이어 생산에 쓰이는 고무는 대부분 자연산이었다. 19세기 말까지 라텍스 채집은 야만적으로 이루어졌다. 특히 현지 주민을 일상적으로 고문하고 학살하며(수확해온 고무의 양이 충분하지 않으면 신체를 절단한 '잘린 손 사진'들이 이를 잘 보여준다) 끔찍한 자원 수탈을 대대적으로 조직한 레오폴드 2세 치하 벨기에령 콩고와 브라질의 상황이 심각했다.

자동차 교통이 부상하며 타이어에 대한 수요가 급증하자 고무 재배에도 급격한 변화가 생겼다. 식민 열강과 여러 민간 기업은 동남아시아에서 고무나무 플랜테이션을 확장했다. 미국은 수마트라에, 영국은 말레이시아에, 프랑스는 인도차이나에 플랜테이션을 만들었다. 플랜테이션을 만들기 위해서는 막대한 투자와 수많은 인력 동원이 필요했다. 1900년 원시림에서 채취한 고무 생산량은 5만 톤이었는데, 1940년 아시아 플랜테이션에서는 100만 톤 이상을 생산했다. 그만큼 고무나무는 제국주의 식민지의 대표적인 재배 작물이자 자원이었다. 일본도 1931년 도쿄에 브리지스톤 타이어 컴퍼니를 설립하며 업계에서 중요한 주체가 되었다. 이런 변화와 함께 획일적으로 규율에 따르게 하는 노동 환경이 동시에 발생했다. 플랜테이션뿐만 아니라 서양의 공장, 항만과 상선에서도 마찬가지였다. 당시 플랜테이션은 노예무역 시대의 사탕수수나 목화 플랜테이션을 방불케 했고, 엄격한 테일러식 경영관리 기법(표준 노동량을 정하고, 그 작업량에 따라 임금을 지급하는 등 효율성을 높여 생산성을 증진하는 합리적인 작업 관리법 — 옮긴이)과 유해한 작업 환경으로 악명이 높았던 탓에 이민 노동자들이 무시무시하리만치 높은 사망률을 보였다.

전쟁은 타이어 생산을 엄청나게 가속화했다. 1914~1918년의 1차 대전에서 자동차는 고무 물자 부족으로 힘겨워하는 동맹국에게 연합국의 힘을 보여주는 도구였다. 1935년 전쟁을 준비하면서 히틀러는 합성고무(부나) 생산을 위한 산업 계획을 명령했다. 당시 세계 화학 회사 1위였던 이게파르벤이 개발한 합성고무는 부타디엔과 스티렌 같은 석유 부산물을 결합한 것이었다. 이게파르벤은 1939년에 7만 톤, 1944년에는 14만 톤의 부나를 생산했고, 독일 나치 점령군은 아우슈비츠 수용소에 이게파르벤의 모노비츠 공장을 세워 2만 명의 강제수용자와 전쟁 포로에게 노역을 시켰다. 그 결과 독일 타이어의 천연고무 함유량은 8퍼센트 미만을 기록하게 되었다. 곧이어 소련과 미국도 합성고무를 만들기 시작했고, 1942~1945년 동안 합성고무 공장 51곳을 지은 미국에서는 생산량이 2만 4000톤에서 78만 4000톤으로 증가했다.

전쟁 이후 식민 열강은 물자 조달의 원천이던 식민지를 잃었지만, 합성고무의 비약적인 발전으로 고무 수급에는 큰 문제가 없었다. 일반 도로와 고속도로에 아스팔트가 깔리고 화학과 기술이 발전하면서 소비사회로 진입한 게 고무 생산의 성장에 도움을 주었다. 사이클 경주와 자동차 경주가 생겼고, 미쉐린타이어가 광고와 관광업에 뛰어들었다. 미쉐린은 지금의 우리도 익히 잘 아는 마스코트 '비벤덤'을 만들어 식당 정보를 담은 미슐랭 레드 가이드, 여행 정보를 담은 그린 가이드와 도로 지도책을 펴냈다. 그렇게 자동차와 타이어는 생활양식이 되었고 철도의 자리를 빼앗았다. 자동차의 연간 생산량은 50년 만에 열 배가 증가해 1948~2000년 사이 500만 대에서 5000만 대로 늘어났으며 자가용과 트럭의 운송 능력이 도시를 뒤바꾸어 주변 산업 및 상업 단지와 곁을 나란히 했다. 1975년까지 이어진 프랑스의 경제 호황기인 '영광의 30년' 동안, 특히 1946년 미쉐린타이어가 근본적인 구조를 개발한 후로 타이어의 성능은 계속해서 개선되었다. 이제 타이어에는 황, 카본블랙, 실리카, 오일, 석유, 금속 케이블 및 기타 비금속, 플라스틱 첨가물과 용매가 포함되었다.

1980~1990년대에는 타이어 기업들의 수많은 인수 합병이 이루어졌다. 21세기의 타이어 관련 수치는 들으면 현기증이 날 정도다. 천연고무 1200만 톤, 합성고무 1500만 톤, 세계 연간 타이어 생산량은 12억 개 이상이다. 타이어는 173조 원짜리 시장으로 브리지스톤(260억), 미쉐린(230억), 굿이어(150억), 콘티넨탈(130억), 피렐리(60억)라는 다섯 개의 대기업이 장악했다. 타이어 시장은 여전히 성장 중이다. 최근 미쉐린은 72만 제곱미터에 달하는 중국 선양 제2공장을 비롯해 대형 공장 네 곳을 새로 지었다.

그렇지만 환경 위기 시대에 과연 타이어가 적합한지 의문이 제기되기도 한다. 수많은 자원 포식을 비롯해 생산 과정뿐 아니라 타이어를 사용할 때 발생하는 대기오염도 문제다. 또 별도의 장치 없이 타이어를 소각하거나 바다에 폐기하는 것도 대부분의 국가에서 금지하고 있으며 재활용 방안도 발전하고는 있지만 타이어의 구성 성분이 잡다해서 쉽지 않다. 게다가 타이어 공장은 석유화학 혼합물과 아연 등의 금속 혼합물, 심지어 중금속 혼합물까지 남겨 자연을 오염시킨다. 유럽에서만 해도 타이어로 인한 고독성의 미세 먼지가 매해 46만 톤 배출된다. 타이어는 20세기의 미친 듯한 산업 발전을 상징하는 물건이었지만, 이제 지구 환경을 위협하는 대표적인 문제거리라는 데 의심의 여지가 없다.

지폐

1929년 4월 20일, 국제연맹에 가입한 30여 개국이 오늘날에도 유효한 조약에 서명했다. 위조화폐 방지를 위해 국제적으로 협력하자는 조약이었다. 제1차 세계대전 종전 이후로 지폐는 국경을 넘나들며 활동하는 위폐범들의 표적이었다. 1926년에는 헝가리에서 인쇄된 1000프랑짜리 위조지폐 1만여 장이 유럽 전역에서 압수되는 일도 있었다.

중국에서는 9세기부터 지폐를 사용했지만 다른 곳에서는 훨씬 나중에 지폐가 등장했다(유럽에서 가장 오래된 지폐는 스웨덴에서 1661년에야 만든 것이다). 지폐는 현금 예금으로 교환할 수 있도록 발행한 약속어음과는 다르다. 사실 지폐는 은행이 만든 통화 가치와 은행의 경화硬貨 보유량의 단절을 전제로 한다(모든 지폐 소지자가 지폐를 경화로 바꿔달라고 동시에 요청하지 않을 것이라는 믿음을 전제로 한다는 뜻이다). 따라서 지폐는 불환지폐(금, 은 등 본위화폐와의 교환이 보증되지 않는 지폐 - 옮긴이)를 물질로 구현한 것이다. 명목 가치가 화폐 자체의 가치보다 높은 화폐는 (경제학자 앙드레 오를레앙의 표현에 따르면) 발행자가 "사회적으로 인정받고 합법적인 부"의 형태를 이룰 수 있는 능력이 있는 사람이라는 신뢰를 기반으로 한다.

제1차 세계대전 이후 위조지폐 방지가 국제적 우선 과제가 된 건 우연이 아니다. 분쟁으로 인한 경제적 여파에 취약한 각국의 통화 체계는 반복되는 위기의 먹잇감이었다. 이런 상황에서 위조지폐는 공동의 가치를 재건하려는 노력에 대한 공격이기도 했다. 1929년에 체결한 조약은 심각한 위협에 맞선 반응이었으며, 지폐 역사에서 중요한 두 가지 현상을 드러낸다.

첫 번째는 1929년부터 지폐가 화폐의 주요 실현 매체가 되었다는 것이다. 인기 만화 캐릭터 땡땡이 활약하는 일곱 번째 작품 『검은 섬』(1938)에서 땡땡이 일망타진한 범죄 조직은 1925년 앙드레 지드의 작품에 등장한 위폐범들처럼 위조화폐를 만들기 위해 큰 애를 쓰지는 않는다. 닥터 뮐러와 그의 부하들이 스코틀랜드에서 윤전기로 지폐를 찍어낸 후 이를 가방에 담아 전 세계로 부치는 게 전부다. 19세기 중반 이후로 화폐 발행 당국과 위조범들은 앞뒤 면 맞춤, 숨은 그림(워터마크) 및 서명 넣기, 다색 인쇄 같은 신기술을 동원해 앞다투어 솜씨를 뽐냈는데, 이는 심각한 문제였다.

과거 많은 금액을 지불할 때 무거운 금속화폐를 대신하기 위해 사용하던 지폐는 어느새 일상적인 물건이 되었다. 일상적인 거래에서 주화를 대체하기 위해 소액지폐가 만들어졌다. 프랑스에서는 1870년 도입된 20프랑짜리 지폐가 점차 나폴레옹이 그려진 100프랑짜리 지폐를 대신했다. 20프랑권은 500프랑권(242×140밀리미터)에 비해 크기가 작았다. 유로로 바뀔 때까지 사용했던 드뷔시가 그려진 20프랑권(140×75밀리미터)과 비슷한 크기였다.

결정적으로 지폐가 흔한 물건이 된 건 제1차 세계대전 때였다. 1914년 독일에서는 화폐 유통량의 60퍼센트가 주화였고, 이때까지는 일반적으로 지폐를 일람출급할 수(즉 경화로 바꿀 수) 있었다. 그러나 전쟁의 발발로 주화의 축재와 융자 필요성이 폭발하자 화폐 교환은 일시적으로 중지되었고(결정적으로 1929년 대공황 이후로는 더 이상 사용되지 않았다), 금속화폐는 빠르게 지폐로 대체되었다.

1929년 국제연합 조약은 지폐와 주화 발행을 각국 중앙은행에서 독점으로 진행하겠다고 못 박았다. 18~19세기에는 민간기관이 독점하거나 지역 내에서만 통용되는 지폐가 존재했는데, 이런 신용기관들이 장거리 무역을 통해 세계화에 일익을 했다. 가령 1717년에는 프랑스의 민간 은행 방크 제네랄이 초창기 지폐를 발행했는데, 이 지폐는 미국 루이지애나주와 무역을 독점으로 체결한 서방 회사의 주식을 담보로 신용을 유지했다. 중국에서는 중앙아시아와 러시아와의 교역에서 발생한 이윤으로 산시성의 상인들이 표호票號를 설립했다. 표호는 1820년대부터 중국 지폐 대부분을 발행한 금융기관이었다. 19세기 말 상하이 등에서는 차타드은행이나 HSBC(홍콩-상하이 은행) 같은 서양 은

행도 지폐를 발행했다. 1908년에 이론상 지폐 발행 독점권을 가진 기관이 설립되었음에도 20세기 초 중국에서는 수많은 종류의 지폐가 유통되었다. 국립 중앙은행이 확립되기까지 기나긴 과정을 거쳐야 했기 때문이다. 영국 중앙은행은 1844년에 지폐 발행 독점권을 가졌지만, 과거에 발행권을 얻었던 마지막 은행이 사라진 1921년에야 그 독점권이 실제로 유효해졌고 한참 뒤인 1946년에야 국유화되었다.

그래도 지폐는 19세기 중후반 국민국가 건설이라는 세계적인 흐름과 깊이 연결되어 있다. 예를 들어 1600곳 이상의 은행에서 지폐를 관리하게 둔 미국 연방 정부는 남북전쟁 당시 법정 통용력이 있는 화폐를 무수히 많이 발행했다. 이 '그린백'(지폐 뒷면의 색깔이 녹색이었기 때문에 붙은 이름 — 옮긴이)은 1865년 미국 전역에서 찾아볼 수 있었다. 연방 정부가 최초로 모든 화폐의 보증자가 된 것이다. 1945년 이후 미국이 초강대국으로 떠오르면서 그린백은 미국이 쥔 주도권의 상징 중 하나가 되었고, 그린백에 찍힌 영웅들의 이름(조지 워싱턴, 에이브러햄 링컨, 프랭클린 루스벨트)도 널리 알려졌다.

지폐 발행이 국유화된 후로 지폐는 더 이상 고대 그리스 로마 신, 닻이나 등대 같은 신뢰의 상징으로 장식된 소박한 종이쪽지가 아니었다. 지폐는 더욱 정치적으로 변했으며 국가를 상징하는 인물, 역사적 장면, 건축물로 꾸며졌다. 가령 1924년 소련 루블화에는 광부, 군사, 전투기 조종사가 실렸다. 이집트 지폐에는 파라오 시절의 도상이 들어갔고 레바논은 1파운드짜리 지폐에 제이타 동굴을 넣었다. 유로화에는 2002년부터 유럽 역사에서 착안한 가상의 건축양식 도안이 들어갔다.

지폐의 역사는 차별화와 표준화의 역사라고 할 수 있다. 각 국가나 정권이 자기 고유의 도상을 강조하지만 모든 지폐는 찍혀 있는 금액에 따라 똑같은 가치가 있고, 위조지폐 방지에 관한 인터폴의 권고는 전 세계적으로 평준화된 보안 대책을 공유하게 했다. 지폐 제조 시장은 몇 안 되는 소수 업체가 지배하고 있다. 예를 들어 영국 중앙은행의 역사적 파트너인 인쇄 업체 드라루는 계속해서 남아프리카공화국, 피지, 쿠웨이트, 몰디브 등 과거 영국이 지배했던 수많은 국가의 지폐를 제작하고 있다. 그리고 드라루는 프랑스 기업 클렉스트랄이 제작한 장비를 사용하는데, 클렉스트랄은 1990년대부터 중국과 러시아 중앙은행에도 장비를 공급하고 있다. 보편화된 만큼이나 다양한 모양으로 세계화의 대표적인 물건이 된 지폐는 새로운 가상화폐와의 경쟁을 버텨내며 제법 순조롭게 사용되고 있는 듯하다.

분필

1856년, 정부 지원을 받아 알제리에 탐사 임무를 수행하러 간 펠릭스 물랭은 사진 한 장을 찍었다. 사진 속 장소는 천으로 구분한 간이 교실로, 벽에 걸어둔 천에는 아프리카 북부 연안이 표시된 커다란 지도가 걸려 있다. 어린 알제리 학생들은 둥그렇게 둘러앉아 유럽에서 온 선생님의 지시에 따라 작은 슬레이트 판에 알파벳을 쓰고 있다. 선생님 뒤에는 전통 의상을 입은 보조 교사가 칠판을 잡고 있고 칠판에는 흰색 글씨로 프랑스어와 아랍어 문장이 두 줄씩 쓰여 있다.

각양각색의 식민지 주민에게 여러 버전으로 각색되어 퍼진 이 장면은 세계에서 100년 이상 아프리카와 아시아의 유럽 식민지를 상징하는 이미지 가운데 하나였다. 그렇지만 이 사진에서 보이지 않는 물건이 하나 있다. 정확히 말하자면 잘 보이지

는 않지만 분명 사진 속에 있는 물건이다. 정답은 바로 분필이다. 19~20세기 식민지 확장이 계속되면서 코친차이나 프런트의 지배인, 오지에 나간 의사, 콩고에 선교 간 백인 신부의 손에는 공통적으로 분필이 들려 있었다. 잘 지워지고 임시적이지만 글을 적고 배우며 숫자를 세고 무언가를 시작하려면 분필이 필요했다.

인류는 선사시대부터 동굴에 벽화를 그렸다. 특히 백악白堊은 재료인 동시에 도구였다. 오늘날 분필로 가장 유명한 사람은 1980년대 뉴욕 지하철에 분필로 그래피티를 그린 키스 해링일 것이다. 하지만 분필의 진정한 모험은 1800년 스코틀랜드에서 칠판의 발명과 함께 시작되었다. 이번에 기억해야 할 이름은 에든버러올드고등학교 교장 제임스 필랜스다.

칠판은 단순한 발명품 이상이었다. 1800~1810년부터는 학교에서도 일반적으로 칠판을 사용하기 시작했다. 그러다 제1차 세계대전에 취학률이 대거 높아져 학생 수가 늘어나자 빼어난 서체로 글씨를 쓰기보다 읽을 수 있도록 쓰는 게 교육의 목표가 되었다. 학교에서는 깃털 펜과 잉크 대신 슬레이트 판과 분필을 사용했다. 이제는 깃털 펜을 우아하게 다루는 숙련된 기술이 아니라 손으로 빠르게 쓰는 법을 알아야 했다. 분필은 점차 자본주의가 요구하는 특징들을 갖추어나갔다.

쓰기와 계산이라는 두 가지 기술을 배우는 데 개인용 슬레이트 판은 값도 싸고 꼭 필요한 도구였다. 덧셈식이나 격언을 쓴 칠판은 문자 교육의 상징이었다. 얼마 안 가 칠판과 분필은 학교에 없어서는 안 될 물건이 되었고, 칠판 색인 검은색은 신부들의 사제복 색깔만큼이나 유명해졌다. 예외적으로 예수회는 라틴아메리카와 아시아에 진출할 당시 그림과 무기로 전도하는 편을 선호했기 때문에 칠판을 쓰지 않았다. 이후 대규모 무역이 이루어지면서 판서는 각종 거래와 시장 공략, 전쟁에 유용한 기술이 되었다. 종교 격언은 영원히 적혀 있어야 했지만 상품 가격은 시장에 따라 달라졌고, 이를 잘 따라가려면 자유롭게 썼다 지울 수 있어야 했기에 글은 더욱더 일시적이고 유동적인 것으로 변해갔다.

1929년 10월 24일부터 29일까지 뉴욕 증권시장에서는 역사상 전례 없던 혼란스러운 장면이 펼쳐졌다. 주가가 대폭락하자 직원들이 널따란 사무실 벽을 장식한 커다란(오늘날에는 모니터로 대체된) 칠판에 쓰인 숫자를 끊임없이 지워야만 했기 때문이다. 그해 겨울 대공황이 찾아왔고, 북미 상점의 진열창들은 분필로 쓴 글씨로 뒤덮였다. 덧없이 지워지는 글씨는 1920년대 초 승리를 거머쥔 미국을 과시하던 대형 광고판 그림과 대비되었다. 워커 에반스, 잭 델라노, 도로시아 랭, 고든 파크스 같은 사진가들이 1935~1942년 농업안정국의 의뢰로 찍은 사진에서 볼 수 있듯 분필은 가난과 취약의 동의어였다.

같은 시기 대도시의 가난한 아이들의 손에서도 분필을 찾아볼 수 있었다. 아이들에게는 길거리가 학교였고 벽이 스케치북이었기에 따로 칠판이 필요하지 않았다. 1940년 헬렌 레빗은 뉴욕의 어린아이들을 찍었는데, 이는 여러 면에서 파리의 꼬마들을 찍은 로베르 드와노의 사진과 공통점이 있다. 두 사진가의 작품에서 유년 시절은 자크 프레베르의 시 「꼴통Cancre」에서처럼 '분필'적인 면모를 지니고 있다.

분필은 문맹자, 떠돌이, 무상함의 표기법이었다. 동물에 낙인을 찍어서 자기 소유임을 표시하듯 철거를 해야 하는 집에는 분필로 표시를 했다. 콜레라로 죽은 사람들의 집에는 분필로 십자가를 그렸다. 제1차 세계대전 중에 최전선으로 가는 병사들을 실은 열차 칸에는 그들의 수를 세서 분필로 적었고, 이후 동원된 병사들은 떠나온 사람들에게 보내는 메시지를 분필로 적었다. 다른 칸에는 열차를 타고 미국 각지를 떠돌아다니는 전설적인 방랑자hobo들이 금방 지워지며 해독할 수 없는 알파벳을 분필로 적었다. 이에 대한 이야기는 레온 레이 리빙스턴이 1908년 그의 자서전 『A-No.1의 삶과 모험Life and Adventures of A-No.1.』에 상세히 적었다.

이탈리아의 체사레 롬브로소 같은 19세기 말의 의사와 인류학자는 이런 행위가 시대에 뒤떨어지며 더 나아가 원시적이기까지 하다고 생각했다. 사실 분필은 아주 오래전부터 존재했다. 서양에서만 임시로 적어두는 수단을 발명한 건 아니었으니까 말이다. 세계 곳곳에서 모래나 식물에 무언가를 적는가 하면 돌 조각을 사용해 그림을 그리는 식으로 정보를 남기는 행위는 다양하게 이루어져왔다.

모로코 작가 모하메드 추크리는 그의 자서전 『헐벗은 빵Le pain nu』에서 강변의 땅바닥이 첫 번째 학습 도구였다고 이야기한다. 작가 에두아르 글리상은 『모든 세상Tout-monde』이라는 작품에서 유럽인들이 식민지에 도착하기 훨씬 전부터 가상의 부족인 바투토족이 분필을 사용했다고 썼다. 이처럼 분필은 삭제의 기술이자 망각의 기술이기도 하지만 사건과 만남에 따라 변화의 기술이기도 했다.

탐폰

1931년 11월 19일, 의사 얼 하스는 탐폰이라는 월경 용품에 대한 특허를 출원했다. 탐폰 덕에 그는 1969년 6월 15일 자 《선데이 타임스》의 20세기 발명가 1000인 중 한 명으로 선정되었다.

당시는 여성 위생 용품 산업이 막 성장하던 시기였다. 20세기 전까지 여성들은 주변에서 조달 가능한 소재로 생리혈을 흡수하는 다양한 방법을 알아내 사용했다. 가장 대표적인 것은 헝겊으로, 빨아서 다시 쓸 수 있다는 게 장점이었다. 헝겊은 오늘날에도 여전히 세계에서 수많은 여성이 사용하는 생리 용품이다. 19세기 말부터는 산업화와 도시화에 발맞추어 여성 임금노동자가 늘어나면서 생리 용품의 수요도 증가했다.

생리 용품(여성용 생리대와 리스터 타월)이 처음으로 판매된 곳은 1897년 미국이다. 거즈로 덮은 면 생리대였는데, 초반에는 성공을 거두지 못했다. 여성들이 이런 물건을 구매하는 모습을 남에게 보이고 싶어 하지 않았기 때문이다. 타월을 집게 핀이나 단추, 가죽끈, 고무줄 같은 것으로 고정시키는 생리 앞치마와 월경 허리띠, 월경 팬티 같은 제품은 다른 사람들의 눈에 띄지 않게끔 카탈로그를 보고 주문할 수 있었다. 하지만 사용하기 번거롭고 흡수력도 나쁜 탓에 집에서 직접 만든 생리대의 경쟁 상대가 되지는 못했다. 이 시기에는 집에서 생리대를 만드는 게 일반적이었다.

전환점은 제1차 세계대전과 함께 찾아왔다. 간호사들이 목화 셀룰로오스로 만든 붕대에 흡수력이 있다는 사실을 알게 되었고, 생리할 때 이를 사용하기 시작한 것이다. 셀룰로오스 소재로 만든 새로운 일회용 생리대가 1921년 미국에서 출시되었고 결과는 성공적이었다. 5센트라는 저렴한 가격 외에도 포장지로 싸여 있고 여성 전용 공간에 설치된 자판기에서 구할 수 있어 은밀하게 구매할 방편이 마련되어 있었기 때문이다. 생리대 판매 회사들은 현대 기술 덕분에 여성도 이제 여러 분야에서 새로운 자유를 쟁취할 수 있다고 광고했다. 중등교육과 대학교육에서 여성 취학률이 높아지며 여성들에게도 점점 더 많은 직업의 문이 열리던 시기였다.

생리 용품의 흡수력은 좋아졌지만 속옷에 고정시키는 건 여전히 문제였는데, 체내형 생리대인 탐폰을 사용하면 이를 해결할 수 있었다. 탐폰의 원형으로 볼 수 있는 물건은 18세기 이전부터도 존재했던 듯하다. 당시 탐폰은 냉이나 혈액을 흡수하고 때로는 물질을 투약하거나 피임을 하기 위한 도구로 사용되었으며 오랫동안 의료 도구로도 사용되었다. 1920년대 말 생리혈을 흡수하는 데 탐폰을 쓸 수 있겠다는 아이디어를 활용해 다양한 제품이 출시되기 시작했다. 하지만 오늘날과 같은 탐폰을 발명한 건 미국 덴버의 의사이자 취미 삼아 발명가로 활동하던 얼 하스였다. 하스는 페서리(말랑말랑한 고무 뚜껑으로 자궁 경부를 막아 정자가 자궁 내로 들어가는 걸 방지하는 여성용 피임 기구—옮긴이)를 고안해낸 사람이었다. 그는 1929년에 자가 발명한 기계로 면을 압축해 작은 쿠션을 만들었고, 여기에 잡아당길 수 있는 끈과 판지로 된 애플리케이터를 부착했다. 1931년 11월 하스는 'tampon'과 'vaginal packs'를 합쳐 '탐팩스Tampax'라 이름 지은 제품의 특허를 취득했다. 그리고 2년 뒤인 1934년에 탐폰을 출시한 거트루드 텐더리히에게 전체 지분을 매도했다.

탐폰은 생리대가 주지 못한 물리적 자유를 선사했다. 제2차 세계대전 이후 탐폰은 미국과 유럽에서 여성들의 마음을 사로잡았다. 1950년 무렵에는 생리 용품 중 탐폰의 판매량이 아직 10퍼센트밖에 안 되기는 했지만 말이다. 1947년 독일 엔지니어 카를 한이 이 전도유망한 시장에 새로운 제품을 출시했다. 한은 산부인과 의사인 유디트 에서의 도움을 받아 탐팩스보다 작고 애플리케이터가 없는 'o.b. 탐폰'('생리대 없이'라는 뜻의 독일어 'ohne binde'에서 따온 이름—옮긴이)을 생산했다.

생리 용품은 계속해서 발전했다. 1960년대 동안 생리대는 더 편안한 형태로 변해갔고 접착테이프로 생리대를 속옷에 고정하는 방식이 자리 잡았다. 탐폰도 냄새 제거 탐폰이나 플라스틱 애플리케이터 같은 형태로 꾸준히 변화했다. 셀룰로오스, 그 이후에는 면이던 소재가 폴리에스터, 비스코스, 레이온 폴리아크릴레이트, 카르복시메틸셀룰로오스같이 흡수가 더 잘 되는 합성 소재로 대체되었으며 탐폰에 염소 표백 처리를 하기도 했다.

이에 따라 탐폰 제조사들은 합성 성분과 독성쇼크증후군의 상관관계를 알리고 (정기적으로 탐폰을 교체하고 생리 양에 따라 사이즈를 선택해야 한다는 등의) 정보를 전달해 자사 제품을 사용하는 여성들에게 경각심을 고취해야 한다는 의무를 지게 되었다. 이후로도 이런 규제는 끊임없이 강화되었다. 20여 년 전부터 탐폰에 극소량이기는 해도 농약, 글리포세이트, 다이옥신, 프탈레이트 같은 발암물질이나 내분비교란물질(환경호르몬) 성분이 있다는 사실이 밝혀졌다. 아무리 극소량이라 해도 여성 한 명이 평생 동안 사용하는 탐폰은 평균 1만 1000개 이상이기 때문에 무시할 수 없다. 건강에 대한 위험 외에도 탐폰을 구성하는 대부분의 물질이 잘 분해되지 않아 환경을 매우 오염시키고 있다는 우려도 크다.

이것이 바로 여성 사용자들이 친환경 탐폰이나 스폰지 탐폰, 생리컵 같은 대안 용품에 관심을 가지는 이유다. 1930년대에 출시된 생리컵은 당시 큰 성공을 거두지 못했다. 원료인 고무 수급 자체도 원활하지 않았고 사용자들이 질에 직접 손을 대 생리컵을 넣는 행위 자체에 이질감을 느꼈기 때문이다. 하지만 1980년대 말 미국과 2000년대 유럽에서 점점 젊은 여성들이 라텍스나 실리콘으로 만든 생리컵을 사용하기 시작하며 소비량이 증가했다. 흡수력이 굉장히 좋은 신소재가 개발되면서 여러 번 빨아 입을 수 있는 생리 팬티도 재조명받기 시작했다.

1986년 출간된 『나도 살 거야! 소비자의 삶에 혁신을 가져다준 50가지 작은 놀라움과 대박 사건I'll Buy That! 50 Small Wonders and Big Deals that revolutionized the Lives of Consumers』이라는 책은 지난 50년 동안 미국인의 삶을 바꾼 50가지 물건 중 하나로 탐폰을 꼽았다. 오늘날까지도 탐폰을 비난하는 목소리와 대안 상품이 있지만 여전히 유럽과 미국 여성의 80퍼센트가 탐폰을 사용 중이다. 그 외 지역에서는 문화적, 경제적 이유 때문에 탐폰이 많이 퍼지지 않았다. 여러 이슬람 국가에서는 여성들이 생리대만 사용하는데, 탐폰을 사용하면 더 이상 순결하지 않은 여성이 될까 두려워하기 때문이다. 2018년에 진행한 설문에서는 중국 여성 가운데 겨우 2퍼센트만이 탐폰을 사용한다고 응답했다. 이는 탐폰 사용에 대한 터부보다도 자신의 몸 안에 외부 물건을 삽입한다는 것에 대한 망설임 때문으로 분석된다. 인도에서는 16~24세 여성의 약 60퍼센트가 생리대조차 마음대로 쓸 수 없다(인도 중부와 동부의 일부 빈곤한 주에서는 이 비율이 80퍼센트까지 높아진다). 임신과 출산 문제의 70퍼센트도 생리 용품의 부족과 관련이 있는 것으로 추정된다. 아프리카에서는 생리 용품 부족 현상이 여성의 낮은 취학률과도 연관되어 있기에 수많은 여성들이 생리 용품을 생필품으로 쓸 권리에 대해 목소리를 내고 있다. 다만 아직까지 탐폰은 그 대상에 포함되지 않는 듯하다.

달력

1822년, 이집트 왈리(술탄이 파견하는 부왕副王 — 옮긴이) 무함마드 알리가 세운 카이로의 불라크 인쇄소에서 인쇄기가 돌아가기 시작했다. 오스만제국의 비이슬람 공동체는 18세기부터 전례력을 인쇄해왔지만 공식 아랍어 인쇄소에서 찍은 건 이때가 최초였다.

불라크 인쇄소에서는 관보, 군 교재, 교과서 외에도 매년 자그마한 책력을 출판했다. 책력에는 기원紀元과 이슬람력, 콥트교 달력, 율리우스력, 그레고리력에서 쇠는 주요 명절이 요약되어 있었다. 해당하는 날짜의 행사나 생활 정보, 과학적 지식도 제공했다. 제국에 인쇄술이 전파되자 달력과 책력에 대한 관심이 전례 없이 확산되었다.

프랑스어로 달력calenderier은 원래 지금 '달력'을 생각할 때 떠올리는 물건이 아니라 역법을 지칭하는 말이었다. 역법은 고도로 복잡하고 오래된 지적 활동의 산물이다. 고대부터 인간은 천체의 운동을 파악해 시간을 구분하려고 노력했으며 이를 통해 종교의식을 치르고 사회생활을 이끌었다.

시간을 구분하는 방식은 매우 다양했다. 어떤 방식을 결정할 것인지는 대개 종교 고위층의 몫이었다. 어떤 역법을 채택하고 언제를 기원으로 삼을지는 그 집단의 정체성과 직결되기에 특정 역법을 쓰도록 밀어붙이는 일은 권력의 증표이기도 했다. 가령 중국식 태음태양력은 베트남, 한국, 일본 같은 주변국에 영향을 미쳤다. 율리우스 카이사르는 합리적으로 시간을 분할하고 로마 제국의 모든 주민을 동일한 시간대에 포함시키고자 기원전 46년 로마력을 개정했지만 뜻대로 되지 않았다. 1582년 만들어진 그레고리력을 사용하는 데도 시간이 오래 걸렸다. 영국은 1752년에 그레고리력을 받아들였지만 강한 반발에 부딪혔다. 결국 1775년이 되어서야 마지막 개신교 국가들까지 그레고리력을 받아들였다.

16세기부터는 유럽의 인쇄술이 발달함에 따라 책력이 폭넓게 퍼졌는데, 행상 판매가 큰 역할을 했다. 하지만 책력에 들어가는 달력의 구성은 국가마다 다양했다. 율리우스력과 그레고리력을 같이 썼기에 어떤 국가에서는 한 해가 1월 1일에 시작되는가 하면 다른 국가에서는 3월 25일에 시작하는 식이었다.

책력에는 일반적인 시간의 흐름 중에서 일부분, 즉 회귀년만 적어두었다. 회귀년이란 지구가 태양을 공전하는 기간을 말한다. 책력은 이 기간의 여러 가지 면모를 다루었다. 날짜가 적힌 표가 실리기도 했고 행사, 별자리, 길일과 흉일, 농사일, 생활 정보같이 점성술의 도움을 받은 정보도 실렸다. 글을 읽을 줄 모르는 사람들을 위한 그림 책력도 있었다.

책력은 고대부터 잘 알려진 형식을 따랐다. 특히 중세 유럽 책력의 형식은 이슬람 농사력에서 가져온 것이다. 책력을 가리키는 프랑스어almanach의 어원에서도 아랍어의 흔적을 찾아볼 수 있다. 대중적인 소책자였던 책력은 형식도 내용도 무척 다양했는데, 특히 농민들에게 유용했다.

18세기가 되어서야 책력에 그레고리력이 자리를 잡았지만, 그 후 프랑스혁명이 일어나 새로운 역법이 제시되면서 그레고리력에 대한 합의가 잠시 흔들렸다. 프랑스 혁명력으로 종교적인 구체제 역법과 단절을 시도하는 듯했으나 1805년 나폴레옹이 다시 그레고리력으로 되돌렸다.

오스만제국과 아랍권에서는 19세기 초반까지 손으로 직접 달력과 책력을 만드는 경우가 많았다. 오스만제국은 다민족, 다문화 사회였으므로 사용하는 달력도 그만큼 다양했다. 이슬람 음력은 물론이고 콥트 달력, 히브리력, 아르메니아 달력, 율리우스력, 페르시아 달력 등을 사용했다. 그러다 보니 오스만제국은 서로 다른 달력들에 조응하는 표를 만드는 게 일이었다. 불라크 책력이 사용될 때까지 모든 천문학 개론과 책력에는 대응표를 그려놓은 챕터가 있었고, 19세기까지도 이 챕터가 유지되었다.

아시아에서 쓰던 태음태양력은 태양의 움직임에 따라 절기가 변하기 때문에 달이 계절의 변화에 맞춰져 있다. 반면 이슬람 음력은 달과 계절이 일치하지 않고 시간이 지나면 달라지므로 농업과 과세에 그다지 적합하지 않았기 때문에 농사 주기를 맞추기 위해 태양력을 따로 사용했다. 그래서 오스만제국의 세법은 달마다 고대 시리아어로 이름을 붙인 율리우스력에 기반했다. 오스만제국 달력은 3월 1일에 한 해를 시작하되 이슬람력의 헤지라 기원을 채택했다. 농어촌에서는 지역에 따라 율리우스력, 콥트 달력, 페르시아 달력에 기반한 서로 다른 역법과 책력을 선택했다. 고대 책력에서 따온 수많은 종류의 중세 유럽의 책력을 보면 대개 속담에서 착안한 농사 정보와 조언, 천문학과 기상 정보, 위생 보건 자료가 담겨 있다. 지식인들은 이런 책력을 베껴두고 매해 바뀌는 축일을 계산하는 전문가의 실력을 보여주었다. 이들은 마법과도 같은 신비로운 측면을 미화하면서 농민들에게 구두로 전통을 전했다. 반면 오스만제국과 아랍권은 오랫동안 수기 책력을 사용했고 시간에 큰 관심을 기울이지 않는 것으로 유명했지만, 사실은 복잡한 시간을 다루는 역량을 보여주었다.

16세기부터 유럽 책력의 항목을 차용해 차츰 풍부해진 오스만제국의 달력은 19세기에 인쇄술이 도입되자 더 풍요로워졌다. 19세기 중후반 사설 인쇄가 증가하면서 시장에는 굉장히 다양한 형태, 내용, 언어의 종교적 달력과 책력이 쏟아져 나왔다. 달력은 그 자체로 지식 대중화의 도구였기 때문에 엄청난 성공을 거두었다. 이 달력들을 살펴보면 오스만 사회에서 쓰인 다양한 역법을 통일하고 조율하기 위한 노력을 엿볼 수 있다. 당시 세계적으로는 그레고리력이 자리를 잡아가고 있었다.

식민지 정복과 교역 활동이 주류를 이루던 시기였으므로 달력 교류에도 점차 가속이 붙었다. 그림이 가득한 중국 달력을 차용해 서양에도 그림 달력이 생겼을 뿐만 아니라 광고 효과를 노리는 포스터 형태의 달력도 생겼다. 또한 유럽 열강이 쓰는 그레고리력과 식민지 주민이 쓰는 달력을 맞출 필요가 있었다. 인도부터 일본까지 아시아의 달력은 특히 다양하고 복잡했다. 학자들과 아마추어들이 제일 좋은 방법을 찾기 위해 다 함께 힘쓴 결과 이슬람력, 인도력, 버마력 등을 변환하는 표가 그려진 방대한 참고 문헌을 만들 수 있었다. 이 문헌들은 식민지 행정 관료와 사업가에게 굉장히 유용했지만 식민지 국가를 포함해 전 세계에 그레고리력이 도입되면서 더 이상 필요가 없어졌다(일본은 1873년, 한국은 1896년, 중국은 1912년, 러시아는 1918년, 튀르키예는 1926년에 그레고리력을 도입했다). 신앙에 기반한 옛날 달력들은 이제 종교적 목적이 있을 때나 명절(예컨대 음력 설)을 계산할 때만 쓴다.

서기西紀를 따르는 그레고리력도 종교에 기원을 두고 있다. 그러므로 그레고리력이라고 중립적인 것이 아니고, 결함이 없는 것도 아니다. 프랑스혁명력 외에도 달력을 개정하고, 보편적이고 확고한 역법을 제정하고자 한 무수히 많은 시도가 있었다. 국제연맹도 1927년에 이 작업에 착수했고 밑 작업을 하는 데까지 성공했지만 실제로 개혁이 이루어지지는 않았다.

현재 주로 사용하는 그레고리력 달력에는 날짜만 적혀 있고, 과거 달력에 적혀 있던 질적 정보(명절, 별자리, 길일과 흉일, 때맞추어 해야 할 농사일, 생활 정보)는 빠져 있다. 대신 다이어리, 벽걸이 달력, 물질 형태가 없는 디지털 달력 같은 다양한 형태의 달력이 있다. 현대인들은 집단적 정체성을 드러내기보다는 개인적으로 일정을 관리하기 위해 달력을 사용하는 편이다. 달력 간 복잡한 변환 문제도 이제는 마우스 클릭 한 번이면 해결할 수 있다.

목줄

1839년 오노레 드 발자크의 소설 『베아트릭스Béatrix』에는 기사 알가가 등장한다. 소설 속 게랑드 사람들은 암캐 티스베와 함께 다니는 알가를 우스꽝스러운 인물로 여긴다. 알가는 티스베에게 심하게 들이대는 수캐들을 쫓아내기 위해 금 지팡이로 무장하고 티스베에게 목줄을 채워 산책시킨다. 당시 사람들은 개란 본디 자유로우며 도시에 있는 개들은 길을 잃거나 떠돌던 개지, 반려동물이 아니라 생각했다. 프랑스혁명과 제1제정 시기에 게랑드로 이주한 앙시앵 레짐(1789년 프랑스혁명 이전의 절대 군주 체제―옮긴이)의 귀족인 기사 알가는 현대적인 방식으로 개 목줄을 사용한 환경과 장소를 잘 보여준다.

유럽 귀족들은 16세기부터 성에서 동물을 키우고 산책시키기 위해 목줄을 사용했다. 영국의 귀족과 부르주아는 훌륭한 반려견을 충직하고 예민한 친구로 받아들여 이들과 주고받는 애정에 높은 가치를 부여했다. 특히 18세기에는 개, 원숭이, 어린 맹수, 이국적인 고양이 같은 희귀하고 비싼 동물을 키웠고 이런 이색적인 동물들은 주인의 지위를 상징했다. 중국, 페르시아, 이집트, 로마 등 고대 문명 곳곳에서 목줄을 사용했다. 예를 들어 다른 지역에서 온 동물을 긴 끈으로 묶어 행진시키는 행위는 정복이나 외교 관계를 상징적으로 나타냈다. 오스만제국의 이집트 총독이 프랑스 국왕 샤를 10세에게 선물한 기린이 1827년 마르세유에서 파리까지 간 것도 이러한 연유였다. 목줄은 말을 비롯한 가축의 고삐, 아이들 등에 연결한 줄, 노예 목에 묶는 끈 등 여러 형태와 목적으로 변형되었다. 사용 이유 또한 교육, 감시, 지배, 길 안내까지 다양했다.

18~19세기 귀족과 부르주아는 귀중한 품종견을 위해 목줄을 즐겨 사용했다. 동물을 옆에 두는 것으로 인간의 비범함을 주장하기 위해서였는데, 오늘날 우리가 과시용으로 비싼 자동차를 끌고 다니는 것과 비슷하다. 발자크의 소설 속 기사 알가처럼 성가신 교미를 막으려는 실용적인 이유도 있었다. 귀족 간의 결혼과 마찬가지로 품종견의 재생산은 혈통에 따라 선택적으로 이루어져야 했기 때문에 길거리의 천한 잡종견과 짝을 맺어줄 수는 없는 노릇이었다. 심지어 당시 주인들은 번식을 한 암캐는 더러워지기 때문에 없애버려야 한다고 확신했다.

런던 거리에서 반려견을 산책시킬 때 불량배들이 개를 훔쳐가 몸값을 요구하는 일을 피하기 위해서라도 목줄은 필수가 되었다. 당시 사회는 개에게 애착을 갖는 걸 멍청함의 최고봉이라 생각하는 분위기였고, 사람들은 혹여라도 자신이 그렇게 보일까 두려워했다. 그러나 엘리자베스 바렛 브라우닝은 여기에 동의하지 않았고 그가 보관해온 편지 덕에 버지니아 울프는 19세기 중반 부르주아 가정에서 키웠던 개 이야기인 『플러쉬: 어느 저명한 개의 전기』를 쓸 수 있었다. 사람들을 지배한 이 두려움은 프랑스에도 있었다. 영화 〈더 매그니피센트 트램프Archimède le clochard〉 (1959)에는 쥘리앵 카레트가 품종견을 훔친 뒤 금전적 보상을 바라며 개를 되돌려주는 척하는 장면이 익살스럽게 그려져 있다. 물론 실제로 프랑스에서 이런 식으로 개를 납치하는 일이 성행한 것 같지는 않다.

18세기 후반부터는 또 다른 안전상의 이유로 목줄을 점점 더 많이 사용했다. 수많은 도시에 유기견 보호소가 생김과 동시에, 20세기 중반에는 유기견을 싹 다 없애버리겠다며 유기견 사냥이 벌어져 길거리에 독을 탄 간식을 놓아두는 사람도 생겨났다. 문헌 자료를 찾아보면 보호소에 반려견을 찾으러 가야 한다거나 산책 도중 반려견이 독살당했다고 호소하는 주인들의 요청이 가득하다. 견주들은 길거리에 개가 혼자 떠돌아다니지 않게 목줄을 채워 산책시키는 법을 익혔다. 국가나 지자체에서 개에게 목걸이를 채우라는 법과 행정령을 내리면서 목줄은 점점 강제 사항이 되었다. 목줄은 개와 인간이 가까워지는 데 기여하기도 했지만, 그 결과 개를 집 안에 가둬놓고 키울 수밖에 없게 되었다.

20세기, 특히 1950~1970년대 경제성장기에 모든 사회 계층에서 반려견과 함께 목줄도 대중화되었다. 1968년에 출간된

〈땡땡의 모험〉 시리즈 『시드니행 714편』에서 땡땡은 처음으로 밀루에게 목줄을 채운다. 이 시리즈가 처음 발표된 1929년에는 목줄을 채운 개가 굉장히 소수였지만, 이제 땡땡의 충직한 동료견 밀루도 개라는 종에 속한다는 사실을 받아들여야 했다. 땡땡은 밀루가 혼자 외출하거나 길에 사는 개들처럼 쓰레기통을 뒤지고 뼈다귀를 찾겠다며 땅을 파는 행동을 제지했고, 독자들은 더 이상 밀루가 혼자서도 완벽하게 행동하리라는 기대를 하지 않았다. 시리즈 초반과는 확연히 다른 반응이었다. 밀루는 현실에서 의무이자 관습이 된 목줄을 받아들여야만 했다.

그 이후로 목줄의 역사는 계속 이어져 왔고 현재는 고양이 목줄에 대한 논의까지 일고 있다. 고양이 목줄 논의는 21세기 초 뉴질랜드와 호주에서 시작되었다. 기후 위기와 생물 다양성 감소에 맞서 고양이로 인한 생태계 불균형에 촉각을 곤두세우면서부터였는데, 고양이를 대거 들여온 결과 대규모 유기가 발생했기 때문이다. 원인은 인간의 잘못된 관리였던 셈이지만 고양이 개체수를 통제하기 위해 중성화와 길고양이 퇴치 운동이 펼쳐졌다. 도시에서만이 아니라 도시 외곽과 시골에서도 같은 운동이 전개되었다.

이와 동시에 고양이 협회, 고양이 수의사와 훈련사들이 고양이는 집 안에서만 키워야 하며 외출 시 목줄을 착용시킬 것을 적극적으로 권장했다. 고양이 목줄은 강아지 목줄처럼 대세가 되지는 않았지만 미국으로까지 퍼져나갔다. 현재 서유럽 도시에선 가끔 볼 수 있는 정도지만 인터넷에서는 고양이 목줄에 대한 갑론을박이 이어지고 있다. 고양이도 19세기 중반부터 20세기 중반까지 개들이 겪은 일을 겪기 시작한 것이다. 개들이 여러 세대를 거쳐오며 그랬던 것처럼 고양이들도 조금씩 배우고, 이해하고, 협조하고 있다.

목줄은 한 사회 집단에서 다른 집단으로, 한 국가에서 다른 국가로, 한 대륙에서 다른 대륙으로의 이동을 계속하고 있다. 현재 동유럽과 동아시아 등지에서 반려견과 반려묘 관련 산업이 발전 중이라는 사실을 통해 목줄의 세계화가 점점 더 빨라지고 있다는 걸 알 수 있다.

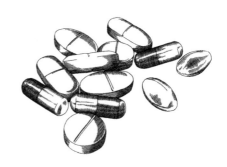

경구
피임약

1956년 푸에르토리코에서 대규모 경구피임약 임상 시험이 실시되었다. 새로운 피임법을 위한 이 임상 시험은 과학적인 동시에 정치적이었으며 1910년대부터 산아제한의 선구자였던 마거릿 생어의 노력 덕분에 시작되었다. 뉴욕 서민 거주 지역에서 간호사로 일하던 생어는 원치 않는 임신으로 피해를 겪는 사람들을 목격하고 산아제한 활동에 뛰어들었는데, 그 과정에서 여러 번 체포되기도 했다. 생어는 제1차 세계대전 이후 우생학파와 가까워졌고 이후에는 의학계와 교류했다.

1950년대 미국 가족계획협회의 수장이던 생어는 우스터 실험 생물학 재단의 연구자들 중에서도 출생률을 연구하던 그레고리 핀커스와 협력했다. 핀커스 팀은 배란을 억제하기 위해 에스트로겐과 프로게스테론을 조합하는 연구에 착수했다. 페미니스트 활동가이자 MIT 최초의 여성 생물학 전공 졸업생인 캐서린 매코믹이 상속금으로 연구 자금을 댔다. 여성이 임신과 출산을 조절할 수 있도록 만드는 것이 매코믹의 신조였다.

경구피임약 연구는 합성 스테로이드 연구의 연장선상에 있었다. 인간과 동물의 몸에서 각각 에스트로겐과 프로게스테론을 추출해 만들었기 때문에 처음에는 무척 비쌌다. 그러던 중 1930~1940년대 활동하던 미국 화학자 러셀 마커가 멕시코 식물인 바르바스코를 이용해 프로게스테론 합성에 성공하면서 상황이 나아졌다. 핀커스는 이런 합성 호르몬 조작에 의지해 연구를 시작할 수 있었다. 그는 산부인과 의사인 존 록과 협력하며 저명한 교수이자 독실한 가톨릭 신자로서 프로게스테론을 이용해 불임 환자들을 치료했다. 록은 동물실험을 마친 뒤 여성들을 대상으로 초기 임상 시험을 기획하는 역할을 맡았다. 록은 먼저 매사추세츠주에서 자원 신청을 받아 간호사를 모집했고, 동의를 받지 않은 채 정신 병동에 있는 환자들을 임상 시험에 투입했다. 1956년에는 더 큰 규모의 임상 시험을 진행하기 위해 푸에르토리코를 선택했다. 푸에르토리코는 미국 동부에서 가까웠고 폭발하는 인구수 때문에 피임에 대한 수요가 있다는 두 가지 장점이 있었다. 현지 가족계획 의사들의 도움을 받아 임상 시험은 수도 산후안의 빈곤한 교외 지역인 리오피에드라스와 섬 동쪽의 시골 지역 두 곳에서 진행되었다. 다른 임상 시험은 아이티에서 진행되었다. 개발도상국 여성들이 실험용 기니피그 역할을 한 것이다.

경구피임약 연구는 인구과잉과 관련한 미국의 정책 개발과 민간 재정 조달의 혜택을 보았다. 1952년에 록펠러 재단이 지원하는 인구협회가 창립되었고, 다음 해에는 국제 가족계획협회가 세워졌다. 피임약은 서구에서는 여성 보건과 가족 복지를 증진하기 위한 도구로, 개발도상국에서는 인구과잉 문제를 해결하기 위한 수단으로 기대를 모았다. 냉전이 한창이던 당시, 개발도상국들은 인구과잉을 마치 공산주의와의 분쟁처럼 공포스럽게 생각했기에 피임약은 '인구 폭탄The Population Bomb'을 해결할 수 있는 기적의 약으로 떠올랐다. '인구 폭탄'은 미국의 맬서스주의(영국의 경제학자 맬서스가 『인구론』에서 주장한 학설. 인구는 기하급수적으로 증가하는 데 비해 식량은 산술급수적으로 증가하므로 빈곤과 악덕이 불가피하게 초래된다는 내용이다 — 옮긴이)자이자 억만장자인 휴 에버렛 무어가 1954년 출간해 큰 반향을 일으킨 소책자의 제목이기도 했다.

결정적인 임상 시험 이후 미국 제약사 G. D. 설은 위험을 무릅쓰고 '에노비드'라는 이름으로 최초의 경구피임약을 생산했다. 당시에는 윤리적 논쟁의 여지가 있었기에 피임의 효능을 숨기고 출시했다. 1957년 미국 식품의약품청은 에노비드를 생리 불순이나 자궁내막염 치료제로 판매를 허가했으며 피임은 부가적인 효과로 소개되었다. 경구피임약이 피임 목적 자체로 승인을 받은 건 1960년이었는데, 이미 50만 명이 사용 중이었다. 1959년 핀커스는 G. D. 설에서 자금을 조달받아 전 세계를 돌며 판촉을 했다. 피임약의 확산 속도는 국가마다 달랐다. 네덜란드의 오르가논, 스위스의 시바, 독일의 셰링, 프랑스의 루셀 위클라프처럼 이미 호르몬제를 생산하고 있던 유럽 제약 회사들은 1950년대 말부터 경구피임약 시장에 뛰어들었다. 영국, 호주, 일본에서 새로운 임상 시험을 진행했고, 이 경쟁 덕에 호르몬 용량을 낮추는 등 제품 개선에 기여할 수 있었다. 그 결과 피임약은 그런대로 더 견딜 만해졌고 가격도 저렴해졌다.

경구피임약은 효율성 측면에서, 그리고 성관계 시에만 쓰는 피임 기구가 아니라는 점에서 기존 피임법들과 대비되었다. 사람들은 질외 사정, 체온 측정 피임법, 페서리, 살정제, 콘돔보다 경구피임약을 더 선호했다. 의약품인 동시에 일상 소비재인 이 새로운 피임 도구를 둘러싸고는 언제나 그렇듯 상반되는 의견이 있었다. 실제로 여러 반대에 부딪히기도 했다. 특히 가톨릭 교회는 경구피임약 사용을 반대하며 주기적으로 금욕하는 자연적 피임법만을 인정했다. 제2차 바티칸 공의회에도 다양한 피임법에 압력을 가하려는 시도가 있었다. 교황 바오로 6세는 1968년 7월 25일 「인간 생명Humanae Vitae」 회칙을 발표하며 경구피임약을 부정한 것으로 규정했지만, 가톨릭 신자들이 경구피임약을 받아들이는 걸 막지는 못했다. 공산주의 국가에서도 마찬가지로 초기에는 경구피임약과 가족계획을 미국적 제국주의라며 반대했고 혈전증, 발암 가능성 같은 경구피임약의 부작용은 특히 미국에서 페미니스트들을 향한 비판을 정당화했다. 기자 바버라 시먼은 1969년 『의사가 피임약에 반대하는 이유The Doctor's Case Against the Pill』라는 책을 출간하기도 했다. 이에 민주당 상원 의원 게이로드 넬슨은 청문회를 열었고, 이 과정을 거치며 경구피임약의 부작용을 설명하는 안내문을 넣어야 할 의무가 생겼다.

그렇지만 여성에게 혁명처럼 등장한 경구피임약의 확산을 막는 데 반대의 목소리는 걸림돌이 되기에 충분치 않았다. 정해진 시간에 매일 복용하는 피임약은 여성들의 일상에 들어와 대중적인 소비재가 되었다. 시판 초기부터 전 세계에서 3억 명이 복용할 정도였다. 경구피임약은 기존 피임법을 대체하며 페미니즘 운동, 피임의 의료화와 맥을 같이 했다. 남성용 피임약에 대한 기사는 1970년대부터 숱하게 나왔지만 아직 제대로 출시된 제품은 하나도 없다. 20세기 말 경구피임약은 흔하디 흔해져서 여드름이나 월경전증후군, 불규칙한 생리 주기 치료에도 쓰이며 젊은 여성의 일상생활에 만족감을 주는 약이 되었다. 그런데 2010년대에 차세대 피임약이 뇌졸중을 일으킬 수 있다는 스캔들이 일어나며 다시 피임약의 위험성에 대한 논란이 벌어졌다. 일부 소비자는 경구피임약을 거부하기도 했다. 실제로 프랑스에서는 2010~2013년 사이 경구피임약 사용률이 18퍼센트나 감소해 명백한 신뢰 위기를 드러냈다.

한편 경구피임약이 세계적으로 보급되었다고 이야기할 때는 미묘한 차이를 고려해야 한다. 경구피임약은 전 세계에서 사용하는 피임법 중 결코 최상위권이라고 할 수 없는 4위를 차지하고 있으며(여성 불임수술, 콘돔, 자궁 내 장치 다음이 경구 피임약이다), 그나마도 지역에 따라 사용률이 굉장히 불균등하다. 예를 들어 알제리에서는 이성애 커플의 가임기 여성 중 75퍼센트가 피임약을 사용하지만 프랑스에서는 50퍼센트, 멕시코에서는 4퍼센트, 중국에서는 단 1퍼센트밖에 되지 않는다.

부엌에
놓여 있는 것들

젓가락

1842년 런던 하이드 파크에서 〈중국 만물전Ten Thousand Chinese Things〉이 열렸다. 미국 상인 네이선 던이 광저우에서 12년 동안 체류하며 중국인 지인들의 도움을 받아 모아온 수집품을 전시하는 자리였다. 광저우와 마카오 등 몇 군데를 제외하면 아직 중국이 서양에 개방되지 않았을 때였다. 중국의 폐쇄성은 서양인들의 호기심을 불러일으켰고 이 호기심은 전시회가 거둔 성공의 열쇠가 되었다. 전시는 먼저 1838년 미국의 필라델피아에서 열린 뒤 영국으로 건너갔다. 던은 프랑스 국왕 루이 필리프 1세에게 소장품을 전부 사겠다는 제안을 받았으나 거절했다. 영국의 포함砲艦이 세상의 반대편에서 문호 개방을 강요할 무렵, 던은 전시회에서 선보인 소장품과 팸플릿으로 중국 세계의 축소판을 소개했다. 밀랍 인형으로 만든 여섯 명의 인물이 중국의 환대 예법을 보여주는 전시관의 팸플릿에는 라플라스 함장이 만찬 자리에서 겪은 재미있는 일화가 번역되어 있었다. "나는 자리에 초대해준 이를 따라 한답시고 공연히 오른손 엄지손가락과 다른 두 손가락 사이에 젓가락을 쥐어보려고 했다. 가증스러운 젓가락은 즉시 미끄러져 내렸다."

던은 젓가락을 전시하면서 젓가락을 쥐는 자세와 함께 짧은 견해도 소개했다. 중국을 깊이 이해하기 위해 파고드는 것은 근본적으로 다른 세상으로 들어가는 일과 같다고 말이다. 이 다름은 일상의 가장 평범한 행동에까지 영향을 미쳤다. 전혀 다른 세상에서는 심지어 먹는 것조차 간단하지 않았던 것이다. 던은 한가지 사물을 통해 일상의 행동들이 사회에 따라 얼마나 다를 수있는지를 느껴보게 했다. 한 세기 뒤에 인류학자 베르톨트 라우퍼도 비슷한 일을 했다. 라우퍼는 수년 동안 아시아에서 젓가락수백 개를 포함해 여러 가지 물건을 수집했다. 그 후에 미국자연사박물관과 필드자연사박물관의 자금으로 시카고에서 〈인류의인종The Races of Mankind〉 전시를 기획했고, 1933년에 이를 개최했다. 전시실 진열장 중앙에는 사진과 함께 손과 발을 재현하여 인간의 행동이 얼마나 다양한지, 그중 인종에 따른 차이는 무엇인지 비교해볼 수 있도록 설치했다. 전시 속 중국인의 두 손은 밥그릇과 젓가락 한 쌍을 들고 있었다.

던과 라우퍼 모두 젓가락을 중국의 문화라고 생각했다. 프랑스어와 영어 단어에도 이 흔적이 남아 있다. 프랑스어로는 젓가락을 '중국 막대기baguettes chinoises'라 하고 영어로는 'chopsticks'라 한다. 이는 광둥어로 '빨리'라는 뜻의 'kuài'에서 온 표현인

'chop'이 들어간 합성어다.

　젓가락은 19세기 중국을 여행한 서양인들에게 무시할 수 없는 문제였을 것이다. 중국인에게 초대를 받아 식사를 한 외교관 중 초대한 사람의 기분을 맞추기 위해 중국 관습을 따르려고 한 노력에 대해 이야기하지 않는 사람이 없었다. 특히 1860년까지 중국 영토의 대부분이 서양인에게 개방되어 있지 않았기 때문에 중국을 여행하고자 하는 이들은 몰래 드나들어야 했다. 완벽한 중국어 발음과 중국 의상, 가짜 변발은 필수였고, 눈동자 색깔을 가리기 위해 색안경까지 꼈으며 쓸데없는 의심을 피하려면 젓가락질도 완벽해야 했다. 선교사 월터 매드허스트도 1850년에 출판한 중국식 변장법 서문에 중국 여행담을 실으면서 이렇게 말했다. "젓가락으로 음식을 먹을 줄 아는 것만으로 되는 게 아니라, 젓가락질에 정통한 사람처럼 보여야 했다." 매드허스트는 전문가 수준의 젓가락질에 대해 자세히 기술하며 식물학자 로버트 포천의 일화를 소개했다. 포천은 젓가락질을 제대로 숙지할 시간이 없었기 때문에 확실한 방법을 쓰는 편을 택했다. 위장이 탄로 날 것을 감수하기보다는 식사 자체를 포기한 것이다. 포천은 식사를 건너뛰고 사람들의 시선을 피해 젓가락질을 연습하러 갔다고 한다.

　서양인들은 젓가락이 중국의 것이라고 생각하곤 하지만, 20세기 일본 역사가들이 '젓가락 문화권'이라고 부르는 지역(중국, 동남아시아, 몽골, 티베트, 한국, 일본)에서는 젓가락이 수 세기 전부터 널리 사용되어왔다. 젓가락에서 중국의 강하고 일관된 영향력을 느끼기라도 한 걸까? '모든 면에서 동일한 원칙으로 다스려지는 세계'라는 중국식 일관성에 무척이나 큰 관심을 가진 나머지, 서양인들은 극동 지역에서 찾은 국가적, 인종적 특징들을 무시해버렸다. 유교 경전처럼 일상적인 상호 교류를 통해 유학자가 지켜야 하는 예의범절 중 젓가락질이 얼마나 중요한지를 파악한 일부 서양인들은 이보다 더 교양 있는 식사 방식은 없다는 결론을 내렸다. 1914년 《피가로》의 칼럼에는 다음과 같은 내용이 실렸다. "포크로 먹는 것보다 손으로 먹는 게 훨씬 더 우아하다. 포크라는 가혹한 도구는 무기나 다름없어서 삼지창처럼 접시에서 음식을 찍어 올린다!"

젓가락에 대한 매혹은 계속되어 1970년 롤랑 바르트가 일본 여행에서 돌아와 도구에 대해 쓴 『기호의 제국』에까지 등장한다. 하지만 동시에 젓가락을 향한 비난의 목소리도 점점 높아졌는데, 바로 젓가락을 사용하는 문화권의 식사 습관 때문이었다. 한 그릇에 담긴 음식을 모두가 젓가락으로 집어 먹는 게 위생적이지 않다는 것이다. 서양 의사들은 위생적이지 않은 젓가락 사용의 문제점을 수많은 질병, 특히 중국 전역에서 찾아볼 수 있는 장내 기생충과 연관 지어 이야기했다. 하지만 젓가락은 아주 오래전인 기원전 4세기부터 사용되어온 물건이었고, 쌀 생산량이 많아진 14세기 무렵의 송나라 때부터는 일반화되기까지 했다. 결과적으로 다 같이 식사하는 문화가 우세해졌다는 건 젓가락의 위생이 별다른 문제가 되지 않았다는 걸 보여준다고 할 수 있다.

1980년대 중반 들어서는 서양식 커트러리를 보급해야 한다는 이들이 목소리가 높아졌다. 중국 공산당 중앙위원회 위원장 후야오방도 이 의견에 동참할 정도였다. 서양식 포크와 나이프는 이미 19세기 중후반부터 상하이와 홍콩의 서양 레스토랑에서 외국 음식을 내놓을 때 이국적인 정취를 풍기는 물건으로 사용되고 있었다. 메이지 시대의 일본은 서양식 커트러리가 일본의 근대화를 실현할 도구 중 하나라고 생각하기도 했다. 그렇지만 문제의 해법은 서양식 커트러리가 아닌 젓가락을 위생적으로 사용하는 것이었다. 20세기 초 중국 의사들은 젓가락을 쓰고 나면 설거지를 하고, 음식을 덜어 먹는 젓가락과 자기 음식을 먹을 때 쓰는 젓가락을 구분해야 한다고 강조했다.

일회용 젓가락은 18세기 일본에서 등장한 이후 비약적으로 발전했다. 19세기 중반부터는 화교들이 전 세계로 뻗어나가며 함께 부상한 세계 곳곳의 중식당에서 일회용 젓가락을 사용했다. 미국 캘리포니아에서는 중국인보다 중국식 레스토랑이 먼저 들어와 1849년부터 문전성시를 이루었다. 프랑스에서는 1867년 파리 만국박람회에서 문을 연 임시 레스토랑이 중국 음식과 젓가락을 선보였다. 무엇보다 제1차 세계대전 동안 중국인 노동자가 대거 이민을 오고 그래픽노블 『천상의 제국Empire Céleste』과 레스토랑 체인점 '바게트 도르Baguettes d'or'('황금 젓가락'이라는 뜻—옮긴이) 등이 인기를 얻으며 젓가락이 대중화되었다. 1960년대부터는 중국 공산당 난민이 사방에 정착해 1990년대 초 전 세계 식당의 3분의 1 이상을 중식당이 차지했다. 오늘날 매해 쓰고 버려지는 일회용 젓가락은 무려 1000억 개에 달한다. 이제는 위생 문제가 아닌 환경 문제가 심각한 화두로 떠오르고 있다.

현대의 젓가락은 더 이상 다른 세계로 들어가는 통로를 의미하지 않는다. 많은 서양인이 어느 정도 젓가락을 다룰 수 있게 되었고, 일부 음식과는 세트처럼 연상되는 도구가 되었기 때문이다. 중국에서는 문화 부흥 운동의 일환으로 바른 젓가락질과 식사 예절을 되살려야 한다는 움직임이 있었지만 이 문화도 점차 사라지고 있다. 일본에서는 1980년부터 매해 8월 4일을 젓가락의 날로 정해 1970년 롤랑 바르트가 꿈꿨던 '동양 전역에서 1000년을 이어 내려온 몸짓'을 올바로 보존하기 위해 노력 중이다.

통조림

1822년 파리의 제과업자 니콜라 아페르는 세계 식품업계에 혁신을 가져다줄 발명을 한 공로로 '인류의 은인'이라는 거창한 칭호를 받았다. 아페르는 완벽히 밀폐된 유리병에 식품을 포장한 다음 고온에서 가열하면 몇 년 동안 보관할 수 있다는 사실을 알아냈다. 1810년에 발표한 이 기법은 영국으로 건너갔다. 같은 해 런던의 피터 듀랜드는 아페르가 발명한 유리병보다 가볍고 깨질 염려가 적은 새로운 용기로 특허를 출원했고, 통조림 캔은 이렇게 탄생했다. 주석 뚜껑이 달린 금속 원통형 모양의 통조림 캔은 당시만 해도 모두 수제로 만들었다.

여행 용품으로 발명된 통조림 캔은 19세기 초 대탐험의 필수품이었다. 통조림 캔 덕에 이 시기의 탐험이 가능했다고 해도 과언이 아니다. 해병들이 특히 통조림 캔을 반겼고 통조림 공장

의 최초 고객이었다. 통조림 캔은 프랑스, 영국, 미국까지 퍼져나
갔다. 윌리엄 언더우드는 1819년 미국 보스턴에 과일 통조림 공
장을 차렸다. 신선 식품을 먹을 수 없던 해군 병사들은 통조림 캔
덕에 기근과 비타민 결핍을 피할 수 있었는데, 무엇보다 괴혈병
의 막심한 피해에서 벗어나게 되었다.

얼마 지나지 않아 각종 탐사대가 통조림 캔을 필수적으로
애용했다. 1820년대 에드워드 패리 경이 이끄는 북극 탐험대
의 선박에도, 로즈 드 프레이시네가 위라니호를 타고 세계 여행
(1817~1820)을 떠났을 때도 통조림 캔이 함께했다.

초반에 통조림 캔은 수뇌부와 환자에게만 배급했으나
1847년 영국 해군 사령부는 해군의 일반 식단에 통조림 캔을 넣
었다. 크림전쟁 동안 괴혈병으로 큰 피해를 입은 프랑스 해군도
영국의 방식을 뒤따랐다. 1859년 프랑스 해군 제독 레오나르 샤
르네르는 베이징 이화원에 침입하기 위해 항해할 때 고기 통조
림과 야채 통조림으로 선원들의 식사를 해결했다.

서양 군대가 통조림 캔을 재빠르게 받아들인 덕분에 병사들
은 고립되었을 때도 영양학적으로 훌륭하고 금방 준비되는 식사
를 할 수 있었다. 한편 미국인 게일 보든은 1851년에 연유 특허
권을 출원했는데, 몇 년 뒤 터진 남북전쟁 중 연합군 대열에서 싸
우던 병사들 역시 주로 통조림 식품을 먹었고 특히 연유 통조림
을 많이 소비했다.

그러나 20세기 초반까지 군대가 아닌 곳에서는 통조림 캔
에 대한 반응이 그다지 열광적이지 않았다. 가격이 비쌌을뿐더
러 위생 문제도 있었기 때문이다. 그러던 중 1852년, 가장 악명

높은 스캔들이 터졌다. 영국 왕립 해군의 검사관이 극심한 구토 증세를 보여 원인을 조사하기 위해 통조림을 납품하는 스티븐 골드너의 포츠머스 창고를 검사하니 부패한 고기가 담긴 통조림 캔 수백 개가 발견된 것이다. 당시 영국에서 통조림 캔은 음독의 동의어가 되었다. 해군은 통조림 고기를 '파니 애덤스'라 부르기도 했는데, 듣기 거북한 별칭이었다. 사지가 절단되어 살해된 여덟 살 난 여자아이의 이름이었기 때문이다.

반면 식민지에서는 통조림 캔을 굉장히 빨리 받아들였다. 1870년대 영국 통조림 회사 크로스 앤드 블랙웰의 표어는 "지구 끝까지 알려진 이름"이었다. 매해 인도와 호주, 중국 등지에 옥스퍼드 소시지 통조림 3만 캔, 굴 통조림 3만 4000캔, 체다 치즈와 버클리 치즈 1만 7000캔, 플럼 푸딩 1000캔 이상이 배달되었다. 친근한 집밥의 맛을 농축한 통조림 캔으로 지구 반대편에서도 유럽의 맛을 느낄 수 있었다. 윈스턴 처칠과 영국 장교들은 수단에서 옴두르만 전투(1898)를 준비하는 동안 '더비 경마 전의 오찬'과 꼭 닮은 분위기를 느끼며 소고기 통조림을 나누어 먹었다고 한다.

통조림 캔 덕에 거리가 얼마나 멀든, 어느 계절이든 음식을 먹을 수 있었다. 통조림 캔은 교역의 세계화를 의미했다. 이제 한겨울에도 완두콩을 먹을 수 있고, 아프리카 덤불숲 한복판에서도 사워크라우트(양배추를 절여 발효시킨 알자스 지방 음식 — 옮긴이)나 갤런틴(닭이나 오리를 얇게 핀 후 다진 고기와 양념을 올리고 돌돌 말아서 삶거나 찐 프랑스 요리 — 옮긴이), 트리프(소의 내장과 살코기를 야채, 허브 등과 함께 오래 익히는 노르망디 지역 음식 — 옮긴이)를 먹을 수 있게 되었다. 이는 1902년에 의사 바로가 서아프리카로 떠나는 유럽인들에게 추천한 조리 식품 중 몇 가지만 읊은 것이다.

통조림 캔은 어디서나 먹을 수 있었지만 아무 데서나 만들어도 괜찮은 건 아니었다. 품질을 보증하는 원산지가 광고 문구에 꼭 써 있었다. 가령 1906년 밀라노에서 열린 만국박람회에서는 일본 제조사가 정어리 통조림을 판매하려고 프랑스 낭트에 있는 아미유사의 상표를 써서 낭트 통조림 업체가 불만을 표시하기도 했다.

그러나 집에서 멀리 떠나온 유럽인들에게 통조림 캔은 실제 출처가 어디인지와는 큰 상관없이 민족적이고 향수를 불러일으키는 감정적 상징으로 다가왔다. 스칸디나비아 지역 순록의 혀부터 앤틸리스제도(쿠바, 아이티를 비롯한 카리브해의 섬들─옮긴이)의 거북이 수프와 호주의 토끼 고기, 프랑스 브르타뉴 지방의 정어리까지 다양한 통조림 캔 덕분에 인도에 사는 영국인들은 자국민으로서의 본질을 유지할 수 있었다. 이들은 저녁 식사 자리에 인도 식재료는 싹 없애고 'made in England'가 찍힌 통조림으로 상을 차리며 뿌듯해했다. 통조림 캔은 문명의 상징이 되었고 식민지 지배층과 피지배층 간에 진행된 협상에서 상징적인 쟁점으로 기능하기도 했다. 20세기 초반 필리핀 지도층은 자신들이 자치 정부를 꾸려나갈 능력이 있다고 설득하기 위해 미국 관료들을 초대해서 유제품 통조림을 캔째로 내놓고 접대하기도 했다.

제1차 세계대전은 통조림 캔 소비의 중대한 전환점이었다. 병사들의 식량에 포함된 통조림은 전쟁 이후 민간인에게 알려지는 데도 결정적인 기여를 했다. 프랑스 병사들은 '원숭이'라는 별칭이 붙은 마다가스카르제 소고기 통조림과 올리브 오일에 절인 정어리 통조림을 배급받았다. 통조림 제조 기술은 점차 기계화되고 개선되었다. 이후 가격도 저렴해져 1920년부터는 서양 주부들의 식단 목록에 들어가기 시작했다.

그러나 이 익숙한 물건이 지구 반대편의 환경에 엄청난 피해를 끼친다는 사실을 아는 사람은 거의 없었다. 19세기 말부터 통조림 캔 용기를 도금하는 주석은 대부분 말레이시아에서 생산했다. 주석 광산의 호황으로 쿠알라룸푸르('진흙투성이 하구'라는 뜻)같은 도시가 생기기도 했지만 동시에 홍수와 토양 산성화를 야기하기도 했다.

1930년대부터 통조림 캔은 대량 소비와 산업화의 상징이 되었다. 1962년 앤디 워홀이 전시한 캠벨 수프 캔 그림은 이를 잘 보여준다. 하지만 통조림 캔은 새로 등장해 성장세를 이루던 냉동식품이라는 경쟁 상대를 만난다. 냉동식품 역시 계절과 거리에 상관없이 신선 식품을 그대로 먹을 수 있게 해주었기 때문이다. 비록 이제는 냉동식품 때문에 시대에 뒤처진 것처럼 느껴지는 감이 있지만 그래도 생존주의자(1960년대부터 점점 더 그 수가 많아졌다)들의 눈에 통조림 캔은 포스트 아포칼립스 미래의 주요 식품이다. 누구나 캔 따개만 있으면 순식간에 잃어버린 문명의 맛을 되찾을 수 있으니 말이다. 1955년 미국의 한 보고서는 "핵폭발 이후에도 살아남은 모든 통조림 음식은 맛으로 보나 질감으로 보나 만족스러울 것"이고, 어떤 위생 문제도 없을 것이라는 결론을 내렸다.

음료수 캔

미국에서 최초로 음료수 캔이 출시된 건 1935년이다. 1930년대 이전에도 작은 유리 용기를 지칭하는 '캔'이라는 단어가 있었지만, 대형 맥주 회사들이 금속 용기를 사용하며 단어의 의미가 바뀌었다. 이제 캔은 그대로 들고 내용물을 마실 수 있는 작은 금속 용기를 지칭하는 말이 되었다. 예전의 유리 용기와 달리 캔은 안에 든 내용물을 먹거나 마신 다음 버릴 수 있는 일회용품이다. 음료수 캔은 빠른 속도로 엄청난 성공을 거두며 소비 행위를 재정립했지만, 나날이 증가하는 환경 문제의 원인이 되기도 했다.

　　음료수 캔은 1930년대 미국 대공황 후반기의 결실이자 당시 북미에서 부상한 새로운 낭비 경제의 상징이었다. 1932년, 기자 버나드 런던은 대공황에 대응할 수 있는 판매 전략으로 '계획적 진부화 이론'을 세웠다. 소비를 진작함으로써 생산을 증가시킬 수 있다는 것이었다. 계획적 진부화는 상품을 빨리 회전시켰다. 예를 들어 1920년대부터 전구 판매율이 하락하자 전구 업체들은 전구의 수명을 줄여 소비자들이 제품을 더 자주 사도록 만들었다.

한편 광고와 마케팅의 영향력이 커지면서 건강과 위생에 대한 염려를 자극하는 새로운 포장 형태가 나타났다. 포장지 없이 매대에 상품을 놓고 무게를 달아 판매하는 방식에서 벗어나 용기에 담긴 물건을 사고 파는 방식을 선호하게 된 것이다. 음료수 캔이 나오기 전까지 포장 용기는 다양한 종류의 봉투나 상자, 통 정도였기 때문에 소비자들은 용기를 쓰자마자 버릴 수 있다는 생각을 해본 적이 없었다. 대부분 집에 가져가 신경 써서 잘 보관했고 유리 같은 경우는 돌려주어 보증금을 받기도 했다. 이처럼 통조림의 발전, 금속가공업의 비약적 성장, 알루미늄 같은 신소재의 출현으로 액상 식품을 보관하고 운송하는 새로운 방법이 발달하기 시작했다.

1901년에 설립한 아메리칸 캔 컴퍼니는 당시 미국 통조림의 90퍼센트에 육박하는 양을 생산했다. 이 회사는 1935년에 일회용 맥주 캔을 출시한 뒤 1936년 여름부터 막대한 자금을 들여 대대적인 홍보를 했다. 손가락을 걸어 당겨 열기만 하면 바로 마실 수 있고, 맛과 상쾌함이 유지되며 특히 빈 병을 다시 가져다줄 필요가 없다는 편리함을 강조했다. 광고에서는 맥주를 다 마신 다음 캔을 호수에 휙 버리는 낚시꾼 두 명을 보여주었다. 처음에 캔은 양철, 즉 주석을 입혀 만들었다. 알루미늄은 가볍고 유연하며 부식에 강하다는 장점이 있었지만 가격이 너무 비쌌다. 곧이어 다른 제조 업체들도 양철 캔 대열에 합류해 전 세계로 유통을 시작했고, 유럽을 시작으로 다른 대륙까지 빠르게 퍼져나갔다. 다만 금속 가격이 비싼 소련에서는 캔을 굉장히 제한적으로 사용했기에 소련에서 캔은 북미 자본주의의 상징처럼 받아들여졌다.

유럽에서 캔을 대량으로 도입한 건 1960년대다. 하지만 캔이라는 혁신적 물건에 대해 다룬 기사는 1938년부터 일찍이 찾아볼 수 있다. 예를 들어 《마르세유의 신호소Sémaphore de Marseille》라는 운송 및 해상 무역 전문 일간지는 1938년 6월 30일 자에 "엄청난 성공을 거둔 금속 캔을 최초로 사용한 미국의 맥주 양조 업체는 6개월 만에 판매량이 600배 증가했다"고 강조하는 기사를 실었다. 이런 성공 사례를 접한 유럽 맥주 회사들은 캔 맥주를 따라 내놓기 시작했다.

하지만 전쟁이 발발하며 캔 산업에 제동이 걸렸고 서유럽에는 1945년 이후에야 캔이 쏟아졌다. 유럽은 문을 활짝 열고 북미에서 온 혁신을 받아들였고 금속 산업도 엄청난 발전을 이루었다. 저항감이 없었던 건 아니지만 통조림 캔도 조금씩 들어오기 시작했다. 1950년대 초에는 탄산음료와 레모네이드 제조사들이 맥주 양조 업체의 뒤를 좇았다. 1947년에는 미국에서 탄산음료의 100퍼센트, 맥주의 58퍼센트가 재사용 가능한 유리병에 담겨 판매된 반면, 1971년에는 이 비율이 25퍼센트로 떨어졌다. 광고는 이런 상황에 힘을 실어주듯 일회용품의 사용을 더욱 촉진했다.

여기에 1958년에 미국 기업 카이저 알루미늄과 맥주 양조 회사 쿠어스가 알루미늄 캔을 개발하자 굉장한 박차가 가해졌다

(쿠어스는 미국에서 가장 많이 팔리는 맥주 중 하나였다). 이때까지 캔은 뚜껑 고리가 없어서 통조림과 모양이 비슷했다. 캔을 따려면 뚜껑에 구멍을 낼 캔 따개가 있어야 했는데, 1963년에 작은 마개로 쉽게 캔을 딸 수 있는 새로운 디자인이 개발되었다. 편리하고 안전하게 캔을 딸 수 있어지자 캔 사용은 보다 빠른 속도로 대중화되었다. 1967년 코카콜라와 펩시가 알루미늄 캔에 음료를 담아 판매를 시작했고 이에 따라 전 세계적으로 캔 사용이 엄청나게 확대되었다.

캔에 담긴 미국 음료수가 1970년대부터 전 세계로 퍼진 이래 2013년에 생산된 캔의 개수는 3000억 개에 달했다. 현재 세계에서 판매하는 맥주의 30퍼센트 가량이 캔 맥주이며 최대 소비 시장은 캔 950억 개를 소비하는 미국이다. 이런 미국이 수입한 중국산 알루미늄 포일의 양이 2013~2019년 사이 200퍼센트 이상 증가한 것을 보면, 오늘날 중국도 굉장한 캔 소비국일 뿐만 아니라 중요한 생산국임을 알 수 있다. 유럽은 580억 개, 라틴아메리카는 300억 개를 소비하며 동남아시아와 중동도 이에 못지않은 엄청난 성장세를 보이고 있다.

캔의 세계화는 50여 년 만에 이루어졌다. 소비자와 사용자는 캔의 장점에 만족했다. 견고하고 가볍고 내용물을 잘 보호해주며 맛이 변질되지도 않으므로 셀 수 없이 많은 광고가 캔의 현대성을 찬양했다. 이제 중국에서는 와인도 캔에 담아 판매하고 있으며 심지어 대기오염의 해결책으로 신선한 공기를 담은 캔도 출시했다! 어느새 금속 캔은 현대성을 상징하는 물건이 되었다.

그렇지만 1970년대부터 캔이 과소비와 심각한 환경 파괴의 주범이라는 비판이 일기 시작했다. 사실 캔은 공장에서 생산할 때부터 폐기될 때까지 상품 수명 주기의 각 단계마다 환경오염을 일으킨다. 캔 소비량은 매해 계속해서 증가하고 있지만, 프랑스 같은 경우는 캔의 60퍼센트 정도만 재활용될 뿐이고 대다수가 여전히 자연에 버려진다. 아무리 캔 무게가 줄어들고 세계적으로 재활용률이 높아지는 추세라 해도 보다 효율적인 재활용 분류 시스템이 필요한 상황이다.

페트병

1968년 10월, 프랑스 비텔사는 1.5리터 폴리염화비닐 용기에 담긴 생수 '막스 비텔'을 출시했다. 플라스틱 용기에 담긴 대중적인 음료는 곧장 사람들의 마음을 사로잡았다. 이때부터 폴리염화비닐 병과 이후 등장한 폴리에틸렌 테레프탈레이트 병은 전 세계로 뻗어 나갔다. 낭비 사회로의 진입을 상징하는 페트병은 음료산업의 역사와 포장재의 역사가 만난 결과물로, 유통 체계와 생활 방식에 많은 영향을 끼쳤다.

페트병은 병에 담긴 생수와도 밀접한 관련이 있다. 19세기 중반부터 유럽 일부 지역에서는 유리병에 담긴 생수가 인기리에 팔렸고, 마실 수 있는 물이 나오는 공공 상하수도 시설이 깔렸다. 1950~1960년대 사이에는 굉장한 발전으로 생산 시설이 무척 좋아졌다. 또 빈 유리병을 가져가면 낸 금액의 일부를 돌려

받을 수 있었으며 유리병은 평균 20회 정도 재사용되었다. 하지만 가게 면적과 저장 공간, 수익성의 관계를 계산해본 소매상인에게 빈 병은 그리 달갑지 않았다. 결국 1930년대부터 미국 회사들이 찾아낸 해결책은 재사용하지 않는 일회용 유리병을 만드는 것이었다. 이 맥락을 같이하는 새로운 소재가 등장하며 산업계의 관심을 끌었는데, 바로 플라스틱이다. 제2차 세계대전 이후 플라스틱은 황금기를 맞이했고 석유산업이 엄청나게 성장하며 플라스틱 발전에도 중요한 기회가 찾아왔다. 그렇게 화학자와 사업가가 신소재를 찾기 위해 수많은 시도를 하는 과정에서 폴리에틸렌이 만들어졌다. 19세기 말 우연히 개발된 폴리에틸렌은 러시아와 독일 연구소에서 개발되었지만 완벽한 상태는 아니었다. 특허를 이전한 후에는 듀폰, 스탠더드 오일, 필립스 같은 미국과 영국의 석유 기업들이 안정적인 화학식을 찾아냈다. 이렇게 1940년대부터 생산된 폴리염화비닐 병은 초반에 액상 비누와 주방 세제의 포장재로만 쓰였다. 유럽에서도 이 소재에 관심을 보였는데, 1963년 프랑스 식품 회사 레지외르가 프랑스 석유화학 회사 쉘과 협력해 폴리염화비닐 병에 담긴 식용유를 출시했다. 국립의학아카데미, 공공위생고등위원회 등의 보건 당국, 산업계, 행정부, 특히 화학산업부와 플라스틱 연구소의 복잡한 역학 관계에도 불구하고 비텔은 1968년에 승인을 받아냈다.

막스 비텔은 곧장 성공 가도에 올랐다. 프랑스 유통 전문 잡지《슈퍼마켓 뉴스Libre Service Actualité》가 1968년 12월 "유통업계의 중요한 희망 가운데 하나가 실현되다"라는 제목의 기사를 실은 이후로 거의 모든 병이 플라스틱으로 바뀌었다. 플라스틱은 가볍고 투명하고 깨지지 않았으며 운반도 쉬웠다. 음료 업계의 모든 대기업은 페트병이 놀라운 성공을 거두는 과정을 지켜보았다. 벨기에의 유명 생수 브랜드 스파의 모그룹인 뒤부아의 압력을 받은 벨기에는 결국 1970년, 페트병에 든 생수 판매를 허가해 주었다. 북미의 대형 탄산음료 제조 업체들도 폴리염화비닐보다 견고하고 안정적인 소재를 찾기 위해 두 팔 걷고 나섰다. 그러던 중 듀폰은 1973년에 최초의 페트병을 개발해 1976년부터 판매를 시작했고, 이는 미국에서 전 세계로 빠르게 퍼져나갔다. 페트병은 음료를 마시는 방식과 물에 대한 근본적인 사고 변화를 가져왔다. 물은 자연스럽게 공공재에서 개인이 소유한 휴대용 물품으로 변했다. 페트병이 습관적인 일회용품 사용에 영향을 주며 새로운 쓰레기 처리 방식의 도입에 커다란 기여를 한 것이다.

독일과 네덜란드에서는 플라스틱 병을 별로 좋아하지 않는 분위기가 강했기에 음료 및 포장재 생산 업체, 전문가, 정부가 빈 용기 보증금 제도가 유지되도록 대책을 세웠다. 전국적으로 대부분 표준화된 유리병을 사용하고 있었기 때문이다. 한편 1980~1990년대까지만 해도 사하라 이남 아프리카에서는 페트병이 '유럽식'으로 취급되었지만 2000년대에 이르러선 지도층과 새롭게 부상한 도시 중산층이 페트병에 든 생수를 마셨고 서민층과 어린아이들은 비닐 팩에 든 물을 마셨다. 이 비닐 팩은 원산지나 품질에 대한 정보 표기 없이 길거리에 임시로 설치한 냉장고에서 꺼내 팔았다. 아프리카 전역에서 페트병은 씨앗이나 다양한 액체를 담는 용기로, 심지어는 건축 자재로까지 여러 번 재사용되었다. 반면 성장 가도를 달리던 아시아의 태국, 인도, 베트남에서 페트병은 가속화된 도시화와 심각한 지역 불균형을 드러내는 물건이었다. 전 세계의 쓰레기를 보관, 분류, 가공하는 베트남의 찌에우쿡이나 말레이시아의 젠자롬 같은 플라스틱 마을이 지구의 재활용 처리 지구가 된 모습을 보면 그 이유를 알 수 있다.

또 페트병은 정치적인 물건이기도 했다. 생산자들은 포장재 때문에 발생한 폐기물 처리 방식을 우려했지만 이 문제를 대중이 인식하기까지는 오랜 시간이 걸렸다. 1980년대가 되어서야 스칸디나비아반도에서 주도한 연구를 시작으로 플라스틱 포장재의 전반적인 비용에 대한 여론이 형성되었고, 이후 각종 협회와 NGO, 정치 단체가 결집해 페트병을 보이콧하고 이에 따른 대안을 촉구했다. 샌프란시스코는 2007년 미국에서 첫 번째로 공공 예산 중 플라스틱 용기 구매비를 없앤 도시다. 호주 시드니는 NGO와 협력해 공공 식수대를 발전시켰고 새로운 음수 방식을 장려했다. 운동가들은 펩시, 코카콜라, 네슬레, 다논 같은 다국적 생수병 제조 기업의 냉소주의를 규탄해왔으며 때때로 기업도 논쟁에 참여했다. 필터 전문 독일 기업 브리타는 페트병이 마실 물에 관한 공공시설의 발전을 저해해왔으므로 공공 상하수도 시설을 이용할 수 있도록 수돗물의 맛과 위생을 개선해야 한다고 주장했다. 콩고민주공화국 킨샤샤에서는 비닐 팩 사용을 금지하고 페트병 사용을 장려했다. 비닐 팩보다 페트병은 재사용률이 훨씬 높아 환경오염을 덜 시킨다고 판단했기 때문이다.

처음 나왔을 때는 위생적이고 현대적인 물건으로 여겨지던 페트병은 이제 환경 파괴의 상징이 되었다. 많은 나라, 적어도 공공 상하수도 시설이 있는 곳에서는 페트병을 없애야 한다고 촉구하는 목소리가 높다. 하지만 50여 년 전부터 워낙 집중적으로 사용해왔기에 페트병은 지구상에서 사라지지 않고 미세 플라스틱과 나노 플라스틱으로 지표면 전체에 오랫동안 남을 것이다. 이제 페트병은 새로운 지질시대인 인류세人類世의 지층학 표지로도 연구되고 있다.

식기

1846년 11월, 요한 게오르크 람자워는 오스트리아 할슈타트에 있는 고대 공동묘지를 찾아냈다. 람자워는 동료들과 함께 17년 동안 무덤 980기를 발굴했고 오스트리아 수채화가 이시도르 엥글은 재능을 발휘해 이를 상세히 묘사한 작품을 그리기도 했다. 이 고고학 탐사는 1863년에 잠시 중단되었다가 부분적으로 재개되고, 이후 체계적인 프로젝트로 가동되면서 1500기 이상의 묘지를 발견하는 성과를 거두었다.

　기원전 800~400년에 만들어진 이 공동묘지에서는 서로 다른 장례 의식이 관찰되었다. 이전까지는 망자가 누운 자리를 면밀히 조사하는 일이 드물었는데, 할슈타트 고분군에서 개인 소지품과 패물, 검과 창, 도끼, 발틱 호박, 다양한 화병 같은 것들이 함께 나온 것이다. 현지에서 만든 물건들도 있었고 수입해온 물건들도 있었다. 특히 품질 좋은 금속과 도자기 식기가 발견되어 당시 사람들이 고기, 곡물, 과일을 비롯한 다양한 음식을 먹었다는 사실을 알 수 있었다. 고인의 마지막 만찬, 즉 장례식 연회에서 사용한 것을 함께 묻었다는 사실도 확인할 수 있었다. 연회에서 음식과 음료를 내놓을 때 쓴 그릇과 잔이 여럿이었기 때문이다. 21세기를 살아가는 우리 눈에는 이상하게 보일 수 있지만 3000년 전 부자들은 자기가 쓰던 식기와 같이 묻히기를 원했다.

호사스러운 식기는 이들이 먹은 음식과도 연관이 있다. 음식은 만드는 것만큼이나 보관하는 것도 문제였는데, 교통망에서 꽤 떨어진 산 중턱의 이 자그마한 호숫가에 이를 해결할 특별한 자원이 숨겨져 있었다. 바로 소금이다. 이 지역에서는 청동기 시대(기원전 약 2200~800년)부터 소금을 채취했다. 초기 철기시대(기원전 약 800~500년)에는 산속 깊숙이 자리한 소금 광산에서 상당한 양의 소금을 채취했다. 로마 시대에는 채굴량이 줄어들었고 14세기까지 단발적으로 소금 채취가 이어졌다. 소금은 경제적 가치가 높아서 '백색 황금'이라 불렸다. 사람들은 고기나 수분이 풍부한 야채를 소금에 절여 보관했고 음식의 조미료로도 썼으며 가축을 기를 때도 필수품이었다. 할슈타트는 유럽 역사에서 중요한 장소로, 이 지역의 이름을 따서 초기 철기시대를 '할슈타트 시대'나 '할슈타트'라 부를 정도다. 할슈타트 시대에는 철 제련 기술이 발전해 장인들이 청동으로 전무후무한 물건들을 제작했다.

물론 주방 용품이 할슈타트 시대에 처음 만들어진 건 아니다. 고전적 의미의 '요리 도구'는 요리 행위 자체와 함께 시작되었다. 선사시대 내내 인간은 수렵과 채집을 통해 얻은 음식으로

영양분을 섭취했고, 기원전 약 50만 년경에는 불을 발견하면서
식재료를 익히고 구울 수 있게 되었다. 유목민의 삶을 살던 인
간은 많은 물건을 이고 다니지 않았고, 커다란 저장고 없이 그때
그때 기회가 되는 대로 식료품을 장만해 먹었다. 인간이 식사 메
뉴의 새로운 역사를 써 내려간 건 신석기시대(기원전 약 1만 년)
에 중대한 변화를 겪으면서부터였다. 지구 전역에서 신석기 이
행 과정은 다양하게 나타나지만 정착 생활, 가축 사육 및 농업의
시작, 토기 발명 등 몇 가지 요소는 공통적으로 관찰된다. 새로운
환경에서 인간은 식료품을 저장하고 손질했으며 각 음식의 성질
에 따라 섞고, 굽고, 졸이고, 물기를 털어내기 위한 용기가 발명
되었다. 처음에는 구운 진흙으로 만든 토기를 사용했고, 기원전
2000년경의 유럽처럼 구리 합금 제련술을 도입한 사회에서는
금속으로 만든 도구를 사용하기도 했다. 유적들에서 금속 식기
는 거의 무덤과 저장소에만 놓여 있는 반면, 토기는 주거지에서
도 발견된다. 후기 청동기시대(기원전 2000~1000년)부터는 와인
같이 새로운 식음료를 먹고 마시기 위한 용기도 등장했다.

　　가장 오래된 식기 유적이 발견된 곳은 중국으로, 사용 시기
가 기원전 1만 8000년경으로 거슬러 올라간다. 유찬얀 동굴과
셴런둥 동굴에서 발견된 제대로 구워지지 않은 토기들은 음식을
섞는 데 쓰였다. 한편 일본에서는 기원전 1만 2000년부터 도공
들이 뛰어난 품질의 도자기를 생산했다. 이 시기부터 도자기는
전 세계에서 각기 다른 속도로 발전하며 형태나 장식이 각양각
색으로 무척 다양해져 그 사회의 정체성까지 담아냈다. 비교적
잘 보존되는 편이라 오늘날 대부분의 고고학 유적지에서도 잘

발견된다. 또 도자기는 학자들에게 중요한 형식학 지표이기도 하다. 형식학이란 19세기의 스웨덴 고고학자 오스카 몬텔리우스가 정리한 것으로, '형식'이라는 기본 단위를 설정해 유물의 선후 관계를 결정하는 방법론이다. 몬텔리우스는 1885년 스칸디나비아 지역 청동기를 여섯 가지 시기로 세분했다. 식기가 과학의 핵심이 된 셈이다!

요리하고 먹고 마실 때 쓰는 식기는 인류 역사의 세밀한 이야기를 전해준다. 하지만 이렇게 일상적이거나 특별한 날의 사회 관습을 모두 반영함에도 요리가 학계의 연구 주제가 되기까지는 오랜 시간이 걸렸다. 람자워가 할슈타트의 고분을 연구하던 시기, 유럽 부르주아의 식탁도 급변하고 있었다. 신석기시대 초기에 그랬듯 이 변화는 산업혁명과 공장 기계화, 새로운 방식의 농업과 조리법 및 보관법의 발명 등 기술과 사회의 변동과 함께 왔다. 식민지 개발은 이국적인 향신료와 식료품 수입을 활성화했고, 프랑스대혁명으로 귀족의 대저택을 벗어난 요리사들이 대량 생산된 장비들을 갖춰나가며 식당이 발달하기 시작했다. 1814년 『파리 저녁 만찬 가이드Guide des dineurs de Paris』 같은 최초의 가이드북이 출간되었고, 10년 후에는 그 유명한 미식가 브리야 사바랭이 『미식 예찬Physiologie du goût』을 출간했다. 음식과 소스에 관한 어휘만큼이나 음식을 준비하고, 식탁에 내어놓고, 먹고 마실 때 쓰는 그릇과 주방 도구에 관한 어휘도 정교해졌다. 프랑스 각지에서 사람들은 식탁에 둘러앉아 먹고 마시기를 즐겼다. 19세기에는 이를 (거의 정밀과학 수준의) 예술로 만들어야 한다는 주장이 끊이지 않았고, 프랑스 요리의 집대성자 오귀스트 에스코피에를 비롯한 이 분야의 대가들이 이를 뒷받침했다. 할슈타트에서처럼 고인을 위한 게 아니라 살아 있는 사람을 위한 연회들이 절정을 이루었다. 때로는 지나치다 싶을 정도였는데, 가령 1900년 9월 22일 프랑스 대통령 에밀 루베가 파리 만국박람회를 기념해 전국의 시장들을 초대한 행사가 그랬다. 이날 사용된 냄비가 몇 개인지는 자료가 남아 있지 않아 알 수 없지만, 튈르리 정원에 모인 손님의 수가 2만 2965명이었으니 그들이 먹고 마시는 데 필요했을 장비의 규모를 짐작해볼 수는 있다. 대략 접시 12만 5000개, 포크와 스푼 5만 5000개, 나이프 6만 개가 필요했을 것이다.

할슈타트에서 발굴을 시작한 지 한 세기가 지난 1943년, 형식학을 정립한 몬텔리우스의 나라 스웨덴에서 이케아가 창립했다. 이케아Ingvar Kamprad Elmtaryd Agunnaryd라는 기업명은 창업자의 이름, 창업자 부모가 하던 농장의 이름, 농장이 있던 마을 이름의 각 첫 글자를 딴 것이다. 이케아는 식기와 주방 용품 역사의 새 시대를 열었다. 세계대전 이후 한창 복구 중이던 유럽에서 누구나 살 수 있을 정도로 저렴하면서도 우아한 디자인을 가진 이케아 제품은 대단히 환영받았고 곧 대중화되어 이내 전 세계 어디에서나 찾아볼 수 있게 되었다. 이케아는 몇십 년 사이에 유럽 시장을 뒤덮으며 21세기에는 전 세계로 파고들었다. 이케아가 새로운 국가에 진출해 매장을 연다는 건 그 나라의 집안일과 가사 장비에 대한 변화의 신호다. 이케아가 생긴 지 거의 80년이 지난 지금, 전 세계의 학생이나 형편이 넉넉하지 않은 부부 중 이케아 냄비 코너를 지나지 않는 사람이 거의 없을 정도다. 이제 그릇과 냄비도 요리처럼 세계화된 것이다.

추잉 껌

1869년, 실각한 멕시코 대통령 산타 안나가 축출당해 뉴욕에 도착했다. 안나의 가방에는 치클 250킬로그램이 들어 있었다. 치클은 수지(樹脂)의 일종으로, 마야족이 예식을 치를 때 씹던 것이다. 멕시코 군인들도 치클을 무척 좋아했다. 멕시코 유카탄주의 치클레로스(치클을 채취하는 사람들 — 옮긴이)는 우기가 되면 원시림의 사포딜라 나무에 올라가 껍질을 베고 거기서 나오는 수액을 모은다. 어느 정도 모이면 열을 가해 굳힌 뒤 덩어리로 만들어 운송한다. 안나는 뉴욕에서 발명가 토머스 애덤스에게 이 치클에서 고무 대체재를 추출해달라고 의뢰했다. 고무는 타이어 제조에 꼭 필요했지만 훨씬 비쌌기 때문이다. 안나는 치클로 고무를 대체할 수 있다면 집권 중인 멕시코 정부를 전복시킬 해방군에 자금을 댈 수 있을 거라 생각했다. 애덤스는 안나의 기대에 부응하지는 못했지만 치클을 가공할 훌륭한 아이디어는 제공했다. 여러 가지 맛을 더해 알록달록한 종이로 포장한 최초의 현대적 추잉 껌은 그렇게 등장해 곧장 성공 가도를 달렸다.

19세기 중반까지 남미에서는 가문비나무의 수지를 씹었다. 남아메리카 원주민의 이 관습은 유럽인들에게까지 퍼졌다. 존 커티스는 캐나다와 미국 북동부에서 채취한 천연 제품으로 소비재를 만들어 많은 이에게 팔았다. 하지만 커티스가 파는 수지는 대체로 찌꺼기를 섞은 것이었고, 결국 애덤스가 개발한 고무 껌에 자리를 넘겨주었다. 껌을 씹는 행위는 오랫동안 미국적인 악습으로 여겨졌다. 그런데 어떻게 껌이 미국의 문화 및 경제력의 상징이 되어 전 세계로 퍼진 걸까? 1970년대에 할리우드 추잉 껌이 광고에서 내세운 '쿨한 라이프'라는 문구가 그 답이 될 수 있을 것이다. 이 광고는 '쿨함'을 완벽하게 구현하여 청년들에게 모든 속박에서 벗어날 수 있다는 걸 보여주었다. 할리우드 추잉 껌이 세계적인 성공을 거둘 수 있었던 건 고무를 재발견하고 거기에 혁신적인 마케팅 방식을 적용한 덕분이었다.

19세기 말까지도 껌을 씹는 행위에 대한 반감은 여전히 높았다. 건강에 유해하다는 선입견이 있었기 때문이다. 하지만 애덤스는 공공장소에 자동판매기를 설치하고 수많은 전광판을 사서 광고를 냈으며, 유명 인사들까지 동원하는 효과적인 홍보 전략으로 대중의 생각을 뒤바꿔놓았다. 추잉 껌이 믿을 수 없을 정도로 성공하자 곧이어 다른 제조사들이 생겨나기 시작했다. 이들이 힘을 합쳐 치클 시장에 압력을 행사한 결과, 1898년까지 수입 관세를 면제받고 상대적으로 저렴한 가격에 치클을 구입할 수 있었다. 미국에서 높아진 추잉 껌의 인기는 유카탄주에 정치적인 영향을 끼쳤다. 마야 반군이 치클 판매 수익으로 구입한 무기를 멕시코 정부의 지배에 저항하는 데 사용했기 때문이다. 마야 반군은 미국인들에게 치클 교역에서 빼놓을 수 없는 중개상인 마이 장군을 대리인으로 내세웠다.

미국에서는 윌리엄 리글리 주니어가 새로운 전략을 펼쳤다. 리글리는 비누와 베이킹파우더 판매상이었는데, 그때까지 추잉 껌에 없던 색상, 모양, 향료(과일 맛과 스피어민트 향)를 더하는 혁신을 일구었다. 리글리는 이 '5센트짜리 사업'에서 막대한 수입을 내고자 한곳에 집중하는 공격적인 광고를 생각해냈다. 바로 뉴욕 타임스스퀘어의 대형 전광판에 광고를 넣는 것이었다. 또 청소년들에게 껌 수백만 개를 무료로 나눠주기도 했다. 에티켓에 관한 서적에서는 여전히 껌을 씹는 것이 나쁜 습관이라 가르쳤지만, 리글리의 공격적인 마케팅은 껌에 대한 선입견을 물리치는 데 성공했다. 추잉 껌으로 큰돈을 번 기업들은 껌이 갈증 해소와 소화 촉진에 도움이 되며 심지어 근로자의 집중력을 높여준다고까지 주장했다.

양차 대전은 추잉 껌의 황금기였다. 성공을 이어나가기 위해 추잉 껌 제조사들은 물가와 치클 구입 비용 인상에도 불구하고 낮은 판매가를 유지했다. 유카탄주의 치클레로스 1500명은 마이 장군에게 의존할 수밖에 없는 상황에도 불구하고 한동안 중개상을 통해 치클을 공급해나가는 판매 전략을 활용했다. 하지만 미국에서 새로운 합성고무가 발명되자 치클 수출상과 미국 판매사의 역학 관계가 재조정되었다. 1928년, 월터 디머가 몇 년

간의 실험 끝에 마침내 풍선껌을 발명해낸 것이다. 이 분홍빛 '블리버 블러버Blibber-Blubber 껌'은 씹다가 풍선으로 불 수 있고 풍선을 터트려도 얼굴에 달라붙지 않았다. 그렇지만 풍선껌이 치클로 만든 추잉 껌을 곧장 몰아낸 건 아니었다. 1935년부터 멕시코 중개상들이 사라졌고, 카르데나스 멕시코 대통령의 지원하에 치클레로스는 협동조합을 만들어 뭉쳤다. 이때부터는 치클레로스가 더 유리한 가격으로 미국 기업에 치클을 판매했다.

　더 좋은 소식은 전쟁 동안 보급된 미군 부대 전투식량에 치클로 만든 추잉 껌이 포함되었다는 것이다. 이는 껌의 역사에서 커다란 전환점이었다. 수년 동안 기업들이 추구했으나 성공하지 못한 목표(미국과 캐나다 국경 너머까지 껌 도입하기)를 미군이 달성한 것이다. 미군은 제1차 세계대전부터 병사들이 추잉 껌을 씹으면 신경을 안정시킬 수 있고, 치약이 없을 때도 입 냄새가 나지 않게 관리할 수 있다는 사실을 알게 되었다. 미군은 1941년부터 병사에게 리글리 껌을 보급했고 해외로 파견된 부대에 추잉 껌 1500억 개를 보냈다. 미군 병사들은 유럽과 태평양에서 마주치는 민간인에게 추잉 껌을 나눠주었다. 영국 어린이들도 추잉 껌을 무척 좋아해서 미군만 보면 "껌 있나요?"라며 묻고 다녔다. 작은 껌딱지 하나가 파견군의 위엄을 태평성대의 상징으로 만든 것이다.

　제2차 세계대전 이후 미국 제조사들은 수많은 나라에 공장을 세웠고, 합성원료로 만든 껌을 해외시장에 판매하기 위해 소비사회의 새로운 유통망을 활용했다. 다른 나라 기업들도 미국의 성공 비법을 각색했다. 프랑스에서는 전직 미군 병사였던 커틀랜드 패럿이 1952년 할리우드 추잉 껌을 만들었고, 1958년부터는 크레마사에서 만든 '말라바Malabar 껌'이 판박이와 함께 판매되었다. 추잉 껌은 1980년대부터 믿을 수 없는 속도로 유럽과 아시아의 신흥 시장을 차례차례 공략해나가며 예기치 못한 성공을 거두었다. 오늘날에는 대체로 비닐수지나 미세 결정 왁스로 껌을 제조한다. 그러나 현재도 멕시코에서는 1000여 명 이상의 치클레로스가 계속해서 사포딜라 나무의 수액을 채집한다. 생산량은 많이 줄었지만 아시아 중에서도 특히 일본으로 많이 수출하는데, 일본 소비자들은 천연 껌을 씹기 위해 더 비싼 돈을 지불할 용의가 있기 때문이다. 이런 의미에서 본다면 사포딜라 목재 개발로 위협을 받는 멕시코 산림의 미래는 아시아 소비자의 천연 껌 애용 여부에 달려 있다고도 할 수 있겠다.

양초

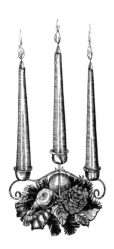

1864년 프랑스 화학자 폴 샹피옹은 출장으로 중국에 방문했다. 샹피옹의 목표는 제2차 아편전쟁 후 청나라에 제시할 만한 물건을 찾아 교역을 모색하는 것이었다. 샹피옹은 관습에 따라 자신을 초대해준 귀빈들에게 선물을 했는데, 그가 선물한 품목은 양초였다. "이제까지 이보다 더 성공을 거둔 선물은 없었다. … 양초를 받은 중국인들은 초가 타는 것을 보며 감탄의 말을 아끼지 않았다."

중국인들은 양초에 왜 이렇게 열광한 걸까? 사실 중국에서도 초가 새로운 물건은 아니었다. 중국에서는 2000년 전부터 동식물성 유지油脂와 밀랍으로 초를 만들어왔다. 샹피옹을 맞아준 부유한 중국인들도 별 어려움 없이 초를 구할 수 있었다. 하지만 샹피옹이 들고 온 양초는 달랐다. 연기가 나지 않고 흘러내리지 않았으며 냄새도 나지 않았다. 무엇보다도 저렴했다. 중국인들의 열광이 말해주듯 양초는 19세기 조명계 최고의 혁신이었다.

　19세기에 사용한 양초는 모양을 제외하고는 옛날에 쓰던 양초(프랑스어로 '샹델chandelle' 인데, 촛불을 올려두는 장식대인 '샹들리에'라는 단어가 여기서 왔다 — 옮긴이)와 아무런 공통점이 없다. 동물성 지방으로 만든 샹델은 물렁물렁하고, 끈적거리고, 금방 지저분해졌다. 초를 태우면 구역질 나는 악취가 났고 검은 연기와 그을음이 잔뜩 났다. 영국 물리학자 패러데이의 설명에 따르면 19세기 양초는 '이 기름진 물건'과 하등 상관이 없다. 양초는 영국과 프랑스의 여러 화학자와 사업가가 20년 동안 연구하고 개발하며 매달린 끝에 얻은 성과였다. 1815년 프랑스 낭시의 약사 앙리 브라코노와 화학자 미셸 외젠 슈브뢸이 동물 지방을 섭씨 60도로 가열해 단단한 지방질을 분리해냈는데, 이것이 바로 스테아린이다. 하지만 이들은 발견을 상업화하는 데는 실패했다. 스테아린의 상업화를 최초로 성공시킨 인물은 1831년 파리에서 '별의 양초les bougies de l'étoile'라는 콘셉트를 내세운 루이 아돌프 드 밀리다. 밀리의 사업은 번창했고 솔레이, 페닉스, 코메트, 글로브, 라비에트 스테아린 제조사, 바티뇰, 로얄 양초, 천상의 양초, 에클립스 등 무수히 많은 경쟁사가 생겨났다. 기업가들은 상품 개량, 특허, 소송으로 끊임없이 맞서 싸웠지만 밀리의 양초는 이내 결정적인 분기점을 마련했다. 바로 면사를 꼬아 화학적으로 처리한 심지로 초를 태울 때 그을음이 생기지 않게 한 것이다. 덕분에 더 이상 심지를 잘라줄 필요가 없어졌다. 밀리는 화학자들을 고용해 개선을 거듭했고, 연구실에서 이탈리아 화학자 아스카니오

소브레로가 니트로글리세린을 발견했다. 또 프랑스와 영국에서 혁신적인 양초 제작 기계도 만들어졌다. 예를 들어 파리의 정비사 프랑수아 폴 모란은 (그의 주장에 따르면) 노동자 한 명이 시간당 양초 1만 4400개를 만들 수 있는 기계를 발명했다. 영국에서는 프라이스 양초 특허 회사가 선두 주자였다. 1849년 《일러스트레이티드 런던 뉴스》의 현장 보도 기사는 런던 근교에 있는 어마어마하게 큰 배터시 양초 공장 이야기를 다루었다. 골함석으로 만든 커다란 창고에서 연속 공정 방식으로 일하는 노동자들의 작업장 레일 위로는 양초 주형이 돌아가고 있었다. 이 공장에는 통 제조소, 제재소, 스팀 사출성형기도 구비되어 있었다.

　스테아린 양초는 특히 유통에 혁신을 가져왔다. 스테아린의 가장 큰 강점은 양초를 어떤 종류의 유지로 만들든(식물 유지든, 우지든, 생선 기름이든) 스테아린이 첨가되면 고부가가치 상품으로 바뀐다는 것이었다. 더 이상 고급 양초를 만들기 위해 고래에서 추출한 비싼 경랍鯨蠟을 쓸 필요가 없었다. 더 좋은 점은 열대식물에서 얻을 수 있다는 것이었다. 특히 기름야자 펄프로는 스테아르산과 팔미트산을 이용해 펄프 무게의 50퍼센트를 풍부한 기름으로 만들 수 있었다. 대형 촛불 공장들은 동물 지방을 구하기 쉬워서 입지해 있던 수도를 떠나 항구 쪽으로 이전했다. 이는 19세기 중후반에 기름야자 사용 비율이 증가했다는 증거이기도 하다. 프라이스 양초 특허 회사는 리버풀 바로 옆에 있는 위럴로 위치를 옮겼으며 프랑스에서는 프레데릭 푸르니에가 마르세유에 '세상에서 가장 큰 양초 공장'이라 자랑하는 회사를 차렸다.

그렇다면 이런 야자 기름(팜유)은 어디서 생산했을까? 빈 회의에서 노예무역을 금지한 후 영국 상인들은 서아프리카에서 이윤을 남길 새로운 수단을 모색했고, 아프리카의 노동력을 이용해 기름야자를 활용하는 생산법을 찾아냈다. 영국 상인들은 니제르강 삼각주 유역의 아프리카 족장들에게 기름야자 재배에 관심을 갖도록 유도했다. 아프리카 증기선 회사는 1852년부터 매달 리버풀과 서아프리카의 주요 거점 항구를 잇는 정기 노선을 운항했다. 1860년대에 영국이 수입하는 야자 기름은 2만 2000톤에서 4만 4000톤으로 증가했다(그 중 1만 톤은 프랑스로 들어갔다). 프라이스 양초 특허 회사는 교묘하게 자사의 박애주의적 역할을 강조했다. 그들은 아프리카 족장들에게 합법적인 거래를 제안하며 노예무역의 씨를 말렸고, 프라이스 양초를 사는 일이 '교역을 통해 아프리카를 개화하는 일'이라고 주장했다. 그러나 프라이스 양초 특허 회사가 야자 기름을 추출하기 위해 고용한 많은 아프리카인은 대개 노예나 다름없는 대우를 받았다. 프랑스에서는 빅토르 레지와 시프리앵 파브르라는 마르세유 출신의 무역업자들이 이런 식으로 생산한 야자 기름을 수입해 막대한 돈을 챙겼다. 레지는 심지어 자신의 거래선을 지키기 위해 그랑바상(현재의 코트디부아르) 지역에 프랑스 군부대를 투입하기도 했다. 다호메이(현재의 베냉)에서는 상황이 훨씬 간단했는데, 생산량의 10분의 1을 다호메이의 게조 왕에게 바치는 대가로 공장에서 부릴 노예를 제공받았기 때문이다. 이렇듯 스테아린 양초는 과학과 산업, 세계화와 강제 노역이라는 연합이 맺은 결실이었다.

이런 역사는 조명가 기름에서 가스로의 에너지 전환이 이루어진 게 아니라, 기름에 스테아린을 첨가하는 방식으로 발전했다는 걸 보여준다. 19세기 말까지 기름 소비가 계속해서 증가한 건 미국산 동물 지방과 열대지방 식물유가 대거 유입된 덕분이지만 동시에 가스가 파리 지역, 부르주아 계층, 교역 등 일부에서만 집중적으로 개발되었기 때문이기도 하다.

20세기 초까지 양초는 특히 수출용으로 대량생산되었다. 프라이스 양초 특허 회사는 중국, 태국, 칠레, 파키스탄, 모로코, 남아프리카에 자회사를 세웠다. 그때부터 양초는 석유 정제 과정에서 생긴 부산물로 만들어지며 마지막 변신을 거쳤다. 석유 정제 과정에서 나온 석유와 파라핀 양초는 두 차례의 세계대전이 일어나는 동안 시골 각지와 빈곤한 나라들을 밝혀주었다. 그렇지만 여전히 스테아린 양초도 사용되기는 했다. 식용이 가능한 스테아린 양초는 유럽 탐험가들의 길을 밝혀주었고, 심지어 1912년 로버트 스콧의 남극 탐험대는 야자 기름 양초를 섭취한 덕분에 살아남기도 했다.

일상 용품이던 양초는 점차 이벤트 용품으로 바뀌어갔다. 1930년대부터는 지금처럼 생일 케이크 위에 초를 꽂아 불을 밝히는 모습을 볼 수 있게 되었다. 1970년대에는 환경보호론자들이 '양초로 돌아가자'는 슬로건을 사용했다는 이유로 양초가 더 이상 쓸모없는 한물간 진부함의 상징이 된 적도 있다. 양초가 19세기 유럽 산업에서 가장 뛰어난 혁신 중 하나였다는 사실을 새까맣게 잊은 채 말이다.

취향을
반영하는 것들

반도네온

나는 어린 소년이 오줌을 싸는 것처럼 반도네온을 연주할 수 있다고
생각하지 않는다. 우리는 전심을 다해 연주해야만 한다.

— 아스토르 피아졸라

    1864년 독일 작센주의 작은 도시 칼스펠트에서 에르네스
트 루이스 아르놀트는 '반도니온'이나 '반도리움'이라 불리는 악
기를 만들어 판매하던 프리드리히 치머만이 세운 공장을 인수했
다. 이 악기는 30년 전 하인리히 반트가 라인강 인근 도시 크레
펠트에서 발명한 휴대용 오르간이다. 아코디언과 콘서티나와 비
슷한 반도니온은 니스를 칠한 나무 상자에 금속 리드 플레이트
가 들어 있다. 그 위에 아연으로 만든 리드가 붙어 있는데, 이 리
드에 테클라(키)들이 연결되어 있으며 판지로 만든 빌로즈(주름

모양으로 생긴 바람통)로 연결되어 있다. 빌로즈의 움직임에 따라 리드가 진동하며 소리가 나는 원리이며 악기를 벌리고 모을 때 각각 다른 음을 낸다. 하인리히 반트가 만든 테클라 28개짜리 악기는 56개 음을 낼 수 있는 반면, 치머만이 만든 표준 모델인 라이니쉐 라게는 65개의 테클라로 130개의 음을 낼 수 있었다.

아르놀트가 치머만의 뒤를 잇던 무렵 반도네온은 이미 남아메리카 라플라타강 근처에서 사용되고 있었다. 반도네온이 어떤 경로를 따라 남아메리카까지 이르렀는지 역사적으로 되짚어보는 일은 불가능해보이지만(구술 기록이 서로 일치하지 않으며 하나같이 전설에나 나올 법하다), 확실한 건 유럽인들의 이주와 연관이 있다는 것이다(1850~1900년에 400만 명의 유럽인이 아르헨티나로 옮겨갔다). 1890년경에는 여러 뮤지션이 부에노스아이레스에서 반도니온을 연주했다. 대부분 실력이 형편없긴 했지만 드라마틱한 포즈로 부족한 실력을 감추었다.

에른스트 루이스 아르놀트는 1910년에 사망하면서 장남에게 회사를 물려주었고, 차남 알프레드는 자기 사업을 차렸다. 알프레드가 세운 두 회사 ELA와 AA는 40년 동안 세계 반도네온 시장을 석권했다. 같은 시기, 아르헨티나 독립 100주년이라는 맥락 속에서 독일산 악기 반도네온은 아르헨티나 문화에 깊이 뿌리를 내렸다. 그 결정적인 전환점은 탱고의 만남이었다(당시 탱고라는 용어는 춤만을 지칭했다). 무도회에 걸맞은 음악을 연주하기 위해 '전형적인 크레올 오케스트라'라는 새로운 대형의 악단이 등장하기도 했다. 비센테 그레코, 후안 마글리오, 아우구스토 베르토 같은 반도네오니스트들이 악단을 이끌었고, 반도네온으로 탱고라는 새로운 스타일의 음악을 연주했다. 이들은 연주 이론을 세웠고, 아르투로 베른스테인, 카를로스 마르쿠시, 펠릭스 리페스케르를 비롯한 이들이 교수법을 다지며 체계를 세워나갔다.

이때부터 반도네온은 아르헨티나 하면 떠오르는 대표적인 물건이 되었고, 아르헨티나를 중심으로 성장해가며 새로운 음악 문화를 만들어냈다. 문화 접변은 반도네온을 부르는 명칭에 영향을 미쳤고 반도니온이 반도네온이나 반돌라, 푸에제(빌로즈), 하울라(상자 부분)로 불리기 시작했다. 현재는 일반적으로 반도네온이라 부르고 있다. 1918년 후안 데 디오스 필리베르토의 〈반도네온의 불만Quejas de bandonéon〉부터 1973년 레오폴도 페데리코의 〈왼손잡이 반돌라Bandola zurdo〉까지 탱고와 유사한 여러 창작곡이 반도네온용으로 만들어졌다. 1920년대부터 1950년대까지 탱고가 연주되는 곳이라면 어디에나 반도네온이 있었다. 탱고가 태어났다고 추정되는 지역들에서 반도네온은 고향과 이별에 대한 노스탤지어를 불러일으켰다. 반도네온의 음계는 감정을 건드렸고, 특히 탱고에서 자주 다루는 심적 고통을 표현하기에 좋았다.

탱고의 유행과 함께 엄청난 성공을 거둔 반도네온도 변모했다. 유럽에서는 1925년 샤를레스 페귀리나 1927년 에른스트 쿠세로우가 개발한 것처럼 반도네온을 벌리든 오므리든 같은 소리가 나는 모델이 등장했다. 아르헨티나에서는 테클라 개수가 71개로, 142개의 음을 낼 수 있는 반도네온이 나왔다. 유명한 모델인 '도블레 아Doble A'는 1929년 알프레드 아르놀트가 개발한 것으로, 현재 뮤지션들이 가장 많이 사용하는 브랜드다. 당시 대부분의 반도네온은 ELA와 AA에서 생산했다. 두 회사는 제조 비법(특히 리드를 만들기 위한 합금 방식)을 철저히 비밀에 부치면서 최고 품질의 표준화된 제품을 만들어냈고, 부품(빌로즈, 테클라, 에어 버튼) 제작은 해당 지역의 수많은 악기 제조업자에게 하청을 주었다. 1920~1950년 사이에는 반도네온의 수요가 폭발적으로 늘어나면서 수입품에 '카사 아메리카'나 '마리아니' 같은 현지 상표명을 붙여 판매하기도 했다.

1920년대 부에노스아이레스에는 악단이 급증했고 반도네온 연주자가 대여섯 명이나 되는 악단도 있었다. 페드로 마피아, 오스발도 프레세도, 페드로 라우렌스처럼 뛰어난 뮤지션들은 자기 고유의 스타일을 갈고닦아 몇 개의 연주곡을 만들기도 했다. 대표적인 곡으로는 페드로 마피아의 〈디아블리토Diablito〉(1927)가 있다.

1930년대에 잠시 주춤하긴 했지만 반도네온 악단은 잿더미 속에서 다시 태어나 1940년대에 크게 번성했다. 당시 아르헨티나 어디에서나 새로운 탱고 스타일을 들을 수 있었기에 더 이상 탱고는 춤출 때만 듣는 음악이 아니었다. 가장 아름다운 파트는 반도네온 연주자의 몫이었다. 가장 중요한 인물은 부에노스아이레스에서 가장 뛰어난 반도네오니스트였던 아니발 트로일로였다. 트로일로는 리듬과 소리를 더 강하게 내기 위해 한쪽 무릎에만 반도네온을 얹은 채 연주했고, 다른 반도네온 연주자들도 이를 따라하면서 점점 더 정교해진 변주법으로 기술을 뽐냈다.

그러나 제2차 세계대전으로 생산이 중단되면서 반도네온의 긴 침체기가 시작되었다. 동독에 위치한 ELA와 AA는 1949년과 1959년에 국유화되었고, 공기업 클링엔탈러 하모니카베르케에 귀속되었다. 더 이상 예전 같은 품질의 악기가 나오지 않다가 결국 1964년에는 생산이 중단되었다. 서독에서 난민으로 망명해 지내던 파울 아르놀트와 그의 아들들이 1971년까지 전통을 이어 가려 시도했고, 우베 하르텐하우어나 반도니온 앤드 콘체르티나 제작 유한회사 같은 명성 있는 다른 기업들이 그 뒤를 이었다.

그러나 연주만큼은 꾸준히 활발하게 이루어져왔다. 1950년 대에는 작곡 스타일이 발전하면서 아니발 트로일로의 〈죽은 사람을 위한 기도Responso〉(1951)나 오라시오 살간의 〈서서히A fuego lento〉(1953)처럼 훨씬 더 리드미컬한 곡들이 눈에 띄었다. 대규모 악단은 탱고 연주 실력이 뛰어난 더 작은 규모의 뮤지션 그룹에게 자리를 내어주었다. 당시 뛰어난 재능을 선보였던 뮤지션으로는 레오폴도 페데리코, 아스토르 피아졸라 등이 있다. 이들의 작곡과 편곡은 반도네온 연주에 일대 혁신을 불러일으켰다. 특히 피아졸라는 서서 연주하는 오라시오 살간 스타일의 연주법에서 착안해 훨씬 더 파워풀한 소리 기법을 완성했다. 이런 자세의 변화는 불안정하면서 일견의 폭력성을 드러내는 누에보 탱고와 떼려야 뗄 수가 없다. 피아졸라는 서서 연주하는 새로운 스타일을 "노래하며 동시에 소리 지르는 것"이라 표현했다.

피아졸라나 마르코니 같은 유명 반도네오니스트들은 작곡가와 연주가로서 거장의 반열에 올랐다. 하지만 호세 리베르텔라와 루이스 스타조가 1973년 결성한 '섹스테토 마요르'처럼 여러 명이서 더 고전적인 레퍼토리를 연주하는 그룹도 있었다. 거장들의 독재에 밀려난 일부 연주자들은 프랑스로 망명을 떠나 경력을 이어가기도 했다. 1974년 프랑스에 정착한 쿠아르테토

세드론의 멤버 세사르 스트로시오와 1977년 아르헨티나를 떠난 후안 호세 모살리니는 '그랑 오케스트라 드 탱고Grand Orchestre de Tango'를 만들었다.

반도네온은 상대적인 쇠퇴기를 겪은 후 1990년대부터 부흥했다. 차마메, 차카레라, 잠바 같은 아르헨티나의 다른 전통 음악이나 재즈, 월드 뮤직, EDM 같은 인터내셔널 뮤직에서 사용하는 등 독일에서 만들어져 아르헨티나로 건너간 반도네온은 세계적인 악기가 되었다. 반도네온은 오랫동안 아르헨티나를 상징하며 문화유산으로 지정되기까지 했다(2005년 아르헨티나 의회는 '반도네온 축제'를 지정했다). 이제 전 세계 어디에서나 반도네온을 배우고 연주하는 모습을 볼 수 있듯 반도네온의 유랑은 계속되고 있다.

분재

'분재盆栽'라는 용어는 1875년 오사카 정기 간행물에서 처음으로 등장했다. 그릇에 (식물을) 심는다는 뜻의 이 단어는 수백 년 전 중국에서 유래해 그 명칭만큼이나 형태도 변화해온 아주 오래된 인공물을 가리킨다. 일본에서 분재는 시대, 사회계층, 쓰임새에 따라 상당한 변화를 겪었다. 분재는 식물학 기법, 원예 기술, 장식 기술, 철학적 접근 등 범주를 초월하는 물건이라 할 수 있다.

　　일본식 분재의 선조라 할 수 있는 중국식 분재는 '분경盆景'이라고 하며 도교에 기원을 두고 있다. 그릇 위에서 본 경관을 의미하며 한나라(기원전 202~220년)까지 거슬러 올라가는 역사를 갖고 있다. 바위 위에 조약돌로 둘러싸인 나무를 놓아 만드는데, 이는 숲을 의미한다. 일부 분경은 식물보다 바위에 더 신경을 써서 진짜 산을 축소시켜놓은 듯한 느낌을 주기도 한다. 여기서 그릇 위의 산이라는 뜻의 '분산盆山'이라는 단어가 생겼다. 분경이 언제 중국에서 일본으로 전수되었는지는 정확히 알려져 있지 않다. 일본 승려 호넨의 족자에는 잔 속에 담긴 채 줄 지어 늘어선 작은 나무들이 그려져 있다. 또 당시 궁정 화가였던 다카시나 다카카네가 1309년에 그린 〈가스가 신의 기적春日権現験記絵, 가스가곤겐겐키에〉 중 한 장면을 보면 툇마루 근처에 탁자가 하나 있고, 탁자 위에는 자갈을 깐 그릇 위에 바위 두 개가 놓여 있다. 첫 번째 바위 위에는 소나무가, 다른 한쪽에는 꽃나무가 있는 걸 보면 14세기 일본에 선종이 들어오며 분재 기술이 비약적으로 발전한 게 틀림없다.

　분재를 담는 도자기 그릇이 기초 골조라면 돌은 핵심 요소다. 산이나 산봉우리를 비유하는 돌은 우주를 축소해놓은 것으로, 일본 정원 예술의 근간이기도 하다. 11세기 말 여러 글이 묶여 나온 고전 『사쿠테이키』는 돌을 어떻게 세워야 하는지에 대해 지적한다. 『사쿠테이키』는 대부분 절체법(돌을 기하학적으로 상당히 정교하게 절단하는 기술—옮긴이)에 관한 내용을 다루며 나무 식재는 맨 마지막에 가서야 아주 간단하게 언급된다. 돌을 배치하는 규칙이 제일 먼저 나온 다음, 연못을 파고 거기에 섬을 축조하는 방법을 설명하는 식이다. 산, 연못(즉 바다), 섬, 이 세 가지는 일본열도 풍경의 삼대 요소라고 할 수 있다. 일본의 정원이 우주를 축소해 재현한 것이라면 분경은 정원을 축소해놓은 것이다. 당시 분경은 정원에 두며 마술적 힘을 농축시킨 일종의 부적처럼 여겨졌다. 우주의 중심축이던 분경은 점차 신비한 대상이 되어갔고 여기에 도교의 음양오행설, 절제와 직접적인 의미의 부재, 명상을 중시하는 불교의 교리가 더해졌다. 구성하고 배치하는 방식은 체계화되었으며 정원부터 꽃꽂이, 분경까지 같은 법칙에 따라 이루어졌다.

에도시대 일본의 지배 세력은 불교를 민중 종교로 한정시키고 사회·윤리적 규범으로 성리학을 내세웠다. 15세기까지 거슬러 올라가는 일본의 전통 가무극인 노能 중 〈하치노키はちのき〉('화분에 심은 나무'를 의미한다)라는 작품명처럼 분경은 화분에 담긴 나무가 되었다. 그러면서 분경에 바위는 없어지고 한 그루의 나무만 심었으며 그릇에 부여되는 가치가 더 커졌다. 그리고 이 일체는 부잣집 응접실 한편(도코노마, 다다미보다 약간 높게 만들어져 일반적으로 족자를 걸거나 꽃 같은 것으로 장식하는 공간—옮긴이)에 올려두는 장식품이 되었다. 화분에 담긴 나무는 무사나 다이묘 계층이 풍류를 즐기는 세련된 문화 속으로 편입해갔다. 풍류는 화도, 즉 생화라는 뜻의 이케바나(일본 전통 예술의 하나로 나뭇가지, 풀, 잎사귀, 꽃 등의 화재를 꽃꽂이 용기에 꽂은 것을 가리키는 말이다. 꽃을 꽂는 기법이나 감상하는 행위 전반을 지칭한다—옮긴이)와 정원 가꾸기, 칠기나 도기에도 적용되었다.

한편 기존의 형이상학적이고 신비주의적인 면이 사라져감에 따라 분재는 점차 기술적이고 기교적으로 변해갔다. 나무는 점점 더 비틀렸고 몇몇 나뭇가지는 마치 폭포처럼 화분 밖으로 흘러내리기도 했으며, 사람들은 뿌리를 잘라내고 가지를 실로 비틀기도 했다. 19세기에 이르자 스타일이 명확해지면서 이런 기술은 더 다양해졌다. 전통에 따르면 분재에는 진, 선, 미라는 세 가지 덕목이 담겨야 했고 나무가 잘 자란다면 거기에 예와

지혜, 충정까지 더해야 했다.

분재는 서양에서 일본식 정원의 일환으로 인기를 끌었다. 분재는 식물을 땅에 심는 게 아니라 화분이라는 인위적인 환경에 심는 것이기 때문에 그만의 고유한 세계를 형성하는 거라고 할 수 있다. 분재는 그 자체가 하나의 개체이며 자연의 일부분으로서 '용기 속의 하늘과 땅'으로 불렸다. 수많은 스타일이 발전했고 그 안에서도 각 학파가 경쟁했다. '고텐'이라 부르는 고전적이고 비극적인 스타일은 아래쪽이 더 넓적했고, 이와는 반대로 '분진'이라 부르는 비정형적이고 희극적인 스타일은 기법이 더 섬세했다. 어떤 나무로든 분재를 만들 수 있지만 대체로 장수를 상징하는 소나무를 선호했고, 다른 수종樹種은 계절의 분위기를 연출하는 데 썼다. 또 어떤 나무든 화분 한가운데에 심지 않고 살짝 옆으로 비켜나게 심어 비대칭의 미를 살렸다.

분재는 1878년 파리 만국박람회에서 '난쟁이 나무'라는 이름으로 서양에 처음 선보여졌다고 알려져 있다. 처음에 유럽인들은 분재를 거부했다. 하지만 1900년에 다시 한번 파리에서 만국박람회를 개최했을 때는 이미 유행하던 일본풍의 인기에 힘입어 분재에도 엄청난 관심이 쏟아졌다. 이렇게 큰 인기를 누릴 수 있었던 건 분재의 기이함과 섬세한 기법에서 드러난 이국적인 풍미가 서양인들을 사로잡았기 때문이다. 분재는 탐미주의자와 원예업자의 호기심을 불러일으켰고 일본의 판화, 실내 장식품, 도자기처럼 돈벌이 수단이 되었다.

화상畫商, 수집가, 후원가이자 월간지 《예술의 일본Le Japon artistique》(1888~1891)의 편집자였던 지크프리트 빙은 일본 예술과 아르누보를 확산시키는 데 결정적 역할을 한 인물이다. 1902년 6월, 빙은 드루오호텔에서 오사카의 한 무역 업체와 손을 잡고 일본의 난쟁이 나무 경매를 기획했다. 일본의 전통과 정수를 담은 예술품 171점이 경매 목록에 올랐다. 같은 해 원예학 교수 알베르 모므네는 자신이 출간한 책에서 상세한 분재 기법과 함께 판매 중인 다양한 품종을 소개했다. 모므네 교수는 분재 특유의 소형화 기술이 일본의 일반적인 특성이라고 설명했다. 그는 "일본 사람들은 체구가 작은 편이고, 집도 작은 곳에 살기 때문에 커다란 나무는 균형이 맞지 않는다. 또 기후 때문에 식물이 왜소하게 자라는 경향이 있다"고 설명했다. 1891년 일본을 여행한 건축가 알베르 티상디에는 가지치기로 다듬어지며 발생하는 식물의 왜소화는 교배하고 선별하는 유럽적 방식이 아니며 중국풍 정원과 구분되어야 한다고 말했다.

　오늘날 일본에서는 분재를 방 한가운데 위치한 탁자 위에 두거나 선반 위에 줄지어 놓기도 한다. 또 도코노마처럼 구석진 곳에 두기도 하고 정원 한편에 두기도 한다. 집 앞과 길거리에 분재를 두어 도시 속에서 녹음을 느끼게도 하는데, 대단해 보이지는 않지만 배경 속에 자연스럽게 녹아 있는 모습이다. 분재가 서양에서도 변함없는 사랑을 받는 비결이 바로 여기에 있다. 분재에 관한 간행물과 기사뿐만 아니라 열성적인 정원사와 원예업자들의 블로그가 얼마나 많은지 셀 수 없을 정도다. 섬세한 기술과 미니어처의 매력, 아름다운 결과물, 이국적인 풍취. 분재에서 느껴지는 이 모든 요소는 언제나 매력적이다.

플립플롭

2003년 아카데미 후보들은 하바이아나스 로고가 화려하게 박혀 오스카 트로피 모양으로 포장된 플립플롭 한 켤레를 선물로 받았다. 가장 프롤레타리아적이고 평범한 샌들이 가장 화려하고 호사스러운 환상의 세계에 입성한 셈이다. 이 사건은 20세기 중반에 시작해 세계화를 상징하는 물건이 된 플립플롭의 역사에 한 획을 그었다.

　엄지발가락과 검지발가락 사이에 고정된 Y자 끈으로 밑창을 고정하는 게 가장 기본적이고 흔한 샌들의 형태다. 다양한 소재로 쉽게 만들 수 있는 이 샌들은 세계 각지에서 다양한 이름으로 불린다. 스페인어권에서는 특별한 이름 없이 'sandálias(샌들)'이나 'chancletas(슬리퍼)'라 불리며 포르투갈어권에서도 별다른 명칭 없이 'chinelos(슬리퍼)'라고 한다. 호주에서는 '끈'이라는 뜻에서 'thongs'라고 부르는데, 이는 프랑스어 'tongs'가 변형된 단어다. 하와이에서는 크레올어식 발음으로 'rubbah slippah(고무 슬리퍼)라고 부른다. 미국과 영국에서는 이 신발을 신고 걸을 때 나는 소리 때문에 '플립플롭flip-flop'이라 부른다.

플립플롭의 시초에 대한 설은 워낙 다양하지만 공통적으로 볏짚과 골풀로 만든 일본의 조리를 지목한다. 일본의 조리는 제2차 세계대전 때 태평양 지역으로 퍼졌다. 세계대전 때문에 물자가 부족해진 하와이에서는 섬유 회사 스콧이 그때까지 주요 생산 품목이던 작업화를 포기하고 일본에서 수입해오던 뮬과 샌들에 주력했다. 샌들은 작업화에 비해 소재가 덜 들어가기 때문이다. '스콧 슬리퍼'나 '스코티'라 불리던 플립플롭은 미국 서부를 강타한 서핑 문화의 요소로 자리 잡았다. 뉴질랜드는 일본을 방문한 사업가 모리스 요크가 홍콩에서 수입해온 고무로 조리를 생산하기 시작했고, 1957년 '재패니즈'와 '샌들'을 합쳐 '잰달Jandal'이라는 브랜드를 출시했다. 이후 잰달은 뉴질랜드에서 플립플롭을 부르는 보통명사가 되었을 정도로 큰 성공을 거두었다. 브라질에서도 일본의 영향을 받아 같은 시기에 플립플롭이 등장했다. 커피 플랜테이션 노동자들에게 에스파드리유를 보급하려고 1907년 상파울루에 진출한 섬유 대기업 알파르가타스는 1962년에 흰색 밑창과 어두운 색 끈이 달린 볏짚 무늬의 고무 조리를 내놓았다.

1960년에 미국의 50번째 주로 편입된 하와이의 해변과 서핑은 전 세계적인 유행이 되었다. 1961년 로큰롤의 왕 엘비스 프레슬리는 우쿨렐레를 들고 화려한 색깔의 셔츠와 꽃목걸이를 뽐내며 〈블루 하와이Blue Hawaii〉 활동을 했다. 프랑스 싱어송라이터 보비 라푸앵트는 〈유화la Peinture à l'hawaiile〉를 부르며 '하와이식 그림'의 매력을 노래했다. 1962년 브라질 회사 알파르가타스는 플립플롭 라인에 '하와이'라는 이름을 붙였다. 하바이아나스는 당시 유행하던 보사노바 음악과 함께 리우데자네이루 해변을 따라 형성되던 이국적인 분위기를 풍겼다. 아마 경제성장으로 풍요를 누리며 캘리포니아식 라이프 스타일을 추구하고, 보사노바를 즐겨 듣던 부르주아 계층의 흥미를 끌기 위한 전략이었을 것이다. 하지만 하바이아나스 제품은 서민의 쌈짓돈으로도 살 수 있고 가난한 사람들이 신는 튼튼한 신발이라는 이미지가 더 강했다. 노예들이 세운 국가나 옛날처럼 서민들이 맨발로 다니는 국가에서 슬리퍼는 빈곤의 한 상징일 수밖에 없었다. 열대의 제삼세계에서 하인과 노동자가 신을 수 있는 유일한 신발 또한 플립플롭이었다. 이렇듯 플립플롭은 전 세계에 사회적 불평등을 구체적으로 드러냈다. 플립플롭이 세계적인 성공을 거둔 건 경제성장과 더불어 1960~1970년대 선진국의 휴가 문화가 대중화되었기 때문이다.

세계화가 가속되면서 대부분의 고무가 플라스틱으로 대체된 덕에 플립플롭의 생산과 유통이 수월해졌다. 한 영국 사회학자가 원자재부터 시작해 쓰레기 처리장으로 가기까지 플립플롭의 발자취를 추적했는데, 이 작업은 세계화가 각국 지역사회에 끼치는 영향을 보여주었다. 플립플롭의 흔적은 먼저 플라스틱 섬유 화학 산업에 필요한 석유를 제공하는 쿠웨이트에서 시작해 폴리에틸렌과 에틸렌비닐아세테이트 알갱이가 나오는 한국으로

간다. 그다음에는 중국 푸저우에서 샌들로 만들어지고 여기서 생산된 신발은 전 세계로 뻗어나간다. 마지막으로 수만 켤레의 중국산 플립플롭은 아프리카에서 가장 큰 시장인 에티오피아의 아디스아바바로 흘러들어 간다. 세계 다른 곳과 마찬가지로 아디스아바바에서도 중국산 제품의 가격은 국내 제품보다 훨씬 저렴하기 때문에 현지 수공업자들은 가격 면에서 경쟁이 되지 않는다.

　　세계화가 시작될 무렵 하바이아나스는 브라질에서 단연 가장 주목받는 브랜드였다. 그러나 1990년대 초부터 시장 점유율을 잃어가더니 구매력이 높은 사회계층을 공략하기 시작했고, 이들을 위해 하바이아나스 톱 라인을 만들었다. 다양한 색상을 겸비한 수십 종류의 제품 라인은 상품 진열대에서 아주 잘 보이는 자리를 차지했고 이후 프랜차이즈 매장에서 판매되었다. 하바이아나스 톱 제품의 가격은 하늘 높은 줄 모르고 치솟아 기존 제품보다 세 배 이상이나 비쌌다. 유명인들이 어떤 상황에도 구애받지 않고 휘황찬란한 장소에서 플립플롭을 신고 다니는 모습을 언론에 비춘 홍보 전략은 대성공을 거두었고, 하바이아나스는 부유층 소비자들의 마음을 사로잡았다. 그렇게 하바이아나스는 일상생활에서나 여가 생활에서나 브라질 전 국민이 신는 신발이 되었다. 하와이 플립플롭을 국가적 문화재로 마케팅했고, 심지어 1998년 월드컵 때는 브라질 국기를 새긴 스페셜 에디션을 출시했다. 하바이아나스의 국유화는 선진국을 매료하는 전략들과 함께 진행되었다. 2000년대 초 브라질이 외국에 긍정적인 이미지로 비춰지면서부터는 뉴욕, 파리, 밀라노까지 입성하는 데도 성공한다. 그렇게 하바이아나스는 유명 스타들이 신는 신발로서 세계적인 명성을 얻었고, 열대우림과 해변과 현대적인 삶을 새로 떠오르는 힘과 연결시킨 소프트 파워의 정점 중 하나가 되었다. 이파네마, 아마조나스 같은 동종업계의 다른 브라질 기업들도 태양과 바다라는 브라질의 정체성을 더욱 강조하며 이 기회를 활용했다. 하바이아나스는 플라스틱 밑창을 활용한 럭셔리 전략으로 세계화의 한 단계, 즉 중산층 공략과 브랜딩의 승리, 남반구 출신으로서 새로운 국제 주역의 도래를 보여주었다.

한때 플라스틱의 상징이던 플립플롭은 환경과 기후에 대한 우려가 커지면서 변화를 시도하고 있다. 재활용을 실천하고 생산 설비를 다시 본국으로 들여왔으며 자선사업에도 뛰어들었다. 2011년 로스앤젤레스에 설립한 칩코스는 지구를 구하기 위해 한 켤레에 2300만 원이 넘는 세계에서 가장 비싼 플립플롭을 출시했다. 칩코스는 이 플립플롭이 한 켤레씩 팔릴 때마다 환경 보존을 위해 코스타리카의 열대우림을 1만 제곱미터씩 매입하겠다고 약속했다(참고로 칩코스라는 사명은 1970년대 인도의 환경 운동에서 따왔다). 과연 이건 지속 가능을 위한 노선 변경일까, 중산층 고객을 겨냥하기 위한 일시적인 마케팅일까?

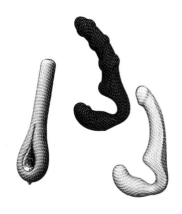

성인 용품

1983년 일본의 바이브라텍스는 이중으로 자극을 주는 여성용 성인 용품 '래빗'을 출시했다. 래빗은 1998년 미국 드라마 〈섹스 앤 더 시티〉에 등장해 전 세계적으로 유명해졌다. 성인 용품의 역사는 세계적인 이야기다. 동남아시아 사람들이 만든 죽부인을 보고 영감을 받은 유럽 선원들은 여행용 부인이라 불리던 누더기로 만든 섹스 돌을 가지고 다녔다. 네덜란드와 식민지를 놓고 경쟁하던 영국인들은 이 섹스 돌에 '네덜란드 부인'이라는 이름을 붙였고, 오늘날 일본에서는 섹스 돌이 여전히 같은 이름으로 팔리고 있다.

시간이 지나며 성인 용품도 많이 변화했는데, 이를 그린 작품들이 현재까지 제법 남아 있다. 일본 에도시대 춘화에는 나무, 금속, 뿔 모양 딜도부터 음경이 두 개 달린 딜도, 세트 구성 용품까지 수없이 많은 성인 용품이 등장한다. 18세기 프랑스 작가 오노레 가브리엘 리케티 드 미라보는 『걷어진 커튼 또는 로르의 교육Le rideau levé ou l'éducation de Laure』(1786)에서 유사 사정 장치가 달린 은으로 만든 고급 딜도를 묘사했으며, 19세기 말 파리에서 은밀하게 유통되던 포르노 문학작품에서는 석고를 대체한 고무가 묘사되어 있다. 제2제정 치하에서는 경찰이 석고로 만든 자위 도구를 압수하기도 했다. 1840년대에 고무 가황법이 발견된 이후로 고무는 성 관련 산업에서 큰 인기를 끌었다. 1860년에 설립된 파리의 코르셋 판매점 클라브리는 콘돔뿐만 아니라 다양한 성인 용품을 판매하기 시작했고, '마다가스카르 손가락 콘돔' 같은 일부 상품은 이국적인 판타지를 불러일으켰다. 벨 에포크 시대 여행용 부인은 '고무로 만든 이브'라는 시적인 이름으로 다시 태어났다. 보따리장수들은 1900년에 개최된 파리 만국박람회를 이용해 외국 관람객들을 대상으로 고무로 만든 이브를 수천 프랑의 값에 팔았다. 하지만 이브를 향한 열광은 파리에서만 일어난 게 아니었다. 독일 정신과 의사 이반 블로크는 『우리 시대의 성생활Das Sexualleben unserer Zeit』(1907)에서 섹스 돌이 체액까지 재현할 수 있다고 주장했다.

의료 산업도 고무라는 신소재를 놓칠 리 없었다. 19세기 말 의료 용품 카탈로그 중 직장 확장기(치질과 변비를 포함한 여러 질병을 고쳐준다고 생각했다)와 질 확장기(특히 질 경련 치료에 사용했다)를 찾아볼 수 있는데, 이게 현재의 애널 플러그와 딜도를 떠올리게 하는 것까지는 아니지만 얼마든지 다른 용도로 사용할 수 있었을 것이다. 19세기에는 자위행위를 규탄하는 논문이 많아졌는데, 의사들은 여성 환자의 경우 당근, 양초, 바늘 상자를, 남성 환자들의 경우 촛대, 구리 반지 등을 창의적으로 이용하는 것에 대경실색했다. 어떤 물건도 성인 용품으로 둔갑할 수 있었던 것이다.

성인 용품 시장에 아주 중요한 역할을 한 또 다른 기술 혁신은 바로 전기다. 의사 조제프 모티머 그랜빌은 1883년에 전기로 작동하는 첫 바이브레이터에 대한 특허를 냈다. 의료 마사지를 더 편안하게 해주는 용도라고 소개되었고 이후 미국 의료 및 미용 산업은 바이브레이터 제품을 빠르게 내놓으며 주름 감소, 피부 회복, 고통 완화 같은 온갖 종류의 장점을 가져다 붙였다. 20세기 초에는 대중적인 제품이 등장했다. 시카고에서 의사 제럴드 마카우라가 '펄소콘'이라는 바이브레이터를 유럽에 수출했고, 1910년대 주요 일간지의 네 번째 면에 펄소콘이 실리기도 했다. 광고에는 성인 용품이라는 어떠한 암시도 없었지만 역사학자 레이철 메인스는 이 바이브레이터를 류머티즘 치료용으로만 썼을 리는 만무하다고 했다. 게다가 제품 대부분은 음경 모양 딜도와 함께 판매되었다.

1960년대까지는 성인 용품에 의료용이라는 체면상 겉치레가 필요했지만 점차 성을 둘러싼 검열은 조금씩 느슨해졌다. 가령 마르셰 매뉴팩처링은 성적으로 장애가 있는 사람들이 정상적인 성생활을 할 수 있도록 해주는 부부 생활의 보조 도구라며 플라스티졸로 만든 인공 음경과 질을 소개했다. 국가별 차이는 있긴 했지만 1962년 베아테 우제 로테르문트가 독일에 처음으로 성인 용품 매장을 연 이래로 세계 곳곳에서 성인 용품점의 수가 증가했다. 최초의 독일 성인 용품점은 커플 전용으로 여성이 매장을 연 반면 프랑스, 영국, 미국에서는 남성을 위한 성인 용품점이 생겨났다. 이 중에는 1971년 뉴욕에서 개장한 '플레저 체스트'처럼 게이 성인 용품점도 있었다.

미국의 페미니스트들은 페미니즘이 가야할 길 중 하나가 여성의 성 해방이라 주장하며 성인 용품에 관심을 보였다. 이들은 삽입 성교 중심적인 사고방식을 거부하며 딜도보다 일본 히타치에서 만들어 마사지 기계로 판매한 '매직 원드'처럼 클리토리스를 자극하는 바이브레이터의 사용을 권장했다. 델 윌리엄스는 1974년 뉴욕에 '이브의 정원'이라는 이름의 여성 전용 성인 용품점을 열고 바이브레이터를 우편으로 판매했다. 3년 후 조아니 블랭크는 샌프란시스코에 '굿 바이브레이션'이라는 매장을 열었다.

시간이 지나면서 성인 용품점을 남성 전용으로 운영하는 게 시장의 많은 부분을 포기하는 것과 같다는 걸 깨달은 업체들은 전략을 재검토했다. 미국의 유통업자 루번 스터먼은 1970년대 중반 여성과 남성 모두 사용할 수 있는 성인 용품 브랜드인 '닥터 존슨'을 만들었고, 스터먼의 경쟁 업체였던 유나이티드 세일즈는 여성 고객을 유인하기 위해 벤와볼(성욕을 자극하는 액세서리에서 착안한 일본의 게이샤 구슬) 제품을 판매하는 것으로 응수했다. 1970년대 말에 시작해 오늘날까지 지속되고 있는 가정 방문판매도 성인 용품에서 비롯된 유통 방식이다. 미국에서 성인 용품을 구매한 1960년의 여성 비율은 3퍼센트에서 현재 60퍼센트까지 증가했다.

기술적 혁신도 계속되었다. 1980년대에 출현한 라텍스는 빠르게 실리콘을 대체했다. 인터넷의 발전으로 시장이 급격히 변화하며 공급망이 확대되었고 더욱 익명성을 보장받으며 구매할 수 있었다. 한편 성인 용품 시장을 지배하는 나라가 중국으로 바뀌면서부터는(연간 수익 28조 원 이상으로 추정된다) 기존 생산 질서가 뒤엎어졌다. 윤리와 환경 문제 같은 걱정거리도 나타나자 스웨덴 브랜드 '렐로'는 프탈레이트가 첨가되지 않은 제품을 선보였다. 프랑스의 랜드마크를 본뜬 '에펠탑이 미쳤어요La Tour est Folle'라는 이름의 딜도는 스스로 백 퍼센트 프랑스산임을 주장한다. 세계를 한 바퀴 돌고 난 성인 용품이 드디어 다시 프랑스로 돌아온 것일까?

카우치

1938년 런던의 메어스필드 가든, 헝가리산 마루에는 커다란 페르시아산 카펫이 깔려 있다. 방 한쪽에는 자연광을 차단하는 오래되고 두꺼운 붉은색 커튼이 위풍당당하게 걸려 있다. 커튼은 꼭 주변의 어둠을 지켜보는 것만 같다. 사실 이 어둠만이 기억을 되살리고 어려운 고백을 하는 데 유리하게 작용할 것이다. 신경학, 심리학, 인류학, 고고학, 문학 등 분야를 막론한 수백 권의 책들은 꽉 채워진 분위기를 연출한다. 크기도 가치도 제각각인 조각상들이 세 줄로 늘어서 있고 책장 위에는 대리석과 청동으로 만든 얼굴 조각상들이 놓여 있다. 중국, 페니키아, 이집트, 그리스 조각상이다. 책상 위에는 20여 개가 넘는 작은 골동품들이 줄지어 늘어서 있고 담배 케이스, 화려하게 장식한 페이퍼 나이프, 상아로 만든 돋보기, 회중시계, 비취 색깔 재떨이, 선사시대 유물

등 온갖 잡다한 물건들이 놓여 있다. 신상神像 중에는 이시스, 호루스, 아테나, 아르테미스, 부처와 비슈누까지 있다. 상아색 벽에는 프로이트의 아내 마르타와 친구였던 마리 보나파르트, 니체와 릴케의 조언자였던 루 안드레아스 살로메의 초상화와 〈오이디푸스와 스핑크스Œdipe et le sphinx〉, 〈닥터 샤르코의 강의La leçon du Dr Charcot〉라는 그림 두 점이 걸려 있다. 그리고 마지막으로 그림 아래이자 방의 정중앙, 무대의 중심에 카우치 소파가 있다. 평범한 장의자가 아닌 명실상부 카우치 중의 카우치다. 바로 지그문트 프로이트의 카우치니까 말이다. 19세기의 끝 무렵에 프로이트가 등장하며 오스트리아 빈에서는 온갖 심리 분석이 솟아오르듯 나타났다.

프로이트 가족은 나치의 박해를 피해 런던의 커다란 벽돌 주택으로 피난을 왔다. 1938년 프로이트는 카우치를 중심으로 물건들을 정리했다. 모든 건 프로이트가 살던 빈의 베르가세 19번지에서와 똑같이 배치되었다. 상담실 중앙의 빅토리아풍 카우치는 프로이트가 정신분석학을 제대로 시작하기 훨씬 전인 1891년에 환자에게 선물로 받은 것으로, 솔직히 말하면 특이할 것이라고는 하나도 없는 의자였다. 당시 빈의 진료실에서 많이 찾아볼 수 있던 팔걸이 없는 평범한 긴 소파였고, 프로이트는 카슈카이족 카펫으로 카우치를 덮은 뒤 그 위에 벨벳 쿠션을 올려두었을 뿐이다. 하지만 늑대 인간으로 알려진 세르게이 판케예프, 프로이트의 저서를 통해 '도라'로 알려진 아이다 바우어, 쥐인간으로 알려진 에른스트 란저가 바로 이 카우치 위에 누웠다. 이들은 역사상 가장 유명한 정신분석 내담자다. 이들 덕분에 프로이트는 전이신경증(공포증, 히스테리, 강박증)을 발견했다. 왜 카우치였을까? 최면 치료를 한 지 10년 후인 1896년, 프로이트는 암시요법을 그만두었다. 환자가 자유연상을 하고 분석가는 조용히 열려 있는 자세로 경청하는 새로운 치료 요법을 고안해냈기 때문이다. 아마 프로이트가 내담자를 몇 시간 동안이나 정면에서 바라보아야 하는 걸 싫어했다는 사실도 이유로 작용했을 것이다. 치료는 카우치와 안락의자로 나뉘어 진행되었다. 여기까지가 어떻게 카우치가 심리 분석의 동의어가 되었는지에 대한 간략한 설명이다.

　카우치(프랑스어로 'divan')라는 단어가 지금처럼 '등받이와 팔걸이가 없는 의자'라는 뜻을 가지게 된 건 불과 1742년부터였다. 16세기 초까지 'divan'은 오스만제국의 알현일을 의미했고, 그 후에는 자문 회의를 지칭했으며 18세기 중반에는 내각을 의미하는 말이었다. 대재상이 주재하는 어전회의는 보통 쿠션과 소파로 채워진 궁전 내부의 회의실에서 열렸다. 아랍어에서도 'diwan'이 가진 수많은 뜻 중 하나는 궁전의 알현실이다. 경우에 따라 큰 행사와 호화로운 축제일에 왕자가 군중에게 자신의 세련됨을 뽐내는 회의실, 접견실을 의미하기도 했다. 말리크 셰벨은 다음과 같이 썼다. "자문 회의실과 인접하고 화려하게 장식된 한 커다란 공간을 말했다. 그중에서는 가끔 아치형 통로로 뚫린 벽이나 병풍을 두어 공간을 구분하기도 했다. 'diwan'은 자문 회의가 열리는 곳, 술탄의 궁전인 정치적 공간과 하렘이라 불리는 사적 공간 사이의 중간에 위치했다. 여기는 공간이 양쪽으로 나누어져 입구가 두 개이거나 그 이상이었고 공간의 기능도 다양했다." 'diwan'은 쿠션이 놓인 소파가 있는 동양의 세련된 저택처럼 앉거나 누울 수 있는 공간으로 변해갔으며 소파 위에는 서아시아산 양탄자나 페르시아산 카펫을 덮었다.

하지만 'diwan'이라는 단어에는 전혀 다른 뜻도 있다. 페르시아, 아랍, 오스만, 우르두 문학에서 'diwan'은 서정 시집을 의미한다. 서양에서 이런 전통을 잊지 않을 수 있던 건 괴테 덕분이다(프로이트의 책장에는 괴테의 작품이 127권이나 있었다고 한다!). 괴테가 자신이 1819년부터 발표한 열두 권의 서정시를 모은 시집이자 페르시아 시인 하피즈가 수피교를 주제로 쓴 시에서 영감을 받은 『서동 시집』으로 독일에서 동양에 인사를 건네자, 100년 뒤 파키스탄의 무함마드 이크발이 여기에 응답하기도 했다.

'divan'이 주로 긴 의자를 지칭하게 된 건 19세기로 접어들던 때였다. 이 시기 서양에서는 동양풍이 빠르게 확산되는 추세였다. 카우치가 인기를 끈 건 에드워드 사이드의 말처럼 아마 상상의 나래를 펼쳐 "동양에서 둥둥 떠다니는 신화"에 빠지기 쉬웠기 때문일 것이다. 카우치는 관능적이고 매력적인 동양의 천국을 구현한 사물로 여겨졌다. 강렬한 색감과 자수, 고급스러운 향기가 그런 감각을 불러일으킨 것이다. 서양인들은 베일에 가린 관능적인 여성, 신비로운 하렘이 주는 동양적 이미지에 매혹을 느꼈다.

18세기 중후반부터는 유럽에서 편안함과 안락함에 대한 욕망이 커지면서 카우치의 인기가 높아졌고 19세기 동안 점점 더 자리를 잡아갔다. 셰즈 롱그(다리를 올려서 누울 수 있는 긴 의자―옮긴이), 뒤세스(다리를 올려놓을 수 있는 일종의 안락의자―옮긴이), 흔들의자 등 피로를 풀고 편안하게 누워 휴식하기 좋은 가구를 들이기 위해 일반 가정에서도 기존의 소파나 의자를 치워버렸을 정도였다. 에두아르 마네의 〈카우치 위의 베르트 모리조Berthe Morisot sur un divan〉(1872), 베르트 모리조의 〈카우치의 소녀Jeune fille au divan〉(1893), 앙리 마티스의 〈카나페나 카우치의 여자들Femmes au canapé ou le divan〉(1921) 등 당시 많은 회화에 카우치가 등장한 걸 보면 느리지만 확실히 실내 가구 범위에 들어왔다는 사실을 명확히 알 수 있다.

복잡한 문화적 의미가 있는 물건이자 동양에 대한 서양의 환상이 담긴 카우치는 어찌 되었든 점차 새로운 공간을 상징하게 되었다. 카우치에서는 자기 안의 육체적이고 관능적인 면을 내려놓을 때 발견할 수 있는 마음의 소리를 경청할 수 있을 뿐만 아니라 가장 깊숙이 숨겨진 비밀들을 드러내기도 쉽다.

피아노

뉴욕 메트로폴리탄미술관은 1720년에 제작된 '세계에서 가장 오래된 피아노'를 전시하고 있다. 사이프러스 나무, 회양목, 소나무, 구리로 만든 이 오래된 피아노는 누가 봐도 굉장히 서구적인 물건이다.

　　이탈리아 피렌체, 메디치 가문의 안뜰에서 제작되어 뉴욕에 전시 중인 이 피아노를 보면 음악사가 어떻게 진전해왔는지 알 수 있다. 피아노에는 현을 치는 작은 해머가 있어서 하프시코드보다 훨씬 정교하게 포르테(강하게)나 피아노(약하게)로 소리를 조절할 수 있다(피아노라는 악기의 명칭이 여기서 유래했다). 하이든, 모차르트, 베토벤 같은 위대한 작곡가들이 출현함과 동시에 피아노는 같은 건반악기인 하프시코드를 제치는 변화를 일으키며 굉장한 성공을 이루었다. 이들은 오늘날 '클래식'이라 규정된

조예 깊은 음악을 구현했다. 고대를 재발견한 르네상스 시대를 대표하는 도시에서 탄생한 피아노는 동시대에 등장한 시대 통념과도 결합했다.

금속 틀, 강철 현, 페달로 이루어진 피아노는 음역이 넓은 악기다. 19세기 말부터 연주 기법이 완성되면서 오늘날 우리가 아는 피아노가 되었다. 연주하는 것과 더불어 거장들의 연주곡을 듣는 기쁨은 섬세하고 세련된 취향의 증거였다. 제2차 세계대전 이후 예술가들은 작품에 나치 아마추어 피아노 연주자라는 인물을 등장시켜 문명이라는 개념을 둘러싼 불안을 표현하곤 했다. 문명이라는 개념이 인류 발전의 동의어라고 주장하기 어려워진 것이다.

한편 피아노의 역사는 유럽이 세계를 점령한 역사이기도 하다. 피렌체에서 피아노가 만들어지고 독일, 오스트리아, 영국, 프랑스에서도 피아노 제작자들이 등장했다. 1800년경 에라르나 브로드우드 같은 유명한 제작자들은 직접 판매로 운영되는 소규모 형태의 기업에서 연간 400대씩 피아노를 만들었다. 그럼에도 피아노의 전체 생산량은 연간 2000대를 넘지 않다가 1850년에 들어서자 전체 생산량이 5만 대로 증가했고, 1900년에는 50만 대가 되었다. 주요 제작사는 독일과 미국에 있었다(뉴욕의 피아노 제작사 스타인웨이의 창업자는 슈타인베크라는 이름의 독일 이민자였다). 규모가 커진 기업들은 대량생산한 악기를 백화점에서 판매했고 광고부터 할부 판매까지 새로운 판매 기법은 죄다 사용했다.

유럽에서 멀리 떨어진 곳에서도 피아노를 찾아볼 수 있었다. 1845년 한 프랑스 의사는 튀니스의 바르도 궁에서 피아노를 보고 깜짝 놀랐다는 소감을 남겼다. 2년 후, 타히티에서 오스트리아인 아이다 파이퍼는 포마레 여왕 앞에서 피아노를 연주했다고 한다(이 장면이 그려진 1880년 그림이 있다). 1893년 북극으로 떠난 프리드쇼프 난센 탐험대는 프람호에 피아노 한 대를 실었고, 1911년 로알 아문센도 남극으로 떠날 때 배에 자기 피아노를 설치하도록 했다. 남아프리카, 호주, 뉴질랜드, 아메리카 대륙으로 이민을 가는 유럽인들은 피아노를 가지고 갔다. 이렇게 이민 간 유럽인들은 미국의 서부 개척 시대를 빛냈다. 일본에서는 1900년에 야마하 도라쿠스가 최초로 피아노를 제작했다. 야마하는 오늘날 한국 제조사와 더불어 세계에서 가장 막강한 피아노 제조사인데, 최근에는 중국 제조사와 경쟁하는 추세인 듯하다.

피아노의 역사는 음악의 역사이자 유럽의 세계 정복사이며, 결국은 사회 격변의 역사다. 그 격변을 먼저 겪은 건 유럽 사회였다. 귀족적인 하프시코드에 대항해 19세기 피아노가 거둔 성공은 사실 부르주아의 성공과 같은 말이었다. 피아노를 소유하고 있다는 사실만으로도 부르주아라는 새로운 계층에 속함을 의미했기 때문이다. 사실 피아노의 존재 자체가 음악과 그다지 큰 연관성이 있던 건 아니었다. 귀스타브 플로베르는 『통상 관념 사전』에서 "피아노: 거실의 필수품"이라는 표현을 썼다. 피아노를 집에 들여놓았다는 건 성공의 다른 말과도 같았다. 이런 과시는 부를 획득해 의기양양해진 부르주아 계층이 귀족스러운 행동을 받아들이게 만들었다. 초기 피아노는 우아함, 순수, 광채 같은 특성을 내포하고 있어 너무 귀족적이었지만 이후 보다 부르주아적인 덕목(견고함, 섬세한 강약의 차이, 힘)의 선호에 따라 발전했다.

　　피아노를 둘러싸고 연령과 성별을 불문한 소규모 인원이 모이기도 했는데, 이는 부르주아적인 가치로 여겨지는 '가족'을 구현한 것이었다. 그렇지만 정작 가정에서 피아노는 여자들의 몫이었다. 당시 유럽에서는 지나친 조신함을 덕목이라 여겼는데, 이 태도 때문에 저속하다 평가받는 바이올린과 첼로보다 피아노가 선호되는 경향이 있었다. 여성의 피아노 연주는 사람들 앞에서 자신이 얼마나 교육을 잘 받았는지 보여줄 수 있는 기회였다. 조심스러운 열정의 배출구였던 피아노는 자기 성찰의 기회도 제공했다. 프랑스 시인 쥘 라포르그는 "쇼팽을 연주하면 자신을 낱낱이 들여다보게 된다"고 했다.

　　시간이 흐르자 부르주아적 면모가 더 넓은 사회 분야로 점점 확대되었다. 피아노 가격은 1850년 영국 교수의 12개월치 월급이었다가, 50년 후에는 3개월치 월급이 되었다. 피아노 연주도 대중화되었다. 새로운 추종자들의 재정 형편에 맞추어 크기와 모양이 결정되었고(서민 계층은 '어깨에 메는 피아노'인 아코디언을 연주했다), 작곡가들이 애호가들을 위해 가족이나 친구와 함께 연주하며 즐길 수 있는 쉬운 곡들을 만들었기에 악기에 대한 수요도 유지되었다. 19세기 말부터는 공연장과 콘서트 카페에 피아노가 보급되었고, 20세기에 들어서는 미국에서 래그타임(미국에서 1880년대부터 유행한 음악의 한 장르로, 재즈의 전신으로 본다 — 옮긴이)과 재즈가 유행하며 유럽에서 피아노를 쓰던 방식과 다른 방식으로 피아노를 활용했다. 1980년대부터는 디지털 피아노가 기존 피아노의 혁신을 이어갔다. 시간이 더 흐른 뒤에는 전 세계에서 자기만의 방식대로 피아노를 연주하는 사람들이 늘어났고, 오늘날 우리는 더 이상 피아노 없는 라운지 바를 상상하기 어려워졌다.

그렇지만 뉴욕 메트로폴리탄미술관에 전시된 피아노를 가만히 바라보면 다른 생각이 든다. 19세기 초부터 피아노의 검은 건반은 흑단으로, 흰 건반은 상아로 만들었다. 그렇다면 피아노가 제일 발전하던 시기는 어땠을까? 아마 피아노 재료를 구하기 위해 군사 작전이 펼쳐졌다는 걸 유추할 수 있을 것이다. 아프리카 초원의 코끼리 상아는 아시아코끼리나 아프리카 숲에 사는 코끼리 상아보다 상태가 좋았고 가공하기도 더 쉬웠다. 이로 인해 아프리카 초원에서 수백만 마리의 코끼리가 희생되었다는 사실을 아는 사람은 얼마나 될까? 물론 피아노만 문제였던 건 아니다. 당구공이나 상아로 만든 칼자루, 장신구 같은 물건에도 마찬가지로 상아가 쓰였기 때문이다.

뿐만 아니라 많은 상아를 얻으려고 사냥꾼의 수를 늘린 사실도 생각해보아야 한다. 유럽식 총기를 든 직업 사냥꾼들은 점점 더 먼 곳까지 내달리며 노예무역을 위한 약탈과 납치를 일삼았다. 노예무역의 경로는 상아의 이동 경로와 일치한다. 결국 코끼리가 점차 사라져감과 동시에 현지 정권이 붕괴되었고 19세기 말 식민지 기업은 더 쉽게 성공할 수 있었다. 이처럼 음악사를 살필 때는 유럽에서 시작한 음악이 예술적으로 어떻게 변모했는지 이해하는 것뿐만 아니라, 이를 둘러싼 다른 사실도 알고 기억해야 한다.

콘솔 게임기

비디오 게임의 역사에서 1983년은 신기한 사건이 있었던 해다. 게임 회사 아타리가 롬 카트리지 수천 개를 미국 뉴멕시코주의 사막에 묻어버린 것이다. 1972년 〈퐁〉을 출시한 이래로 아타리는 신흥 비디오 시장을 거의 독점하다시피 해왔다. 하지만 일련의 불확실한 전략, 게임 같지도 않은 게임들의 과잉생산 중에도 무턱대고 성장세만 믿었던 아타리는 결국 1983년 갑자기 무너져 내렸다. 비디오 게임 업계를 주도하며 한 시대를 풍미하던 아타리는 팔리지 않는 게임기 수천 대를 앨라모고도 사막에 묻어버리면서 파산 위기 직전까지 몰렸다.

갑작스럽게 아타리가 몰락하던 당시 일본에서는 새로운 플레이어가 부상하고 있었다. 처음에 일본은 미국 경쟁사 제품을 카피한 게임을 출시하다가 1978년부터 타이토의 〈스페이스 인베이더〉 같은 성공적인 게임을 만들어냈다. 원래 주크박스와 핀볼 게임을 생산하던 세가도 일본 게임 시장의 중심에 있었다. 이후 세가가 발매한 〈소닉〉 시리즈는 오히려 일본보다 외국에서 더 잘나갔다. 메이지 시대에 화투를 만들던 회사 닌텐도는 1983년 콘솔 게임기 '패미컴'을 출시했다. 아타리를 뛰어넘는 혁신으로 성장 가도를 달리던 닌텐도는 일본에서 가정용 게임으로 엄청난 성공을 거두었다. 패미컴은 1985년부터는 미국에서, 1987년부터는 유럽에서 NES(Nintendo Entertainment System)라는 이름으로 판매되었으며 친근한 캐릭터로 누구나 쉽게 할 수 있는 〈슈퍼마리오〉로 성공을 거두었다. 일본 기업들은 아타리의 몰락 이후 무주공산이 된 시장에 뛰어들어 빠르게 해외시장을 장악해갔다. 닌텐도와 일본 기업들이 콘솔 게임 시장을 독식했고, 비디오 게임은 일본이 지배하는 대중문화 시장이 되었다.

콘솔 게임과 일본 비디오 게임을 받아들이는 입장은 두 가지로 나뉘었다. 게임을 하지 않는 사람들은 대개 좋지 않은 시선으로 바라본 반면 청소년 사이에서는 일본 기업들도 당황했을 정도로 마니아들이 생겨났는데, 이는 일본 게임 회사들 간의 경쟁이 정점에 달하면서 심해졌다. 세가의 메가 드라이브와 닌텐도의 슈퍼 패미컴은 게임계의 양대 산맥을 이루며 콘솔 게임 전쟁을 진두지휘했다.

일본 콘솔 게임의 황금기는 1990년대 중반까지 지속되었지만 진정한 의미의 세계시장이 출현하면서 시장이 재편되었다. 바로 1994년에 소니가 출시한 플레이 스테이션 때문이다. 소니는 국제적인 방식으로 기업을 운영해나감과 동시에 생산의 모든 분야를 세계화하려 했다. 마이크로소프트에서 2001년에 엑스박스를 발매하며 미국 기업이 콘솔 게임 시장에 돌아오기는 했지만, 콘솔 생산을 국제화해 폭스콘 선전 공장 등이 있는 아시아 태평양 지역으로 공장을 이전했다.

일본 콘솔 게임에 대응해보려 했던 영국 암스트라드의 실패가 보여주듯 유럽은 콘솔 시장에 자리를 잡는 데 성공하지 못했지만, 프랑스의 유비소프트처럼 게임 개발 스튜디오는 있었다. 핀란드 개발사인 로비오 같은 세컨티어 스튜디오들도 2000년대 전 세계 곳곳에서 성행했지만 미국(블리자드, EA)과 일본(닌텐도)이 주요 플레이어라는 사실은 여전히 굳건했다.

게임 유저들은 계속해서 글로벌해졌고 고객층도 확장되었다. 콘솔 게임 시장은 북미, 유럽, 일본 같은 메이저 고객층을 넘어 중동과 중국 시장까지 곁눈질했다. 1980년대 일본 게임 업체의 제2의 판로였던 한국도 공고한 게임 문화가 자리 잡으며 수많은 e스포츠 대회에서 우승을 독차지했다. 컴퓨터 게임에서 시작해 재빨리 콘솔 게임에도 등장한 온라인 게임 역시 세계적 열풍을 불러일으켰다.

그렇지만 이런 활력에도 한계가 있었다. 비디오게임 문화는 시장의 세계화와 밀접한 상태에서 부상했기 때문이다. 가령 일본 스튜디오는 개발 초창기부터 수출하고자 하는 게임을 골라 타깃 고객층의 취향에 맞춰 게임을 각색했다. 연애 시뮬레이션 게임처럼 일본의 색깔이 너무 강하게 녹아 있다고 판단한 일부 게임은 수출하지 않고 국내에서만 판매했다. 다른 이유는 게임 기기의 선호도가 변했다는 것이었다. 전 세계의 일반 유저들은 콘솔을 선호하는 추세였기에 그때까지만 해도 컴퓨터 게임은 게임광들의 영역이었다. 일본은 현재 서양에서는 사라진 아케이드 게임 문화를 보존하기도 했다.

선진국에서 처음 등장한 비디오게임은 이제 세계의 주변부에 남아 있다. 이 주변부 중 일부는 궁지에 몰린 생산 문제에서 벗어날 법을 궁리하다가 세계 주요 게임 스튜디오의 자회사들이 1990년대 말부터 폴란드와 체코 등 동유럽에 몰린 걸 확인한 뒤 그곳에서 재빨리 현지 생산을 시작했다. 하지만 한편으로 주변부는 클래식 게임의 장소이기도 하다. 세가의 콘솔 게임이 경쟁에 밀려 지분을 잃은 뒤에도 브라질에서는 인기가 계속되었다. 세가는 1997년 콘솔 생산을 중단했지만 메가 드라이브는 브라질에서 계속 업데이트되어 판매 중이다. 사하라 이남 아프리카에서는 최신 콘솔 가격이 터무니없이 높아 오락실에 모여 게임을 하는 실정이다.

콘솔 게임기는 세계적인 물건일까? 언뜻 보면 콘솔 게임은 다른 세계화된 전자 기기와 똑같은 길을 걷는 것처럼, 모두가 같은 오락을 하는 것처럼 보인다. 하지만 어떤 게임을 하는지, 그리고 그 게임을 실제로 어떻게 하는지는 지역에 따라 미묘한 차이가 있다. 게임 유저들은 세계 어디서나 같은 게임기의 버튼을 누르지만 각자 게임을 통해 하는 경험은 자신의 고유한 문화 기반에 따라 상당히 다를 것이다.

밴조

1780년대에 존 로즈가 그린 것으로 알려진 〈옛 플랜테이션The Old Plantation〉은 미국 어느 플랜테이션에서 명절을 쇠는 풍경을 그린 수채화다. 이 그림은 미국이라는 신생 독립국이 어떻게 수많은 아프리카인과 그 후손을 노예로 삼아 부를 쌓았는지 보여준다. 작품 속의 한 인물은 손에 밴조를 들고 있다. 그로부터 200여 년 뒤에는 두 인물이 같은 코드를 번갈아 연주하는 밴조 듀엣 장면 덕분에 〈서바이벌 게임Delivrance〉(1972)이라는 영화가 유명해졌다. 이렇듯 밴조는 미국 남부 흑인과 아주 밀접하게 연관된 악기 같지만 처음 탄생한 곳은 미국 땅이 아니다.

밴조의 선조 격인 아콘팅은 서아프리카의 대서양 연안 지대에서 유래한 것으로 추정된다. 오늘날 이 현악기는 감비아, 기니비사우, 세네갈에서 볼 수 있고 서아프리카 전 지역에서 비슷하게 생긴 다른 악기들도 찾을 수 있다. 아콘팅의 흔적을 찾아가는 일은 쉽지 않다. 아프리카든 아랍이든 유럽이든 음악, 노래, 연극에 대한 저술 사료는 있지만 악기 소리 녹음은 20세기에 들어서야 가능했기에 아콘팅의 역사를 찾으려면 구전 사료에 의지해야 한다.

이 구전 사료의 발상지는 디올라족이 사는 카자망스(세네갈 남부 지역. 감비아와 기니비사우 사이에 있다 — 옮긴이)의 칸잔카 마을이다. 정확히 언제 처음 만들어졌는지는 알 수 없지만 16세기 노예무역 시대에는 분명히 존재했다. 아콘팅은 주로 비공식적인 자리에서 연주하는 악기였다. 만뎅그(현재의 말리)에서 그리오(서아프리카의 구전 역사가이자 시인과 음악가를 겸하는 사람 — 옮긴이)가 코라(하프의 일종)를 연주하던 것과 달리, 행사나 의례 때 쓰는 악기는 아니었다.

아콘팅의 제작 방식은 시간이 흘러도 크게 달라지지 않은 것 같다. 아콘팅은 동물 가죽과 표주박, 그리고 이 표주박을 관통하는 목 부분의 목제로 이루어져 있다. 동물 창자(오늘날에는 나일론)로 만든 세 줄의 현은 브릿지 위에 걸었다. 아콘팅과 밴조는 연주 기법이 굉장히 비슷하다. 손가락으로 위아래의 현을 누르는 오테크 또는 프레일링이라는 주법으로 연주하며 둘 다 가장 짧은 현을 연주하는 데 엄지손가락을 쓴다. 이 짧은 현이 부르동(오르간이나 백파이프 같은 악기에서 저음을 연주할 수 있는 관 — 옮긴이) 역할을 한다.

아콘팅과 밴조가 비슷한 건 우연이 아니다. 밴조는 16세기부터 19세기까지 유럽인이 대서양을 건너 자행한 노예무역을 통해 아메리카 대륙에 보급되었다. 유럽인은 아프리카인뿐만 아니라 그들의 문화와 종교적 관습도 실어 날라 다른 대륙에 퍼지게 했다. 북아메리카 대륙에 유입된 초기 아콘팅에 대한 세부 사항은 알 수 없지만 17세기부터 카리브해(예컨대 1690년대 앤틸리스 제도)에 밴조가 등장해 현지화되었다는 사실은 확인 가능하다. 아콘팅은 스페인과 포르투갈이 위치한 이베리아반도의 영향을 받은 카리브해 지역에서 일종의 비올라처럼 변형되었다. 밴조라는 이름은 아마도 포르투갈어 '반자banza'에서 왔을 것이다. 아프리카의 여러 지역에서 온 다른 현악기들도 아콘팅의 변천사에 영향을 주었는데, 이로 인해 특히나 목 부분이 납작해졌다. 이처럼 대서양을 가로지른 노예제도의 유산인 아콘팅이 대륙을 건너오면서 밴조로 바뀐 것이다.

아프리카계 후손들이 미국 전역에서 밴조를 연주했고 그중에서도 남부 플랜테이션에서 널리 연주되었다. 도주한 노예를 찾는 신문광고나 1781년에 토머스 제퍼슨이 쓴 『버지니아주에 관한 기록Note on the State of Virginia』 같은 책을 보면 밴조가 미국 땅에 있는 다른 어떤 악기보다도 흑인과 관련이 깊다는 걸 알 수 있다. 19세기 밴조는 민스트럴 쇼 덕분에 모순된 명성을 얻게 되었다. 백인 배우가 얼굴을 검게 칠하고서 밴조를 연주하는 등 흑인에 대한 고정관념을 퍼트리는 인종차별로 유명한 민스트럴 쇼는 남부 플랜테이션을 넘어 미국 전역에 밴조를 전파하는 데 큰 역할을 했다.

민스트럴 쇼는 어떻게 대중을 사로잡았을까? 노예제 지지자는 노예들이 음악을 연주하면 행복해지니까 밴조를 친다고 생각했고, 노예제 반대자는 노예가 밴조를 연주하는 것이 역경에 맞서는 일종의 저항이라고 생각했다. 그러다 남북전쟁 (1861~1865) 이후 진짜 흑인이 연기하는 민스트럴 쇼가 미국 전역에서 큰 성공을 거두면서 밴조는 대중 공연에서 사용하는 대표적인 악기가 되었다. 민스트럴 쇼에 출연한 흑인 중 많은 이가 제임스 리즈 유럽 같은 초창기 래그타임과 재즈 뮤지션에게 영향을 끼쳤다.

20세기 초 미국 흑인음악은 밴조의 계승자라고 할 수 있다. 하지만 1920년대에는 밴조에 대한 관심이 줄어들었다. 앰프가 등장했기 때문인데, 밴조의 자리를 이어받은 기타는 지금까지도 널리 쓰이고 있다. 그렇지만 밴조의 역사가 여기서 끝난 건 아니다. 이 시기부터는 백인이 밴조를 연주하기 시작했다. 아일랜드나 스코틀랜드 등에서 미국 땅으로 이민 온 백인들은 밴조를 보면서 고국의 소박한 악기를 떠올렸다. 흑인 차별과 억압에 저항하는 표현 수단이었던 밴조는 대중에게 친숙한 컨트리 뮤직의 상징이 되었다. 블루그래스 같은 컨트리풍 음악을 들어보면 밴조의 특징이 잘 살아 있다. 흑인의 악기였던 밴조가 이제 진정성이라는 환상을 좇는 가난한 백인의 악기가 된 셈이다. 그 결과 서아프리카에서 유래되었다는 사실은 새까맣게 잊힌 채 미국 남부 시골의 정체성을 가진 물건으로 둔갑했다. 밴조에 담긴 노예제 역사가 완전히 부정당하고 만 것이다.

20세기 들어 인기를 끈 밴조는 공산품이 되었으나 표준화되지는 않았다. 현의 개수는 네 개에서 여섯 개로 늘어났고 목 부분의 크기가 달라졌으며, 표주박과 동물 가죽은 플라스틱으로 대체되었고 연주 기법도 다양해졌다. 오늘날 밴조는 아콘팅과 마찬가지로 누구나 연주할 수 있는 대중적인 악기다. 지난날의 아콘팅이 음악으로 두 대륙을 연결한 셈이다.

프리메이슨
앞치마

벤저민 프랭클린은 유수의 과학자이자 미국의 대표적인 계몽주의자이며, 파리에서는 누구라도 알 만한 유명 인사였다. 1778년 4월 7일 프랭클린은 영국에 대항하기 위해 미국 의회 특사 자격으로 프랑스 왕궁에 파견을 갔고 볼테르의 프리메이슨 입단식을 주재했다. 평생 프리메이슨을 비웃던 볼테르가 사망하기 몇 주 전의 일이었다.

입단식은 그리스신화의 아홉 뮤즈를 본뜬 '아홉 자매'라는 이름의 근사한 프리메이슨 사원에서 이루어졌다. 이 사원은 철학자이자 왕궁 세리이기도 했던 클로드 아드리앵 엘베시우스의 저서인 『과학론Les Sciences』에 나온 아이디어를 바탕으로 지어진 곳이다. 프랭클린은 프리메이슨 단원으로서의 신분 계승을 상징적으로 나타내기 위해 볼테르의 허리에 엘베시우스의 앞치마를 둘러주었다. 오늘날 파리 프리메이슨박물관에서 보관 중인 이 앞치마의 진위 여부는 여전히 논쟁거리지만, 소위 볼테르의 앞치마라고 불리는 이 물건은 프리메이슨을 가장 잘 보여주는 상징 가운데 하나다.

18세기 중반부터 유럽과 유럽 식민지에 가장 널리 퍼져 있던 사교 클럽인 프리메이슨은 사상 전파와 인적 교류뿐만 아니라 사물 유통에도 결정적인 역할을 했다. 프리메이슨은 스스로를 디아스포라, 남반구와 북반구에 흩어진 바벨의 후손이라고 여기며 언어, 민족, 신앙(에 더해 드물게 종교)의 장벽을 넘어서서 잃어버린 언어와 도구(직각자와 컴퍼스, 흙손)를 되찾고 조화로운 의사소통을 회복해야 한다고 생각했다. 즉 인간의 지나친 교만을 드러내는 사원이 아닌 '우주 대건축자'의 영광스러운 사원을 만들기 위해 바벨탑을 다시 세워야 한다는 것이다. 실제로 이 작업이 시작되자 전 세계의 모든 프리메이슨 단원이 현장으로 규합했다.

18세기부터 오늘날까지 프리메이슨 단원들이 입는 앞치마는 그들이 어느 등급에 속하는지를 보여준다. 이 앞치마는 성당처럼 거대한 건축물을 짓던 중세 석공들의 작업복과 관련이 있다. 프리메이슨 앞치마는 사원 문턱을 넘지 못하는 비신도와 신도 사이의 구별을 가시적으로 보여주는 한편, 단원 사이에서도 등급에 따른 차이를 나타낸다. 이제 막 깨달음을 얻고 사원의 작업장에서 일을 시작한 도제는 어떤 장식도 달려 있지 않은 하얀 가죽 치마를 입는다(편지 봉투처럼 윗부분을 덮는 V 자 문양만 있다). 도제보다 높은 등급의 앞치마는 매우 다양한 장식이 수놓아진 실크나 인도의 사라사(이국적인 문양이 그려진 각양각색의 면직물)로 만든다.

프리메이슨 단원의 필수품인 앞치마는 초창기부터 전 세계로 뻗어나갔다. 이 앞치마가 세계 곳곳으로 퍼져나갔다는 건 진정한 '프리메이슨 보편 공화국'이 비약적으로 발전한 결과라고 할 수 있다. 프리메이슨 단원들은 해외여행을 갈 때 그 나라 동료들에게 인정을 받으며 당국 지부에 출입 허가를 받기 위해 앞치마를 챙겨갈 정도였다. 이처럼 프리메이슨 앞치마가 곳곳에서 영향력을 발휘하기 시작하자 제작에 필요한 사물의 유통과 인적 교류도 함께 이루어졌다. 우선 앞치마를 제작하고 장식하는 장인들은 유럽과 아메리카 대륙 양쪽에서 주문을 받았다. 북아메리카 프리메이슨 단원은 프리메이슨 문양을 장식할 골프채, 중국 도자기, 액세서리를 보관하기 위해 상감세공한 고급 원목 보석함을 스코틀랜드에서 주문하기도 하고, 앤틸리스제도와 인도양의 프리메이슨 지부에서는 유럽에 있는 장인에게 맞춤 제작을 의뢰하기도 한다.

지부장이나 본부장 같은 직책을 맡은 사람에게는 앞치마가 권위와 정통성의 상징이기도 하다. 이런 이유로 케이프 식민지 주재 바타비아공화국(지금의 네덜란드) 고등판무관이자 프리메이슨 부본부장인 자코브 아브라함 드미스트가 1804년 8월 14일에 자신의 친구 요하네스 트루터를 '남아프리카 바타비아 식민지에 소재하는 전체 지부의 부본부장'으로 임명할 때, 적법성의 증표로 공식 서한에 자신의 앞치마를 동봉했다.

허리끈과 주얼리 같은 다른 프리메이슨 장식품과도 함께 착용하는 앞치마는 프리메이슨 보편 공화국을 여행할 때 단원임을 인정받기 위한 표상이기만 한 것은 아니다. 프리메이슨 내에서 어떤 등급에 속하는지 논란이 있을 때에도 대개 앞치마가 이를 판별해주는 증거가 된다. 앞치마와 이에 달린 장식들로 프리메이슨을 지지하는 이들을 구분할 수 있기 때문이다.

의도적이든 그렇지 않든 프리메이슨을 사칭하는 사례도 간혹 있다. 알제리의 에미르(군사령관이자 통치자를 뜻하는 아랍어―옮긴이)인 압델 카데르가 그런 경우였다. 카데르가 이슬람 수피파 평신도회와 가까이 지내고 프리메이슨 단원들과 교류하며, 그랑토리앙 드 프랑스 호텔(프랑스 프리메이슨 대본부―옮긴이)에 그의 초상화가 걸려 있다는 이야기가 돌아 카데르가 프리메이슨에 입단했다는 소문이 잘못 퍼졌었다. 또 경찰이 작업장을 기습하거나 마녀사냥을 하던 1730~1740년대 파리와 20세기 파시즘 정권 치하에서 프리메이슨 앞치마는 박해의 근거가 되었다. 그래서 프리메이슨 단원이 사망하면 일부 상속인은 앞치마를 가지고 있다는 사실이 발각될까 두려워 고인의 앞치마를 없애버리는 편을 선택하기도 했다. 하지만 대다수의 경우 고인의 앞치마를 다른 단원에게 물려주면서 등급을 지속해나갔다.

앞치마는 프리메이슨 맹세의 상징이자 상상력을 표현하는 공간이기도 하다. 마스터 메이슨 등급이 입는 파란 앞치마와 최상위 등급이 입는 빨간 앞치마 사이의 구별을 넘어, 앞치마는 그 자체로 내부 의사소통의 매개체이자 때로는 진정한 예술 작품이다. 예를 들어 윌리엄 클라크와 함께 북아메리카를 횡단한 것으로 유명한 메리웨더 루이스의 앞치마는 뛰어난 제작 솜씨와 다양한 개인적 상징이 눈에 띈다. 이 앞치마에는 태양과 달, 그리고 "한처음, 천지가 창조되기 전부터 말씀이 계셨다"(「요한의 복음서」1장 1절)라는 사도 요한의 복음서 구절이 성경과 함께 새겨져 있다. 프리메이슨 여성 단원들의 그림은 전형적인 프리메이슨의 주제인 바벨탑을 소재로 하는 경우가 많은 반면, 고위 등급인 '장미 십자가의 기사'는 새끼를 먹이기 위해 가슴을 활짝 펼친 펠리컨 이미지를 자주 사용한다.

드물게는 메시지를 강조하기 위해 프리메이슨 상징을 배경으로 보내버리는 앞치마들도 있다. 예를 들어 19세기 한 장미 십자가의 기사 앞치마는 전경에 실크해트를 쓴 백인 남성에게 칼루멧(긴 인디언 담뱃대)을 전하며 화해의 손길을 내미는 아메리카 원주민을 보여주고 태양과 달, 사슬 매듭 밧줄, 정의의 저울, 전시안全視眼, 올리브 나뭇가지가 이를 둘러싸고 있다.

내부 의사소통의 매개체인 앞치마는 등급과는 별개로 프리메이슨을 알아볼 수 있는 표장이다. 반反메이슨은 프리메이슨 단원들을 웃음거리로 만들기 위해 앞치마를 사용하기도 하는데, 〈고모곤이 밝혀낸 석조의 신비The Mystery of Masonry Brought to Light by the Gormogons〉(1724)을 보면 공자와 함께 행렬을 이끄는 원숭이 한 마리가 프리메이슨 앞치마를 매고 있다.

일찍이 대중에게 알려진 프리메이슨 앞치마는 상업적으로 쓰인 경우가 꽤 많았다. 마이센 도자기 제작자들은 프리메이슨 단원들이 채석장에서 일하는 모습이나 토론하는 장면을 만들어 판매용으로 내놓기도 했다. 1760년 앞치마를 두른 프리메이슨 단원을 간판에 그린 한 가게는 '캐링턴 최고의 마일드 요크-리버

담배Carrington's Best Mild York-River Tobacco'라는 문구를 같이 적어 런던에서 가장 좋은 담배를 판다고 으스대기도 했다. 한편 프리메이슨 지부에서 직접 앞치마를 두른 기념품을 주문하거나 만들기도 했다. 이런 기념품 중에는 비非단원과 연관된 것도 있다. 1981년 미국 오하이오주 털리도 동쪽에 있는 욘도타 지부 단원들이 온타리오주의 미시소가 지부 첫 방문 20주년을 기념하기 위해 만든 미시소가 원주민 조각상이 그중 하나로, 이 조각상은 파란색 마스터 메이슨 앞치마를 허리에 두르고 있다.

오늘날 프리메이슨 앞치마는 단원을 대상으로 하는 전문 상점이나 온라인 매장에서 판매될 뿐만 아니라(지역 별로 다양한 버전이 있다), 감정평가사들이 이베이같이 일반 대중을 상대로 하는 온라인 경매 사이트에 눈에 잘 띄는 앞치마를 올리기도 한다. 이처럼 비단원 시장이 커지면서 프리메이슨의 상징인 앞치마는 세계적으로 대중화되고 있다.

숄

1808년경 스코틀랜드 페이즐리 방직공들이 전 세계 의복 문화
에 한 획을 그을 숄을 생산했다. 페이즐리 무늬 숄은 인도 카슈
미르 지방의 라다크에서 수입한 염소 털로 만들었으며 '숄'이라
는 단어는 페르시아어의 '살sal'에서 왔다. 유럽에서 생산하고 판
매하기 훨씬 전부터 숄은 중앙아시아, 중국, 러시아, 오스만제국
에 퍼져 있었다. 본래 숄에는 종교적 의미가 있었지만 종교색이
희석되면서 다양한 용도로 활용되었고, 여성들이 어깨에 걸치든
남성들이 머리에 두르든 대상에 상관없이 누구나 쓰기 좋았다.

숄의 원산지는 인도 카슈미르다. 16세기 무굴제국 아크바
르 황제 치하에서 라호르, 파트나, 아그라는 숄의 주요 생산 기지
가 되었다. 아크바르 황제는 귀족들에게 답례품이나 선물로 숄
을 주었고, 300년이 지난 후에는 영국 빅토리아 여왕이 왕궁을

방문한 귀빈들에게 영국산 숄을 주기도 했다. 무굴제국 귀족들이 티베트 지역 산양의 털로 만든 파시미나, 야생 염소의 털로 만든 부드러운 터시, 영양 털로 만든 치루를 쓰면서 인도 숄은 최고급품이라는 이미지가 강해졌고 해외 수출도 늘어났다. 입소문이 나며 그 명성은 동인도회사 덕에 영국에까지 알려졌다.

동양에서 건너온 숄은 18세기에 유럽을 사로잡으며 사회적 가치가 날개를 단 듯 상승세를 탔다. 숄은 비단이나 면, 양모, 모피같이 다양한 소재로 만들어 날염을 하거나 수를 놓았고 크레이프 직물을 이용해 만들기도 했다. 또 상대를 유혹하는 도구이자 권력의 상징이기도 했는데, 숄에 대한 열광이 얼마나 대단했던지 영국에서는 남성용 조끼 모양으로 만들어 입기까지 했다. 19세기 영국에서 인도 문화를 폄하하는 현상이 만연할 때도 숄의 매력만큼은 인정되었다.

그렇게 숄은 영국 문화의 일부로 스며들어 일종의 존엄성을 획득했다. 가령 『세계 문양의 역사』(1856)의 저자 오웬 존스는 인도산 숄이 우아함과 조화로움, 특유의 색상, 과하지 않은 절제의 미덕 면에서 독보적이며, 생활수준과 사회적 가치의 지표가 되는 '좋은 취향'을 길러줌으로써 영국 문화에 기여한다고 했다. 숄은 1780~1790년대 동안 미국에 퍼져나갔고, 《하퍼스 바자Harper's Bazaar》와 《고디스 레이디스 북Godey's Lady's Book》 같은 여성 패션 잡지가 숄의 대중화에 큰 역할을 했다. 프랑스에서는 피에르폴 프뤼동이나 앙투안장 그로 같은 화가가 숄을 걸친 조제핀 황후의 초상화를 그린 덕에 유행이 시작되었다.

숄은 처음에 수입품이었지만 곧 유럽 내 생산이 늘어났다.

1770년대부터 스코틀랜드 에든버러에 숄 공방이 생겨났고, 19세기 초반 글래스고 근처에 있는 페이즐리에서는 캐시미어 숄에 숄방울 모양 패턴을 넣어 '페이즐리 캐시미어'라는 이름이 붙었다. 페이즐리 패턴은 역으로 인도에 수출되며 스코틀랜드산 숄이 승전보를 울렸다.

처음에 프랑스는 알렉산드리아와 스미르나(현재 튀르키예의 이즈미르) 같은 중동 지역에서 숄을 수입하다가 이후 자체 생산하기 시작했다. 1810년대 테르노는 생투앙에 있는 공장에서 수입해온 티베트 염소를 이용해 가는 양모를 만들었고, 랭스에서는 이 양모를 이용해 고급 캐시미어를 생산했다. 나폴레옹 3세의 부인이자 스페인계 귀족 출신인 외제니 황후의 공식 후원으로 스페인에서도 숄이 유행하며 안달루시아산 숄이 인도산 숄을 압도했다. 독일과 오스트리아도 유행을 따랐고 이란, 아프가니스탄, 투르키스탄, 러시아에서도 여전히 수요가 왕성했다.

프랑스에서 천공카드를 활용한 자카르 방직기로 숄을 제작하면서부터는 외형적 특징이 변하기 시작했다. 그러자 영국에서도 프랑스산 숄을 모방했고 인도 카슈미르 장인들까지도 따라 할 정도였다. 1830년경에는 중국 제품을 따라 실크 크레이프 소재의 정사각형 형태나 자수를 넣은 버전이 나타났다. 영국에서도 숄 소비가 늘었고 19세기 내내 상류층 여성의 복장에는 숄이 포함되어 있었다. 앵그르, 쿠르베, 마네 같은 화가도 여성 초상화를 그릴 때 숄을 주요 소재로 썼다. 〈필리베르 리비에르 부인Mme Philibert Rivière〉(1805), 〈센 강변의 처녀들Les filles au bord de la Seine〉(1856), 〈올랭피아Olympia〉 같은 작품에서 숄은 이국적 정취와 색정, 심미가 뒤섞인 욕망을 드러내는 수단으로 그려졌다. 런던 해로즈백화점이 1924년에 광고 문구로 사용한 말처럼, 자신의 취향과 개성이 드러나는 착장을 마지막으로 장식해주는 숄은 여성의 옷장에 없어서는 안 될 필수품이 되었다.

숄은 특별한 날을 위한 선물이나 가족의 유산, 혼수까지 어떤 상황에도 잘 어울렸다. 조제핀 황후의 재산 목록에 포함된 숄 45벌의 가치는 4억 8000만 원에 달했다. 페테르 파울 루벤스의 작품이 200만 원, 레오나르도 다빈치의 〈리타의 마돈나Madonna Litta〉가 133만 원으로 평가되던 걸 감안하면 그 가치를 알 수 있다. 오노레 드 발자크가 소설 『사촌 베트』(1846)에서 암시했듯 숄은 부부 간 행복을 상징하기도 했는데, 실제로 나폴레옹은 두 번째 부인인 오스트리아 황녀 마리루이즈에게 숄 17벌을 선물했다.

전 세계적으로 높아진 생산량과 판매량으로 무역이 늘어나며 숄은 점차 대중화되었지만 직사각형이나 정사각형 모양처럼 초창기부터 있던 특징은 변하지 않았다. 1850년경에는 어느 사회 계층이나 숄을 착용했다. 윌리엄 새커리의 『허영의 시장Vanity Fair』(1847)과 엘리자베스 개스켈의 『메리 바턴Mary Barton』(1848)에는 인도에 갔다 돌아오는 남자들이 어머니나 누이에게 숄을 선물한다는 묘사가 등장한다. 하지만 사회적 품격과 부덕婦德을 상징하던 숄은 카슈미르산 정품인지, 파리에서 만든 것인지, 지방 공장 제품인지에 따라 서열이 나뉘기도 했다. 발자크는 품위 있는 여성이라면 "특히 숄을 걸치는 방식으로 자신의 본심을 드러낸다"고 말했다.

그렇게나 뜨겁던 숄의 인기는 19세기 말에 들어 떨어지기 시작했다. 1857년 인도에서 일어난 반영反英 항쟁 때문에 영국에서도 반인도 감정이 일어나 숄에 대한 열광이 약해졌다. 프랑스도 보불전쟁의 영향을 받아 유럽 상인들은 더는 인도 카슈미르에 숄을 주문하지 않았다. 그때부터 숄은 차차 침구나 피아노 덮개나 가구 덮개로 전락했다.

20세기에 들어《보그》같은 패션 잡지는 계속해서 숄을 두를 것을 제안했지만, 《퀸The Queen》은 "숄을 두른 여성은 질병을 이긴 듯한 인상을 준다"며 부정적으로 표현했다. 인도 여배우 라쿨 프리트 싱의 일화는 숄에 담긴 의미를 분명하게 보여준다. 발루치스탄 출신 프리트 싱이 발루치스탄 분쟁이 일어 인도로 피난을 가야 했을 때, 파시미나 숄은 프리트 싱이 가지고 간 몇 안 되는 값나가는 물건 중 하나였다. 그에게 여동생과 함께 입던 숄은 어머니와 피난 이전의 삶을 상징하는 물건이었다.

하지만 20세기가 흐르면서 파시미나는 고급스러운 이미지를 잃어갔다. 비단이나 덜 비싼 다른 소재가 섞인 파시미나는 중국, 몽골, 이란, 아프가니스탄 등지에서 경쟁적으로 만들어졌고, 샤투시처럼 멸종 위기종인 티베트 영양의 털로 만드는 고급품은 판매가 금지되었다. 이제 숄은 시골 장터부터 지하철 매점, 공항 면세점에서도 볼 수 있어지며 숄은 희소성이 사라졌고 누구나 살 수 있으므로 옛날의 우아함은 남아 있지 않긴 하지만, 어디서나 찾아볼 수 있는 평범하고 실용적인 장신구로 자리 잡았다.

축구공

1978년 5월 26일 프랑스의 아미앵 시장은 라랑드가에 사는 열두 살 아니가 쓴 편지 한 통을 받았다. 아니는 경찰관이 친구들과 길에서 축구를 하지 못하게 했다고 강력하게 항의했다. 경찰관 말로는 동네 주택의 정원에 공이 들어갈 수도 있기 때문에 제지한 것뿐이라고 했다. 이런 갈등은 산업혁명 시기 영국에서 등장한 한 스포츠가 발전하면서 나타난 모습이다. 공원 경비원과 순경은 19세기 말부터 시작해 20세기 내내 공공장소에서 축구를 하는 사람들을 몰아내려고 애썼다. 당시 주민들이 위험하고 소음을 유발한다는 이유로 축구공에 심한 적대감을 갖고 있었기 때문이다. 하지만 에드워드 8세 시기에 노동자 계급 아이들이 이런 규칙을 무시하고 길거리에서 끈으로 두른 종이공을 차고 놀았던 것처럼, 전 세계 어디에서나 임시방편으로 만든 축구공을 차며 축구를 하는 사람들을 볼 수 있었다. 콩고 길거리에서는 고무공이나 라임으로, 케이프타운 구시가지에서는 테니스공으로, 과들루프섬에서는 풋과일과 빵으로 축구공을 대체했다. 여러 지역의 축구공에는 현실을 바꾸고자 하는 욕망이 담겨 있었다.

축구공은 수십 년이 지나며 국내외 스포츠 기관에서 정한 표준화의 대상이 되었다. 최초로 축구공의 기준을 정한 건 영국 축구 협회였다. 1872년 기준에 따르면 축구공의 평균 둘레는 약 175~180센티미터, 무게는 약 369~425그램이어야 했다. 20세기 초중반의 축구공은 공기 튜브와 가죽 외피로 만들어졌고, 버밍엄에 진출한 윌리엄 실콕의 회사를 비롯한 기업들이 가죽을 꿰매 연간 5만 개까지 생산되었다. 하지만 당시 축구공은 기상 조건과 제작 공정에 따라 크기가 달라질 정도로 불안정했다. 1930년대까지는 공기 주입 밸브를 덮기 위한 끈이 있었는데, 이 끈 때문에 선수들이 부상을 입기도 했다. 게다가 축구공을 유지하고 관리하는 지긋지긋한 일을 반복해야 했다. 축구 장비 제조업체들은 경기가 끝나면 축구공을 물로 세척하고 기름칠한 다음, 공기를 빼 압력을 절반 정도로 낮추라고 조언했다.

1920년대부터 출판된 수많은 스포츠 명사의 회고담을 찾아보면 축구공을 생각하는 그들의 마음을 엿볼 수 있다. 명사들의 기억 속 첫 번째 축구공은 자신의 경력 중 인상적이고 결정적인 이미지로 남아 있었다. 초창기 축구 선수들과 학생 선수들은 경제력이 부족했기에 축구공을 최상의 상태로 보관하려면 정성을 다해야 했다. 가끔은 축구공을 사기 위해 선수들끼리 갹출을 할 정도였기에 축구공은 공유재를 넘어 거의 맹목적인 숭배의 대상이 될 수밖에 없었다. 프랑스 생망데에서 축구 선수로 활동하던 뤼시앵 갬블랭은 1930년대 말에 진행한《로토L'Auto》와의 인터뷰에서 축구공을 꺼내는 순간이 "최소한 대령이 연대 모자를 꺼냈을 때만큼이나 장엄한 순간"이었다고 회상했다. 이렇게 축구공과 맺은 감정적 관계는 제1차 세계대전 동안 새로운 규모로 커졌다. 정부, 기관, 상인, 특히 언론은 전선에서 주둔하는 부대 병사들의 기분 전환 수단으로 많은 축구공을 보냈다. 축구공이 전선과 후방을 잇는 핵심적인 가교 역할을 한 것이다.

초기에는 영국산 축구공이 전 세계에서 이용되었다. 규정에 맞는 축구공을 만들려면 노하우가 필요했는데, 20세기 초반부터는 프랑스 수공예 장인들이 점차 이 노하우를 습득해갔다. 프랑스산 축구공은 프랑스 축구 연맹에서 발간하는《프랑스 풋볼》이 파리 5구 브로카가의 거대한 가죽 공장에 대한 탐사 보도 기사를 다룬 덕에 유명해졌다. 1931년 10월 22일 자《프랑스 풋볼》은 과거 축구 선수였다가 지금은 가죽 공방을 이끄는 제오 앙드레의 인터뷰 기사를 실었다. 앙드레는 다양한 가격의 아동용 축구공과 더불어 최정상 선수들이 경기에서 쓰는 18만 원짜리 축구공을 소개한 뒤 프랑스의 노하우를 칭찬했다. "마침내 수출 시장에서 해외 기업들과 동등하게 겨룰 수 있게 되었습니다. 우리 프랑스 제품의 품질에 만족합니다." 환하고 공기도 잘 통하는 커다란 작업장에서 가죽 전문가 20여 명이 네 사람씩 정사각형 작업대에 얼굴을 맞대고 둘러앉아 축구공을 꿰매는 풍경은 수십 년이 흐르며 유럽 국가의 추억이 되었다.

나이키와 아디다스 같은 새로운 스포츠 용품 업체들이 부상하고, 가죽이 점차 폴리우레탄으로 대체되면서 1970년대 이래 축구공 생산 기지는 아시아로 옮겨졌다. 생산지에 변화가 생기며 축구공과 관련된 경제활동도 근본적으로 바뀌었다. 파키스탄 펀자브주의 시알코트 지방이 주요 생산 거점이 되어 2000년대에는 시알코트에서 전 세계 축구공의 약 80퍼센트가 생산되었다. 아주 저렴한 생산비로 대규모 생산이 이루어졌고 공기역학적 특성같이 새로운 요구 사항을 만족하는 기술 진전도 이루어졌다. 하지만 하청 시스템과 가정 공방이라는 심각한 노동 문제도 있었다. 1996년 6월 《라이프 매거진》이 시끌벅적하게 규탄한 것처럼 아동 노동력을 동원하는 것도 큰 문제였다. 같은 해 국제노동기구ILO는 아동 노동 철폐에 관한 국제 프로그램을 통해 나이키, 아디다스 같은 스포츠 용품 업체를 위해 펀자브주에서만 5~14세 아동 7000명 이상이 부당할 만큼 적은 급여를 받으며 연간 약 3000만 개의 축구공을 생산한다는 사실을 집계했다. 선진국 소비자들에게 경각심을 주기 위해 반복해서 전개된 언론 캠페인에도 축구공은 여전히 국제 노동 기준에 부합하지 않는 조건에서 만들어지고 있다. 외피 절단, 플라스틱 가공, 완성품 세척 등 생산 전반에 걸쳐 노동자들이 건강과 안전을 위협받고 있는데도 여전히 급여는 매우 낮다. 많은 비중을 차지하는 일자리에서 비공식 경제에 속하는 여러 노동 문제가 지속되고 있는데도 전 세계적으로 축구공의 인기는 사그라들 줄 모르고 있다.

로인클로스

1846년 네덜란드에서 왁스(밀랍) 전문 기업인 판 플리싱언 앤드 컴퍼니가 설립되었다. 이 당시만 해도 누구도 '블리스코'라 불리는 브랜드가 아프리카 로인클로스loincloth(천 한 장을 스커트 모양으로 만들거나 기저귀를 차는 것처럼 허리에 감아 고정시키는 의상─옮긴이)의 역사를 뒤흔들 것이라고는 예상하지 못했다. 블리스코는 인도네시아의 바틱 기법을 응용해 아프리카 하면 바로 떠오르는 화려한 무늬의 염색 천을 만들어냈다. 블리스코의 로인클로스는 이제 서아프리카 전통 의상의 맥을 잇고 있다.

원래 로인클로스는 아프리카에서 다양한 형태로 입던 옷이다. 사헬 지대에서는 '보골란bogolan'이라는 형태가 가장 잘 알려져 있다. 바마나어의 '보고bogo(땅 또는 흙)'와 '란lan(기법)'의 합성어인 이 단어는 원래 전통 직물 염색 기법을 뜻했다. 보골란은 일찍부터 서아프리카의 여러 사회로 퍼져나갔으며 바울레(현재의 코트디부아르)에서는 13센티미터 정도 되는 가는 끈으로 천을 엮어 만들었다.

　로인클로스에는 다양한 상징이 담겨 있다. 도공(현재의 말리)에서 로인클로스는 자기표현의 수단이면서 사회적 신분을 드러내는 방법이었다. 보다 일반적으로는 부의 상징이자 사회적 신분을 드러내는 수단이었고, 입은 사람이 공동체 내에서 어떤 위치를 차지하는지 한눈에 보여주다 보니 공적인 행사에서 착용하는 옷이 되었다. 세네갈에서 '세루 응자고'라 부르는 만작족의 로인클로스가 대표적인데, 천이 무거울수록 그 옷을 입은 사람의 자산이 더 많다는, 즉 사회적으로 더 중요한 사람이라는 의미였다. 또 신부 지참금에 빠질 수 없는 소품이었고 가나의 주요 민족인 아칸족 사회에서는 고인의 무덤에 놔두는 선물 중 하나였다. 방직공은 다른 육체노동 종사자들처럼 전통적으로 낮은 신분에 속했지만 (대장장이와 마찬가지로) 서아프리카 사회의 정치와 경제에서는 중요한 위치를 차지했다.

　식민지 시대 이전에는 리넨으로 만든 로인클로스가 가장 일반적이었다. 하지만 서양인들이 식민지에서 목화를 재배하면서 사회·경제학적으로 중대한 변동이 일어났다. 나이지리아와 아프리카 남부에서는 1902년에 설립한 영국면화재배협회가 이 분야를 장악했고, 프랑스령 서아프리카와 적도 지역 아프리카에서는 1903년에 세워진 식민지면화협회가 목화 생산을 관리했다. 이 협회는 1941년에 프랑스제국면화연합으로 이름을 바꾸었다.

　식민지 섬유산업은 원주민 통치 제도법을 근간으로 한 강제 노역 덕에 생산성을 보장할 수 있었다. 그로 인해 오트볼타(현재의 부르키나파소)와 코트디부아르 노동자들의 인식 속에 면화 강제 재배는 오랫동안 저항과 억압의 기억으로 남게 되었다. 아프리카 각국이 독립한 뒤에도 면화 생산은 계속되었다. 프랑스섬유발전공사가 카메룬의 소데코통처럼 서아프리카와 중앙아프리카의 면화 관련 국영기업이나 그 밖의 공기업 설립을 조직화했고, 이런 식민지 면화 사업의 혁신이 아프리카 로인클로스 산업의 변화를 이끌었다.

네덜란드 기업 블리스코는 왁스를 이용한 염색법으로 로인클로스에 두 번째 혁신을 가져왔다. 왁스 염색은 18~19세기에 걸쳐 아시아, 아프리카, 유럽 간에 이루어진 복합적인 직물 교역의 결실이었다. 왁스의 도입은 산업혁명 동안 새로운 기술이 발전하면서 가속되었다(네덜란드 기업 하를럼이 천에 주먹도끼 무늬를 염색하기 위해 사용한 자바니즈 방직기가 그 예다). 블리스코는 오늘날에도 여전히 사용 중인 광고 문구로 다른 경쟁사보다 빠르게 두각을 나타냈다. 내용인 즉슨 동인도회사가 채용한 네덜란드 군대의 아샨티(1701년부터 1900년까지 오늘날 가나 지역에 있던 아칸족 왕국—옮긴이) 전사들이 아프리카에 왁스 염색을 도입했다는 생각을 블리스코가 퍼트렸다는 것이다. 그러자 네덜란드 동인도회사 내에서의 폭동을 진압하기 위해 엘미나(가나의 도시. 1637년 네덜란드 동인도회사가 식민지로 삼으며 당시 노예무역의 거점지가 되었다—옮긴이) 상관商館에서 아샨티 전사들을 고용했고, 이들이 보르네오섬과 수마트라섬에서 자바의 바틱 납염법(무늬가 그려진 부분을 밀랍으로 막아 물이 들지 않게 하는 염색법—옮긴이)을 들여와 아프리카 시장에서 인기를 끌었다는 이야기다. 이 일화는 해양 강국 네덜란드의 위상을 높이며 블리스코라는 브랜드를 사람들에게 확실히 인식시켰고, 블리스코는 섬유산업을 확장하기 위해 엘미나에 대리인을 파견했다.

원래 서아프리카의 전통적인 로인클로스는 단색이나 두 가지 색상이지만 왁스가 사용되고 기계가 도입되면서 화려한 무늬와 색상이 인기를 끌었다. 그와 동시에 식민 통치에 동원된 기독교 선교사들은 종교적 윤리라는 명목으로 아프리카 사람들에게 옷을 입히기 위해 섬유산업의 폭발적인 성장세를 이용했다. 로인클로스는 산업화의 영향으로 조금씩 본래의 사회적 기능에서 멀어져 통속적인 의복이 되었으며 블리스코와 함께 왁스로 염색한 로인클로스가 시장에서 성공을 거두었다.

이때부터 20세기 내내 다양한 색상과 여러 가지 기법을 활용한 로인클로스가 만들어졌다. 천 위에 인도네시아나 서아프리카에서 온 패턴이 펼쳐졌고 눈에 띄는 화려한 색조로 기하학 문양이나 동물무늬가 그려졌다. 그와 동시에 다양한 색상의 바쟁(수공예 방식으로 염색한 면화)이 틈새시장을 파고들었다. 아프리카 시장에는 로인클로스 상인이 가득한데, 부르키나파소에 있는 보보디울라소 시장이 가장 유명한 시장 중 하나다. 왁스 염색으로 만든 로인클로스는 거의 모든 옷에 쓰이는 옷감이 되었고 사람들은 이 방법을 이용해 다양한 옷을 만들어 입었다. 그중에서도 20세기 중반 이후 가장 흔히 볼 수 있어진 건 기념일이나 추모일에 입는 옷이다. 대통령의 얼굴 문양도 흔해졌는데, 이 패턴은 로인클로스에 다시 한번 사회적 신분을 구분하는 기능을 부여했다. 그렇지만 이번에는 입은 사람의 재산을 과시하는 목적이 아닌, 정치 선전 도구가 되었다.

　세계적인 소품이 된 왁스 염색 로인클로스는 20세기 말 아프리카, 그중에서도 서아프리카 패션의 전형적인 상징이 되었다. 이를 명품으로 만들어보고자 했던 유명 디자이너와 재단사 들의 노력으로 로인클로스는 국제 무대에서 주목받으며 다시 한번 아프리카의 정체성을 드러내는 상징이 되었다. 아프리카 패션 디자이너들은 'Made in Africa' 작품을 선보이기 위해 로인클로스를 이용한 작업에 뛰어들었다. 하지만 이제는 오히려 아프리카가 아닌 지역, 특히 'Made in China' 상품과 경쟁하게 되었다. 중국은 저렴한 가격의 로인클로스를 시장에 쏟아내며 아프리카 방직공들을 위협하고 있다.

미니어처
기차

1910년 창립한 런던 철도 모형 동호회는 오늘날 세계에서 가장 오래된 철도 모형 단체임을 자랑스럽게 여기고 있다. 그 뒤를 이어 1935년 미국에서 첫 총회를 개최한 국립철도모형협회와 1954년 설립한 유럽 철도 모형 연맹, 1969년 소련의 동호회까지 비슷한 단체들이 생겨났다. 우리 일상과 밀접하지 않아 자주 잊곤 하지만, 20세기는 미니어처 기차의 시대였다.

철도 모형 붐은 약 30여 년 전부터 시들해졌는데, 사실 단 한 번도 세계적으로 유행한 적은 없다(세계시장의 선두 주자인 미국 업체 바크먼 인더스트리는 현재 중국에서 제품을 생산 중이다). 철도 모형 애호가의 분포는 철도가 눈부시게 발달한 산업화 주역의 지형학을 따라간다. 그 결과 북아메리카와 북유럽, 일본처럼 실제 철도가 발전한 주요 거점지를 따라 퍼져나갔다. 제1차 세계대전 발발 직전의 북미와 유럽에 수백만 킬로미터 길이의 철로가 깔렸다는 사실을 떠올려보자. 일본에 깔린 2만 3000킬로미터의 철로는 오늘날까지도 일본 열도의 주요 교통수단이다.

철도 모형 사업은 굉장히 일찍부터 시작되었다. 1840년대부터 영국에서는 증기기관차 축소 모형인 '철도 카펫'을 제작했다. 1859년 독일에서 철도 모형 대기업 메르클린이 창립되었고, 프랑스의 나폴레옹 3세는 생클루 성의 정원에서 황태자가 가지고 놀 수 있도록 장난감 증기기관차를 제작을 의뢰했다. 이처럼 철도 모형의 인기는 식을 줄을 몰랐다. 1890년 무렵에는 장난감 기차가 달릴(초기 미니어처 기차는 땅바닥에서 달렸다) 선로 변경 장치와 교차로도 제작되었다.

교육적이고 남자답다는 이유로 선호되던 철도 모형은(남성 청소년들은 철도 모형으로 수학과 공학을 배웠다) 판금으로 제작되었으며 오랫동안 사치품으로 인식되었다. 1950년대부터는 플라스틱과 자막Zamac(아연, 알루미늄, 마그네슘, 구리 등의 혼합물)으로 만들어지면서 생산 비용이 획기적으로 줄어들었다. 이후로 순간접착제와 발광다이오드LED, 디지털 컨트롤러가 제작에 더해져 완성도를 높인 덕에 미니어처 기차는 사회의 폭넓은 계층에까지 다가갈 수 있었다. 심지어 정원 철도라는 게 생기기도 했다.

동호회와 잡지(1930년대에 최초의 관련 잡지가 등장했다)로 공부한 동호인들은 철도 모형을 구성하는 축척(스케일)과 궤간(게이지) 규격, 시대, 주제, 철학 등 엄밀한 표준을 제정했다. 하지만 수치적으로 기차에 대한 사랑을 보여준 동호인들 못지 않게 세계 곳곳에서도 철도 모형에 대한 애정이 드러났다. 모든 서양 국가의 어린이들은 장난감 열차를 가지고 놀았고 미국의 마텔, 독일의 플레이모빌, 덴마크의 레고, 스웨덴의 브리오 등 수많은 장난감 제조사가 상품 목록에 미니어처 기차를 추가했다.

이런 성공은 과학기술에 대한 환상이 있었기에 가능했다. 19세기 중반부터 서양에서는 철도가 혁신이자 문명의 주요 매개체라는 말을 지겨울 만큼 되풀이했다. 과학기술이 세상을 뒤바꾸었다는 말만큼이나 자주 했을 것이다. 탐험가 스탠리는 "모든 방향으로 철도가 깔리는" 날에 아프리카가 개화될 것이라 쓰기도 했다. 1898년 콩고자유국(현재의 콩고민주공화국)의 마타디와 레오폴드빌(현재의 킨샤샤) 구간 철도가 개통되었을 때, 철도는 마치 유럽 식민 지배 정당성의 증거처럼 소개되었다. 철도가 깔린 고가高架는 전 세계 모든 사람을 이어주는 것처럼 보였다. 1893년 크리스마스 날, 러디어드 키플링은 이 주제에 대해 짧은 단편소설 「다리 건설자들The Bridge Builders」을 발표했다. 이 소설은 인도를 배경으로 엔지니어와 서구 자본가 덕분에 문명이 어디에서나 진보한다는 주장으로 백인의 우월성을 찬양한다. 생시몽주의자(공상적 사회주의자—옮긴이)인 프로스페르 앙팡탱이 말년에 남긴 말처럼 "우리는 지구를 철도와 돈, 금, 증기, 전력망으로 둘둘 감쌌다"고도 할 수 있을 것이다. 19세기 중반에 철도 마니아들도 승객과 화물을 싣고 나르는 철도를 인간의 혈액에 비유하며, 조립된 열차가 혈관을 통해 순환하듯 돌고 돈다고 표현했다.

철도 모형은 모두가 남성인 역장, 기관사, 정비사와 함께 모든 일이 조화롭게 해결되는 든든한 이상향을 나타냈다. 이 상상 속 사회에서는 기술로 쾌거를 거두고 사고를 방지할 수 있었다.

철도 모형은 과학기술이 완벽하게 지시를 내리는 세계를 재현했고 주택과 아파트로 뒤덮인 완결된 틀에서 영속적이고 조화로운 이상향을 표현했다. 인류가 남극과 북극을 정복하고, '완결된 세계'라는 주제가 만연했던 이 시기에 런던 철도 모형 동호회가 등장한 게 과연 우연일까?

철도 모형은 거대한 실체를 축소했다는 점에서 의미가 있었다. 산업혁명 때 탄생한 물건들은 믿기지 않을 만큼 거대했다. 공장은 물론이고 증기기관도 거대했으며 증기기관차가 있는 공간 자체도 엄청났다. 증기선부터 철교까지 당시 특징적인 인프라는 굉장히 거대하다는 게 공통점이었다. 철도 모형은 스케일을 바꿈으로써 유망하면서도 두려운 현실을 친숙하게 느끼도록 만들었다.

철도 모형을 만든 회사들은 축소 제작한 기차역도 함께 만들었다. 19세기 중반부터 기차역은 현대 산업사회의 핵심적인 요소였다. 비록 역사驛舍 정면은 대개 신고전주의풍이었지만 기차역은 새로운 시대를 의미했다. 거대한 유리창, 금속 기둥이 지탱하는 복잡하고 거대한 로비, 여행객들의 시선을 잡아끄는 대형 벽시계는 시간의 흐름을 초조하게 표현했다. 1950년대부터는 이 모든 게 미니어처로 만들어졌고 사출 플라스틱 기법 덕에 굉장히 많은 물량을 생산할 수 있었다.

조차장, 창고, 공장 굴뚝 등 철도와 관련된 풍경에서 찾아볼 수 있는 다른 특징적인 건물도 마찬가지였다. 1870년대부터 터널과 현수교가 건설되고 열차의 속도가 빨라지면서 창밖의 풍경을 감상하는 법도 바뀌었다. 20세기 철도 모형은 산업화가 만들어낸 풍경을 담아내면서 이와 함께 탄생한 불안을 쫓아내기도 했다. 롤랑 바르트는 쥘 베른의 노틸러스호가 이동의 불안을 떠올리게 하는 것과는 거리가 먼, 일종의 '뒤집힌 아쿠아리움'이라 말했다. 『해저 2만 리』 속 네모 선장이 방 밖으로 나가지 않고 잠수함 안에서만 지내는 모습을 보면 바르트의 말을 음미할 수 있다. 같은 맥락에서 생각하면 철도 모형도 실제 철도의 크기만을 줄인 게 아니라 거대한 세상의 움직임에 대한 위험과 두려움까지 줄였다고 볼 수 있다.

혁명이
된 것들

아편 파이프

1750년 무렵 중국 최남단에서는 잎 첨가 없이 연기를 들이마시
는 새로운 아편 향유 방식이 생겼다. 오래지 않아 이를 구현하기
위한 사물이 등장했는데, 바로 아편 파이프다. 마약의 역사에서
16~18세기에 등장한 흡연용 아편은 진정한 혁신이었다. 그전에
는 아편을 액체에 녹이거나 작은 환약으로 만들어 복용했다. 이
렇게 소화기관을 거치면 과다 복용의 위험이 높기 때문에 연기
를 들이마시는 방식이 나타나자 이전 습관은 싹 사라졌다. 새로
운 방식은 약효를 즉각적으로 느끼게 해주었다. 그전까지 아편
은 주로 치료용이었고 유희를 목적으로 복용하는 것은 부차적이
었는데, 흡연 방식이 등장하자 순수한 즐거움을 위해 아편을 피
우는 행위가 전례 없이 퍼져나갔다.

　17세기 인도네시아 자바섬에서는 아편과 담배를 혼합한 '마

닥'을 피웠다. 흡연용 아편은 18세기 중반부터 더 정교한 방식으로 중국 대륙 전체에 번졌다. 극동의 아편이라 불리던 이 방식에는 꽤나 복잡한 장비가 필요했고 아편이 점차 사라지던 20세기 중반까지 큰 변화 없이 유지되었다. 아편 파이프에서 가장 중요한 부분은 탈착 가능한 대통과 설대로 이루어진 파이프다. 지름 6센티미터에 높이는 3센티미터 정도인 대통은 원통이나 반구 또는 원뿔대 모양이며 대통 윗부분 한가운데에는 작은 구멍이 뚫려 있다. 흡입하기 전에 연기를 충분히 식혀야 하므로 설대는 지름 3센티미터, 길이 50센티미터 정도로 꽤 큰 편이다. 쇠꼬챙이와 특별히 고안된 형태의 연등煙燈을 이용해 아편 환약에 열을 가하여 기화시키는 방식으로 작동하고, 낡은 헝겊과 금속 긁개로 청소한다. 상당히 값비싼 이 도구 일체는 유리를 입으로 불어서 정교하게 대통을 조형하는 기법, 금속 긁개와 연등 받침대를 제작하는 기술을 다양하게 동원한 고급 수공예품이었다. 중국이 발명한 아편 파이프의 발전은 기술적 관점에서 보자면 산업혁명 이전 시기에 정점을 찍었다. 이후의 혁신은 피하주사로 투여하는 모르핀(1804)과 헤로인(1898)의 발견 같은 유럽(특히 독일) 화학 산업의 발전과 관련이 있다.

중국의 아편 파이프는 크기와 독특한 모양, 누워서 피울 수밖에 없는 방식 때문에 일찍부터 외국인의 관심을 끌었다. 유럽에는 19세기 초부터 아편을 피우는 모습이 담긴 그림이 돌았다. 이미지는 고정관념을 만들어내는 데 글보다 훨씬 결정적인 역할을 했고, 그 결과 일본이라고 하면 스모 선수나 게이샤가 떠오르는 것처럼 19세기 말부터 서양인들의 상상 속 아편 파이프는 롤랑 바르트가 『신화론』에 썼듯 "중국 문명의 특징이라 하면 저절로 떠오르는 상징"이 되기에 이르렀다.

　비슷한 시기에 아편 파이프는 정치적인 이유로 중국에서조차 하나의 클리셰가 되었다. 20세기 초 개혁 세력은 아편 파이프를 물고 비스듬히 누워 생기를 잃고 수척해진 아편 흡연자의 이미지를 강조했다. 이 모습은 자주성을 잃고 아시아의 연약한 병자로 전락한 중국을 가리키는 치욕적인 상징이었다. 중국은 어떤 값을 치르더라도 이를 딛고 일어나 과거의 영광을 되찾아야 했다.

　이 클리셰의 생명력은 상당히 끈질겨서 중국에서나 서양에서나 오늘날까지 여전히 통용되고 있다. 한편 이 클리셰 때문에 아편 파이프가 가져온 매우 중요한 현상을 간과하기 쉽다. 바로 중국에서 시작된 아편 흡연이 1850~1950년 사이에 비할 데 없이 빠른 속도로 전 세계에 퍼졌다는 사실이다.

　아편의 세계적 확산이라고 할 때 우리는 벨 에포크 시대(19세기 말부터 제1차 세계대전 발발 전까지 프랑스가 전 세계 문화와 예술의 중심지로 번성했던 시기—옮긴이)의 샌프란시스코나 파리, 런던, 툴롱(지중해에 면한 항구 도시로, 중국에 갔던 프랑스인들이 아편에 중독되어 돌아와 이곳을 비롯한 프랑스 남부에서 아편굴이 성행했다—옮긴이) 등지의 몇 안 되는 아편굴이라든지 아편에 빠진 일부 유럽 예술가와 지식인에 초점을 맞추는 실수를 저지르기 쉽다. 장 콕토나 피카소처럼 명성 높은 중독자 몇몇이 아편을 피운다는 사실이 대중에게 널리 알려지기는 했지만, 사실 당시 영국이나 미국, 프랑스의 아편 흡연자는 굉장히 적었다. 두 번의 세계대전 사이 기간까지는 아직 수천 명 정도에 그치는 수준이었다.

하지만 곧 전혀 다른 무게감의 바람이 불어왔다. 19세기 중후반에서 20세기 초반 사이 몇십 년 동안 중국을 떠나 이주한 중국인이 세계 각지에 무서운 기세로 늘어났다. 고국을 떠난 약 700만 명의 중국인은 주로 광둥성과 푸젠성 출신이었다. 이들 가운데 일부는 아메리카와 오세아니아로 갔지만 절대다수가 말레이시아, 태국, 인도차이나, 필리핀, 인도네시아 같은 동남아시아에 정착했다. 중국인은 언어, 사상, 삶의 양식을 전파했고 경제적으로도 성공하며 더욱 큰 영향력을 미쳤다. 화교 사회가 형성되었고, 아편을 피우는 습관도 함께 들어왔다. 캄보디아나 필리핀 같은 몇몇 예외를 제외하면 동남아 현지인들도 아편을 피우기 시작했다. 물론 아편 흡연자 비율은 어디서나 중국인이 단연 높았지만 말이다. 그런데 1900~1910년 프랑스령 인도차이나의 안남(프랑스령 인도차이나의 지명으로 지금의 베트남 중부 지방―옮긴이)과 통킹(지금의 베트남 북부 지방―옮긴이)에서는 아편 흡연자 가운데 중국인 비율이 약 10퍼센트밖에 되지 않았다. 당시 인도차이나반도 전체 인구 1600만 명 가운데 아편 흡연자는 대략 25만 명 정도였다.

아편 파이프는 19세기 중후반부터 동남아시아 전역으로 차츰차츰 퍼진 수없이 많은 중국식 사상과 삶의 방식 가운데 하나일 뿐이다. 가령 프랑스 식민지 총독부는 인도차이나반도 전역에서 자화字花나 번탄番攤 같은 중국 도박이 불러일으키는 열풍을 걱정스러운 눈길로 바라보았고 중국의 민중 종교 확산에도 주의를 기울였다. 특히 1920년대에 코친차이나(지금의 베트남 남부 지방—옮긴이)에서는 까오다이교高臺教(이 지역에서 다양한 종교를 혼융하여 창시된 유일신교로, 항불抗佛 운동을 전개하며 세력을 확장했다—옮긴이)가 강력한 영향력을 행사했다. 또 정의의 사도가 주인공인 무협 소설과 엇갈린 연애를 다루는 원앙호접파 소설 등 중국 민중 문학 일부는 20세기 초 수십 년간 자바섬과 태국에 대거 보급되었다.

따라서 아편 파이프는 아편 하면 으레 생각나는 클리셰를 넘어, 19세기 중후반부터 20세기 초까지를 휩쓴 중국의 소프트 파워 중 하나로 해석해야 마땅하다. 당시 중국은 정치와 군사 면에서는 약소국이었지만 화교의 힘을 바탕으로 동남아시아에서 큰 문화적 힘을 발휘했다. 이 힘은 고급 문화보다는 훨씬 통속적이고 대중적인 관습에서 비롯한 것이었다.

시가

쿠바산 담배와 시가 판매 독점 정책을 시행한 지 한 세기가 만인 1817년, 스페인 정부는 독점 정책을 폐지했다. 이는 국제 통상에서 중대한 사건이었다. 콜럼버스가 타이노족이 나뭇잎을 말아서 피운다고 소개한 이래로 아메리카인들이 '코히바'라 부르던 이 식물은 세계적 열풍을 불러일으켰다.

17세기 아메리카 대륙으로 넘어간 유럽인 사이에서는 시가가 점차 코담배나 잎담배를 대체했다. 쿠바산 시가의 품질이 워낙 좋아 찾는 사람이 많아지자 스페인인들은 18세기 초부터 세비야에서 직접 시가를 제작했다. 시가의 유통은 칠년전쟁을 치르는 동안 가속이 붙었다. 1762~1763년에 영국이 쿠바의 아바나를 점령했는데, 아마 이 시기에 이즈리얼 퍼트넘 장군이 아바나에서 돌아오며 부엘타 아바호 지역의 시가와 담배 씨앗을 미국 코네티컷주로 가져왔을 것이다. 시가의 유행은 1808~1815년 나폴레옹전쟁 기간 동안 유럽 전역에서 다시 한번 찾아왔고, 스페인에서 싸우던 프랑스와 영국 군인은 쿠바산 담배와 함께 말아 피우는 안달루시아 시가의 홍보 대사가 되었다.

스페인은 1817년 왕령으로 쿠바의 자율적인 시가 제작을 허용했다. 최대 수입국인 영국 덕분에 1830년대 쿠바의 시가 생산량은 폭발적으로 증가했다. 1838년 쿠바에서 합법적으로 시가 2600만 개를 수출하자 프랑스에서는 시가에 원산지명을 붙여 부르기 시작했다. 여기서 '아바나산 시가'라는 단어가 등장한 것이다.

1820년대부터는 시가 카페가 등장했다. 남성만 출입이 가능한 시가 카페에서 런던의 부르주아들은 휘장과 큼직한 동양풍 빈백 소파 사이에서 최상급 아바나산 시가를 즐겼다. 시가와 결부된 이런 문화는 흡연실이 탄생하는 계기가 되었다. 흡연실은 부르주아 모임에 속한 남성에게 열려 있었고 최상위 계층은 가정집에 흡연실을 만들기도 했다. 담배 냄새를 빨아들이는 스모킹 재킷도 있었는데, 시가를 피우다가 여성을 만날 때는 이 재킷을 벗었다. 1850년대부터 쿠바산 시가는 젠틀맨과 댄디함을 상징하는 중요 아이템이자 '가장 영국적인 것'의 상징이 되었다. 쿠바의 시가 생산자들은 최고급품 시가에 '런던'이나 '빅토리아 여왕' 같은 이름을 붙였다.

그래도 당시 시가는 여전히 식민지 제품이었다. 시가를 제대로 피울 줄 아는 식견 있는 사람이라면 진짜 쿠바산 시가와 서양에서 만든 아류를 구분할 줄 알 뿐만 아니라 수확 시기에 따른

향의 차이도 분간할 수 있어야 했다. 시가 애호가들은 진짜 시가를 피우는 사람과 대량 생산된 값싼 시가를 피우는 사람을 구분했다. 유럽과 북아메리카 제조사들은 쿠바산 잎에 버지니아 담배를 말아서 판매하기도 했다.

1868년에는 역사가 다시 한번 아바나산 시가를 뒤흔들었다. 1868년은 쿠바 원주민과 스페인 제국 사이에서 독립 전쟁이 시작된 해다. 1902년에 쿠바가 스페인으로부터 독립하기 전까지 담배 산업에 종사하던 농민, 수공업자, 노동자 수천 명이 쿠바를 떠났다. 이들 중 대다수는 아바나에서 약 145킬로미터 떨어진 플로리다의 키웨스트, 탬파, 게인스빌, 잭슨빌 등지로 이주했다. 쿠바산 담배 씨앗과 나뭇잎을 모두 수출하는 자메이카로, 혹은 뉴욕으로 간 이들도 있었다. 담배 제조 노동자의 이러한 이동은 쿠바산 시가 생산의 해외 아웃소싱, 즉 '오프쇼어링off-shoring'인 셈이었다.

쿠바를 떠난 담배 산업 수공업자와 노동자들은 쿠바 본토에서 태동하던 노동조합의 선봉이 되었다. 이렇게 아바나와 키웨스트의 시가 공장에서는 아프리카계 쿠바인과 아시아계 사람들, 또 주로 백인이었던 유럽 본국의 후손들이 모여 식민지 반대 연합을 형성했다. 설탕이 플랜테이션 농장주라는 소수 지배 집단과 유럽에 의존적이었다면 시가는 쿠바의 자유와 독립을 상징했다.

한편 아바나산 시가의 세계적 성공은 서양 남성의 이성애적 욕망과도 연결되었다. 영국 남성들은 1840년대부터 시가를 마는 유색 인종 여성의 손길에 대한 기사를 썼다. 남성들은 시가나 담배를 입에 물고 아바나 거리를 살랑살랑 거니는 혼혈(크리올creole) 여성을 보며 성적 상상을 서슴지 않았다. 미국 출신 새뮤얼 해저드가 1871년에 처음 펴낸 가이드북 이래로 오늘날까지 모든 여행 책자에서 비슷한 계열의 이미지를 찾아볼 수 있다. 이는 쿠바산 시가의 이미지가 퍼져나가는 데 핵심적인 역할을 했다. 시가 생산 업체들은 스페인어권 아메리카 원주민 여성을 유럽과 쿠바 사이의 크리올로 이미지화해 시가 흡연자를 유혹했고, 이런 이미지는 끊임없이 재생산되었다.

한편 쿠바의 시가 생산 업체들은 모조품에 대처하기 위해 선구적인 마킹 기법을 개발했다. 1870년대부터는 시가 밴드(시가를 감싸는 종이 고리)로 브랜드를 구별했고 구매자들의 수집욕을 자극하도록 시가 케이스의 이미지와 봉인 라벨을 여러 가지 버전으로 바꾸어 출시했다.

1870년 이후부터는 쿠바의 시가 생산량이 줄어들고 '아바나산 시가'라는 라벨이 붙은 미국 시가 생산량이 증가했다. 하지만 세계대전 이후 아바나산 시가는 궐련에 자리를 빼앗겼다. 찰리 채플린의 〈황금광 시대The Gold Rush〉 마지막 장면에서 볼 수 있듯 그렇게 시가는 최고 상류층의 전유물이 되었다.

1929년 대공황 이후 미국, 특히 할리우드의 담배 로비스트들은 시가의 명성을 다시 높이기 위해 애를 썼지만 담배 원산지는 이미 인도네시아와 코네티컷으로 넘어간 뒤였다. 1930~1960년대의 유성영화들은 암흑가와 정계의 힘 있고 위험한 사람들과 시가를 피우는 장면을 연신 내보냈다. 윈스턴 처칠은 세계적으로 가장 유명한 쿠바산 시가 하바노의 홍보 대사였는데, 처칠의 이름이 붙은 시가가 생길 정도였다.

　　하지만 1959년 이후 피델 카스트로가 쿠바혁명으로 권력을 잡으면서 취한 두 가지 조치로 분위기가 반전되었다. 첫 번째는 시가를 카지노, 범죄, 연미복과 실크해트에 엮인 이미지에서 끌어내 투쟁의 이미지로 내세운 것이다. 카스트로와 에르네스토 체 게바라는 정치적 성공을 도모하며 아바나산 시가를 피우는 젊은이들의 모습으로 각인되었다. 이로써 재정적으로나 상징적으로나 미국과 영국이 독점했던 시가가 사실은 쿠바의 것이라는 사실이 널리 알려졌다. 두 번째는 담배 농가를 대상으로 한 타협이었다. 담배밭은 토지 분배 개혁을 비켜나간 유일한 땅이었다. 생산 수단 공유화를 시도한 이후 카스트로 정권은 부엘타 아바호 지역에서 수익성이 감소할 수 있다는 점을 알아차리고 1981년 '코히바'라는 쿠바 국영 브랜드를 출시했다. 앞서 잠시 언급된 코히바는 쿠바 원주민들이 신성하게 여겨온 담배를 지칭하는 타이노족의 단어다. 시가가 세계적으로 유통되면서도 쿠바 제품이라는 이미지를 지켜낸 데는 이와 같은 유구한 역사적 배경이 숨어 있다.

리볼버

미국 총기 제조업자 새뮤얼 콜트가 회전 탄창을 고안해 리볼버를 만든 건 1836년이었다. 콜트 리볼버는 세상에 나오자마자 단숨에 세계적인 성공을 거두었다. 무기는 가장 빨리 유통되는 물건 중 하나이며 특히나 살상용 무기는 더욱 그렇다. 수많은 권총 가운데 가장 인기 있는 제품인 리볼버가 그 증거다.

　리볼버의 역사는 콜트의 발명품이 나오기 훨씬 전인 16세기부터 시작되었다. 사람들은 권총에 더 빨리 총알을 채우고 연속으로 방아쇠를 당길 방법이 무엇일지 고민했다. 처음에는 총열이 여러 개 붙은 총이 고안되었고, 다음에는 그 총열들이 회전하는 페퍼박스가 인기를 끌었다(일부 페퍼박스는 24발까지 쏠 수 있었다). 페퍼박스는 손으로 총열을 돌려야 한다는 단점이 있긴 했지만 유럽 전역을 비롯해 카리브해까지 퍼져나갔다. 총알을 빨리 채워 넣지 못해 1718년에 사망한 악명 높은 해적 '검은 수염'을 기억하는 해적들이 카리브해에 페퍼박스를 가져가 퍼트린 것이다. 페퍼박스는 1851년과 1856년 미국 샌프란시스코 주민들이 자경단을 조직해 시드니 덕이라는 갱단과 맞설 때 사용하기도 했다.

콜트가 발명한 리볼버는 페퍼박스와 달리 탄창이 회전하는 방식이었는데, 코르보호를 타고 인도를 여행할 때 역진 방지 장치가 장착된 캡스턴(닻을 들어 올리는 밧줄이나 체인을 감아올리는 장비 −옮긴이)의 기능을 고찰하던 중 얻은 아이디어라고 한다. 콜트는 이 원리를 이용해 손에 쥔 채로 격철을 세우면 탄창이 회전하는 무기를 생산했고, 1836년 뉴저지주의 패터슨에 특허 총기 제조 회사를 설립한 뒤 리볼버를 판매하기 시작했다. 콜트 리볼버는 미국-멕시코전쟁 때 텍사스 레인저스의 위력을 보여주며 인기를 끌었으나 경쟁을 촉발하기도 했다. 이후 스미스 앤드 웨슨과 레밍턴 같은 회사가 기술적으로 더 뛰어난 격발 무기를 개발하면서 미국 총기 시장의 지분을 넓혀나갔다. 한편 영국에서는 로버트 애덤스가 자신이 제작한 리볼버를 1851년 런던 만국박람회에서 선보였다.

리볼버 생산은 빠르게 국제화되었다. 남북전쟁 발발로 미국 시장이 활성화되었고 수많은 유럽인이 여기에 뛰어들었다. 무기 판매를 허용한 벨기에에서도 피를로, 에르망, 나강 같은 리에주의 무기 판매업자들이 스위스, 러시아, 일본 등지에 리볼버를 판매했다. 파리에서는 루이 프랑수아 드비즘이 리볼버를 만들었고 장 알렉상드르 르마가 그 뒤를 이었다. 외젠 르포쇠가 고안한 소위 핀파이어 탄약을 쓰는 밀폐 리볼버는 전 세계 대부분 국가의 해군에서 도입했다. 앙리 델빈은 '샤믈로 델빈'이라 불리는 프랑스군의 제식 권총을 설계했다. 생테티엔 무기 공장에서 대량생산한 이 제품은 프랑스 군대 최초의 현대식 권총이다. 스위스 베른이나 스페인 바스크 지방의 에이바르, 영국, 오스트리아에서도 리볼버가 생산되었으며 독일에서는 뢰베사와 폴 마우저사가 번창했다.

1880년대부터 리볼버는 대표적인 권총이 되었다. 장교들은 허리춤에 제식 리볼버를 차고 다녔다. 리볼버는 무정부주의자와 혁명가의 무기이기도 했는데, 이들은 6연발 리볼버를 선호했다. 1882년 프랑스 로안에서는 공장 사장을 죽이려고 시도한 노동자 피에르 푸르니에게 활동가들이 '영예의 리볼버'를 주기도 했다.

건달들의 세계에서는 마주 보고 직접 손에 피를 묻히는 무기인 칼이 오랫동안 비할 데 없는 위용을 누렸지만 리볼버는 이 세계까지도 영역을 넓혀갔다. 20세기 초 암흑가에서 리볼버의 효력은 실로 엄청났다. 신문 보도에 따르면 벨 에포크 시대의 파리는 살인이 열병처럼 식을 줄 모르고 번지는 '리볼버의 시대'였다. "끊임없이 구설수에 오르는 리볼버", "리볼버의 광기가 계속되고 있다" 같은 제목의 기사가 신문에 실렸고, '리볼버로 벌집을 만들어놓다revolvériser'라는 말이 유행할 정도였다. 총기 회사는 범죄자와 맞서는 용감한 사람들에게 "스스로의 안전을 보장"(리볼버 광고 문구)하기 위해 리볼버로 무장하라 권했다. 페미니스트 마들렌 펠티에는 "리볼버를 차고 다니는 건 용기 있는 일"이라 말하기도 했다. 1911년 무기 관련 정책 입안자는 "현재 개인 소유

리볼버는 수십만 개가량"이라고 추산했다.

리볼버가 세계화되는 데는 미국 서부 시대에 대한 동경이 한몫을 했다. 리볼버는 점차 신생 국가 미국의 거침없고 현대적인 삶을 총체적으로 상징하는 물건이 되었고, 이를 중심으로 고독한 주인공이 정의를 구현하는 액션과 모험의 세계가 만들어졌다. 1860년대 말부터 연재소설 작가 폴 페발은 『검은 옷Les habits noirs』에서 미국이란 나라는 '리볼버에 대한 종교심'이 특징이라고 했다. 아일랜드 작가 메인 레이드와 독일 작가 카를 마이도 마찬가지로 이야기했다. 무엇보다 1887~1892년, 1902~1906년 버펄로 빌(서부 개척 시대의 전설적인 총잡이였던 윌리엄 프레더릭 코디의 별명—옮긴이)이 〈와일드 웨스트 쇼〉 유럽 순회공연에서 6연발 리볼버를 보여줌으로써 리볼버는 신대륙의 상징이 되었다. 1905년부터 독일 드레스덴의 편집자 아돌프 아이힐러는 『버펄로 빌』, 『텍사스 잭』, 『시팅 불』 등 수많은 서부 시리즈를 만들었고, 이 시리즈는 유럽 전역에서 각국의 언어로 번역되어 대규모로 전파되었다. 우리가 잘 아는 서부영화도 이 시기에 주목받기 시작했다.

그렇지만 리볼버에 얽힌 미국에 대한 환상은 세기를 강타한 또 다른 문제와 타협해야만 했다. 바로 러시안 룰렛이다. 모든 일은 1917년 러시아혁명으로 러시아군이 루마니아에서 와해되며 시작되었다. 끔찍한 퇴각을 겪은 제정러시아 장교들은 이 비극적인 게임에서 자신의 명예를 보존할 방법을 찾아냈다. 탄창에 딱 한 개의 총알을 넣고 리볼버를 관자놀이에 겨누는 것이었다. 목숨을 부지할 확률은 7분의 1이었다(당시 러시아군이 사용했던 1895년형 나강 리볼버는 총 일곱 발을 장전할 수 있었다). 사실 이 일화의 진위를 확인할 길은 없으며 러시안 룰렛을 먼저 시작한 게 정말 러시아 사람이라는 증거도 없다. 러시안 룰렛이라는 표현은 조르주 서데즈가 1937년 미국 주간지 《콜리어스 위클리Collier's weekly》에 기고한 기사에 처음으로 나온다. 프랑스 외인부대 군인들이 북아프리카 사막에서 위선자를 가려낼 때 하던 놀이라는 내용의 글이었다. 하지만 이 놀이는 러시아군 하면 떠오르는 난폭함, 극단적이고 가학적인 괴롭힘이라는 선입견에 더 잘 들어맞는 듯했다. 하지만 러시안 룰렛이라 했을 때 가장 먼저 떠오르는 이미지는 사실 다른 곳에서 기인했다. 마이클 치미노 감독의 영화 〈디어 헌터〉에는 어느 미국 포로가 먼저 자기 머리를 쏠 것 같은지 베트콩들끼리 내기를 하는 장면이 나온다. 이 장면은 실제 베트남전에서 있었던 일인지 확인되지 않았던 탓에 많은 비판을 받았지만, 그래도 리볼버의 세계적 유행에는 상당한 기여를 했다.

오늘날 리볼버는 보다 강력한 자동 권총의 탄생으로 과거의 화려한 위용을 잃었다. 이제 군대에서는 거의 볼 수 없으며 사격장, 용병, 갱단에서나 겨우 사용하는 정도로만 살아남았다. 그렇지만 리볼버는 그 어느 때보다 세계 곳곳에서 생산되고 있다. 스미스 앤드 웨슨과 루거사가 미군 제식 권총의 명맥을 잇고 있다고는 해도 현재 주요 제조사는 브라질에 있다. 포르투 알레그리에 본사를 둔 포르자스 타우루스는 1939년 독일 이민자들이 설립한 회사로, 1942년부터 리볼버를 생산해왔다. 브라질에서 무기 판매 독점권을 얻어 빠르게 성장한 타우루스는 아르헨티나, 칠레, 미국 마이애미에 지사를 열어 많은 이를 불안에 떨게 만들었다.

카메라
플래시

에드워드 손스타트가 1862년에 맨체스터에서 발명한 마그네슘 플래시의 용량을 잘못 맞추면 카메라 앞에 선 피사체는 수 초 동안 눈부신 채로 있게 된다. 사진을 찍다 눈이 멀 수도 있을 정도였다. 사진가도 마찬가지로 위험하다. 마그네슘 연소 방출물이 불타버리지 않게 지켜보고 있어야 하니 말이다. 초창기 플래시는 순식간에 스튜디오에 불을 붙일지도 모르는, 인공조명의 선구자들을 다치게 할 수 있는 위험한 물건이었다. 하지만 그렇다고 해도 플래시 사용을 막을 수는 없었다. 마침내 1887년이 되어서야 아돌프 미테와 요하네스 개디케가 안전한 마그네슘 분말 플래시를 개발했다. 무기질 염을 연소시킬 때 발생하는 폭발적인 하얀 빛은 19세기를 뒤덮고 있던 어둠과 몽매에 맞서는 신식무기가 되어 새로운 지평을 열었다.

카메라는 처음 발명되었을 때부터 세상을 드러내는 강력한 도구였다. 아주 작은 것부터 광대한 우주까지 보이지 않는 것을 보여주었으니 말이다. 그렇지만 여전히 카메라는 밤과 어둠에 약했기에 사람들은 어둠 속에서도 선명히 사진을 찍을 수 있도록 카메라 플래시를 개발했다. 1865년부터 이집트 기자의 피라미드군에 집착하던 찰스 피아치 스미스는 피라미드 내부를 여러 각도에서 찍었고, 그다음 해 찰스 스미턴은 최초로 로마 카타콤 사진을 찍었다. 드디어 지하 세계가 모습을 드러낸 것이다. 찰스 왈닥은 1866년 미국 켄터키주에 있는 거대한 매머드 동굴을 여러 각도에서 찍었다. 1892년, 같은 장소에서 사진의 선구자 가운데 한 명인 프랜시스 존스턴도 더욱 경이로운 장면을 촬영하고 싶어 했다.

실제로 플래시가 등장하며 카메라가 촬영할 수 있는 범위는 물 아래 세계로까지 넓어졌다. 1893년에 루이 부탕은 바니윌스쉬르메르 해안에서 멀리 떨어진 바다 속에 들어가 유리 돔 안에 마그네슘 와이어를 넣고 플래시를 터트려 최초로 잠수함을 촬영했다. 플래시만 있으면 현대인의 시야에서 벗어날 만한 건 아무것도 없을 듯했다. 플래시는 인간이 바라는 건 뭐든지 눈으로 볼 수 있을 거라는 꿈을 꾸게 했다.

마그네슘 플래시는 소외된 이들의 세상에도 별안간 빛을 비추었다. 1888년에 제이콥 리스가 뉴욕 극빈층의 혹독한 삶을 여과 없이 보여주었고 19세기 말에 이들의 존재가 여론에 공개되었다. 리스는 뉴욕의 낙후된 지역에 있는 한 지하실과 어두컴컴한 숙소로 들어갔다. 그곳은 사람으로 꽉 차 있었다. 리스는 이들이 지내는 공간에 들어가 플래시를 터트렸고 고통과 빈곤의 얼굴을 포착해냈다. 1890년에 『세상의 절반은 어떻게 사는가』가 출간되자 리스의 사진은 사회문제를 둘러싼 격렬한 토론에 불을 지폈다. 그러던 중 1893년에는 존 찰스 버로의 작품이 파문을 일으켰다. 웨일스의 광산에서 찍은 버로의 사진들은 광부들이 지하에서 어떤 삶을 사는지를 증언했다. 플래시 불빛의 난폭함(실제로 플래시의 모양은 불빛을 쏘는 피스톨인 플래시건과 비슷했다)은 사회적 폭력에 상응했고, 사람들은 마침내 가난과 빈곤의 구렁텅이에 대해 곰곰이 생각해보게 되었다. 때로 마그네슘 플래시는 어둠 한가운데서 가져올 수 있는 고통스러운 물건이기도 했다. 20세기에 들어서는 집단 폭행의 현장을 비롯한 고발의 순간을 기록하는 데도 사용되며 현대의 어둡고 외진 곳을 환하게 밝혔다. 그렇게 플래시 사진은 '난입의 미학'을 정착시켰다.

플래시는 죽은 자들도 비추었다. 주로 아마추어 심령술사들이 플래시의 도움을 받았다. 1870년대 초 윌리엄 헨리 해리슨은 플로렌스 쿡이라는 영매의 힘을 빌려 고인이 된 케이티 킹을 불러내 여러 장의 영혼 사진을 찍었다. 플래시가 비춘 희끄무레하고 흐릿한 심령체의 이미지는 몽매주의에 힘입어 유령으로 인식되었다. 심령사진보다 좀 더 평범한 사례지만, 세기 전환기 알폰스 베르티옹 덕에 발전한 사진술을 바탕으로 마그네슘 플래시가 범죄 현장에서 시신이 잘 보이게끔 불빛을 밝힌 일도 있었다. 적나라한 범죄 현장이 그대로 드러나며 1920년대 포토저널리즘이 기회를 포착했고 미국 사진작가 위지는 이것으로 자기 로고를 만들었다. 빛과 어둠 사이에서 흑백논리에 따라 사물을 분간하는 상징체계를 대변한 플래시는 '죽음'과 '사진 촬영'의 내밀한 관계를 공고히 했다. 오랫동안 플래시의 불빛이 닿지 않은 영역은 전쟁뿐이었다. 전투는 낮에만 존재하는 것처럼 보였다. 로버트 리 던이 러일전쟁 동안 플래시를 터트리며 사진을 여러 장 찍기는 했지만, 플래시의 도움을 받아 야간전투의 현장까지 드러나는 데는 시간이 조금 더 걸렸다. 제1차 세계대전이 발발하자 영국 사진가 존 워윅 브룩 같은 몇몇 공식 사진가가 플래시를 터트리며 전쟁의 참상을 남겼다. 군사들이 해가 진 무인 지대에 섬광탄을 쏴 비출 때도 같은 마그네슘이 쓰였다.

그렇다고 해서 플래시가 세상의 불행만 내보인 건 아니었다. 번쩍번쩍한 불꽃놀이로 사교계의 파티와 손님들을 기록할 때도 마그네슘을 사용했다. 1888년 에른스트 막스는 뉴욕 오페라 하우스에서 바그너의 〈지크프리트〉 공연을 보기 위해 참석한 3500명의 사진을 찍었는데, 공연장 첫 줄에 앉은 관람객들은 아마 몇 분 동안 눈이 멀었을지도 모를 업적이었다. 또 플래시는 집 안의 모습을 드러내기도 했다. 열렬한 아마추어 사진가이자 수집가였던 롤랑 보나파르트 왕자는 화재의 위험을 무릅쓰고 1857년부터 전대미문의 연출 방식으로 파리 아파트에서 여러 차례 가족사진을 촬영했다. 인공조명은 새로운 '실내 단체 사진'의 장을 열며 20세기 초에 빠르게 퍼져나갔다. 또 코닥이 천천히 연소하는 간단한 용지를 개발한 덕에 1900년부터 저렴한 가격으로 실내 야간 장면을 촬영할 수 있었다. 코닥은 크리스마스를 기념해 한자리에 모인 가족들과 사진을 찍는 게 얼마나 행복한 일인지를 자랑하는 광고를 내보냈다. 이렇듯 사진이 유행하는 만 큰 플래시도 전 세계로 퍼졌다.

19세기 말 사진은 국제적인 예술이자 기술이었다. 빠른 속도로 초창기 유럽 중심적인 관행을 벗어났고 수없이 다양한 주체가 이 기회를 포착했다. 플래시를 터트려 찍은 인물 사진으로는 1890년대 런던 주재 중국 대사관 팅판창의 기술이 확실히 독보적이었다. 그의 촬영 기법은 1900년대부터 이란 왕궁에까지 알려졌고 20세기 초 서아프리카에서 발전한 스튜디오 촬영 문화에도 핵심적인 역할을 했다.

19세기 말까지 플래시 조명이 닿지 못한 최후의 보루는 야생동물이었다. 하지만 이것도 오래가지는 않았다. 전직 사냥꾼으로 사진작가가 된 조지 시라스는 1880~1900년에 북미에 사는 대형 포유류를 촬영하기 위해 플래시가 작동하는 덫을 놓았고, 그의 후배 격인 카를 게오르그 실링스는 1900년대 아프리카에서 자동 플래시를 터트려 야간에 동물을 촬영했다. 이들이 찍은 괄목할 만한 풍경은 야생에 대한 이미지 자체를 바꾸어놓았다. 일부 사진가들은 야경의 찬란한 생동감을 선호하기 시작했다.

이후 1920년대에 플래시 전구와 전자 플래시가 차례로 발명되어 사진술이 대중화되면서 보다 안전하게 사진을 찍을 수 있었다. 그렇게 도촬과 파파라치의 황금기가 도래했고 현재는 누구나 무엇이든 찍을 수 있는 스마트폰 촬영의 시대가 되었다. 이제는 밤이 인간에게 길들여진 셈이다.

칼루멧

1844년, 미국 화가 조지 캐틀린의 저서 『북미 원주민의 예의범절과 관습, 생활환경에 관한 편지와 기록Letters and Notes on the Manners, Customs and Conditions of North American Indians』속 300점이 넘는 삽화 중에는 인디언의 담배 파이프를 그린 그림 열두 점이 있다. 캐틀린은 이 담뱃대 중에서도 독수리 깃털로 장식된 '칼루멧calumet'을 따로 설명했다. 그의 기록에 따르면 아메리카 원주민들은 평화 의식을 거행할 때 이 칼루멧을 사용했다고 한다. 19세기 미국 대평원을 여행한 캐틀린은 미국과 유럽에서 북미 원주민 전문가로 이름을 알렸다. 추장의 깃털 모자, 보디페인팅, 토마호크, 활과 화살, 말을 탄 원주민 전사와 함께 칼루멧은 세계적으로 널리 알려진 이국적 상징 가운데 하나가 되었다.

칼루멧이라는 단어가 프랑스에 처음 등장한 건 1609년이며 갈대나 피리를 의미하는 '샬뤼모chalumeau'를 노르망디어로 표현한 말이다. 믹맥족 중 당시 아카디아(캐나다의 뉴브런즈윅, 미국의 뉴잉글랜드 지역 등 북미 대륙 북동부의 옛 프랑스 식민지 — 옮긴이) 재단에 참여했던 마르크 레스카르보가 처음 이 단어를 썼다. 1660년대부터 프랑스 식민 지배 관련 자료라면 어디에나 등장하며 미국의 오대호, 대평원, 미시시피 계곡에서 프랑스인과 인디언 사이의 긴밀한 상호 관계를 보여주는 도구이기도 하다.

칼루멧은 아메리카 동쪽 대륙에서 쓰던 진흙으로 만든 작은 파이프와 구분된다. 고전적인 묘사에 따르면 칼루멧의 자루는 속이 비어 있는 75센티미터가량의 긴 나무 막대기로 만든다. 고슴도치 가시와 들소(혹은 곰이나 노루 등) 털, 형형색색의 깃털로 장식된 이 자루는 권력을 상징하는 물건이기도 했다. 담배통은 빨간색이나 검은색이나 흰색 돌을 깎아 만든다. 캐틀린은 수Sioux족 원주민들이 칼루멧 담배통을 만들 때 사용하는 붉은 바위에 자기 이름을 딴 '캐틀리니트'라는 별칭을 붙여 불렀다. 그는 실제로 미네소타주의 캐틀리니트 채석장을 방문해 〈대평원의 파이프스톤 채석장Pipestone Quarry on the Coteau des Prairies〉을 그렸다.

파이프와 담배통은 원래 별개의 사물이지만 의식을 치르기 위해 둘을 끼워 넣는다. 이 두 가지가 합쳐져야만 칼루멧이라 부르는 담배용 도구가 된다. 칼루멧은 신성한 물건이자(17세기 한 예수회 수도사는 "반면 왕관과 왕홀에는 그렇게 대단한 존경의 의미가 없다"고 기록했다) 인격이 있는 사물로서 말을 거는 대상이 되기도 했다. 신성한 존재와 의사소통을 하는 매개체이기도 했기에 아메리카 원주민들은 칼루멧을 태울 때 연기에 다산, 장수, 사냥 성공, 풍성한 수확 같은 소망을 실어 보냈다. 20세기 초 인류학자 이네즈 힐거가 남긴 오지브와족에 대한 설명에 따르면 "파이프에 불을 붙이는 행위는 기도와 마찬가지"로, "자기 파이프에 불을 붙이는 건 자신의 수호령에게 도움을 요청하는 것이기 때문"이다. 보통 담배를 피울 때는 마파초, 향나무, 비단말채나무, 서양붉은삼나무의 껍질 등을 섞어 피웠다.

또 칼루멧은 관계를 맺어 생명을 창조한다는 의미도 담고 있었다. 이런 관점에서 남성을 의미하는 담뱃대를 여성을 의미하는 담배통에 끼워 넣는 행위에는 성적 상징이 부여되어 있다. 의식이 끝나면 파이프와 연통을 분리해 포개놓는다. 칼루멧을 피우는 것은 의례적인 성교와 비슷하다고 할 수 있기에 여러 부족에서 남성을 상징하는 칼루멧과 여성을 상징하는 칼루멧 한 쌍을 진열해놓기도 한다.

17세기와 18세기 원주민 마을에 머물며 환영을 받은 많은 선교사와 작가는 실제로 칼루멧을 어떻게 쓰는지에 관한 기록을 남겼다. 예를 들어 1687년, 현재의 텍사스주에 살던 카히니오족을 방문한 프랑스 목사 장 카벨리에는 의식을 집행하는 추장에게 다채로운 깃털로 장식된 칼루멧을 받았다. 추장은 칼루멧을 손에 쥐고 연극을 하는 것 같은 자세로 앞뒤로 10여 번 왔다 갔다 한 다음, 칼루멧을 건넸다. 일행 중 한 사람의 말에 따르면 전날부터 시작한 의식 때문에 기진맥진한 카벨리에는 칼루멧을 피우는 척만 한 뒤 다시 부족 사람들에게 돌려주었다고 한다. "그 뒤에도 우리 일행에게 칼루멧을 피우라고 권했고, 모두가 피운 다음에야 의식이 끝났다. 그동안 음악은 계속 흘렀다." 의식을 집전하는 추장은 아버지로서 아들에게 신성한 파이프를 건넨 것과도 같았다. 앨리스 플레처, 제임스 O. 도시 같은 미국 인류학자들은 이같이 19세기 말 대평원에서 이루어진 양자 결연 의식을 조사했다. 포니족은 이 의식을 리듬이나 타악기라는 뜻의 'hako'나 '파이프를 휘두르다'라는 뜻의 'raktaraiwariihus'라고 불렀다. 수족은 '부모를 위해 노래 부르다'라는 뜻의 'høká alowâpi'라 불렀고, 오마하족은 '신성한 혈연관계를 맺다'라는 의미를 담아 불렀다.

부족에 따라 디테일이 조금씩 다르긴 해도 이러한 의식에는 복잡한 예법이 있다. 예를 들어 칼루멧이 땅에 닿게 해서는 안 되고 여성, 무기, 신발로 둘러싸서도 안 된다. 또 불꽃이나 재가 아니라 불에서 꺼낸 붉은 나무 조각으로 파이프를 켜야 한다. 의식을 집행하는 추장은 태양(위)과 땅(아래), 동서남북 사방을 향해 담배 연기를 몇 번 내뿜고 나서 태양이 도는 방향을 따라 파이프를 오른쪽에서 왼쪽으로 보낸다. 의식을 집행하는 동안에는 중간중간 전투와 업적을 표현하는 춤을 춘다(17세기 프랑스인들은 '담배를 피우는 파이프 댄스'나 '칼루멧 댄스'에 대해 이야기했다). 자크 마르케트 신부는 1673년에 일리노이족을 관찰한 뒤 "먼저 한명 한 명 존경의 마음으로 칼루멧을 잡고 두 손으로 받아 든다. 그리고 박자에 맞추어 노래 분위기와 잘 어울리는 춤을 춘다"고 표현했다. 프랑스인들은 이런 의식에 외교적 의미를 부여해 칼루멧이 부족 간의 안전한 여행을 가능하게 해주는 여권이나 보증 같은 것이라 여겨 다소 부자연스러운 '평화의 칼루멧' 개념을 만들어냈다. 하지만 칼루멧은 공동의 적과 싸우기 위해 연합을 맺는 데 쓰였으며, 붉은 깃털로 장식한 칼루멧은 오히려 전쟁의 상징이었다.

17세기 말 영어에서 가져온 '칼루멧'이라는 단어는 1743년 『트레부 사전Dictionnaire de Trévoux』에 등재되어 "아메리카 야만인의 도구다. … 빨강색, 검정색, 흰색 대리석으로 만든 일종의 기다란 담배 파이프"라는 설명이 붙었다. 칼루멧은 식민지에 거주하는 유럽인들의 문화로 유입되었다. 캐나다로 이주한 프랑스인은 원주민과 수월하게 연맹을 체결하기 위해 17세기 중후반부터 칼루멧을 구비했다. 18세기 퀘벡에서는 칼루멧을 절충한 '칼루멧 도끼'를 제작했다. 1740년대에 등장한 이 단어는 담배 파이프로도 쓸 수 있는 토마호크를 가리켰다. 유럽의 장교, 학자, 귀족 들도 원주민의 의식용 파이프를 수집했다. 캐틀린도 대평원의 원주민들에게서 받은 칼루멧을 수집했다. 그는 1832년 노스다코타주의 히다차족과 함께 있을 때 투생 샤르보노라는 캐나다인 통역가를 만났다. 샤르보노는 캐틀린에게 자기 칼루멧 세 개를 그림으로 그려도 된다고 허락해주었는데, 아주 관능적인 스타일의 담배통이었다. 캐틀린이 1845~1846년에 소개한 인도 캘커타(현재의 콜카타)의 인도박물관 역시 칼루멧을 여러 개 전시하고 있었다.

프랑수아 샤토브리앙(샤토브리앙 자작 프랑수아 오귀스트 르네. 18세기 말에서 19세기 초에 활동한 프랑스 작가이자 정치가 ─옮긴이)은 아메리카 원주민의 낭만적인 세계를 그린 소설(『아탈라Atala』, 『르네René』, 『나체즈족Les natchez』)로 칼루멧이라는 단어를 전한 사람 중 하나다. 미국 작가 헨리 롱펠로의 작품을 번안해서 1868년판 『악의 꽃』에 실린 샤를 보들레르의 시 「평화의 칼루멧」에서도 이 같은 단어를 찾아볼 수 있다. 르콩트 드릴의 『비극 시집Poèmes tragiques』에 실린 「추장의 칼루멧Le Calumet du Sachem」도 마찬가지다. 20세기를 비롯해 오늘날까지 칼루멧은 아메리카 원주민을 그릴 때면 가장 먼저 표현되는 상징으로 남아 있다(영화 〈루키 루크〉(아메리카 원주민이 주요 인물로 등장하는 서부극―옮긴이)를 생각해보라). 이런 이유로 프랑스 전역의 흡연 가능한 수많은 술집은 지금도 '칼루멧'이라 불린다. 인공 첨가물이 없다고 알려진 미국 담배 내추럴 아메리칸 스피릿의 로고에는 긴 파이프를 피우는 아메리카 원주민이 그려져 있다. 이런 이미지가 돌고 돌다가 2018년 프랑스에서는 담배 도난 방지 비콘에 '칼루멧'이라는 이름이 붙었다. 프랑스와 북미 원주민 간의 결연에서 기대하지 않았던 유산이 예상치 못한 곳에서 등장한 셈이다.

코카

2009년 3월 12일 오스트리아 빈을 방문한 모랄레스 볼리비아 대통령은 일종의 의식처럼 작은 코카잎 두 장을 입에 넣은 뒤 "이 코카잎은 건강에 유해하지 않습니다"라고 말했다. 모랄레스 대통령이 이런 행동을 한 건 UN 마약위원회 장관 52명에게 코카잎을 금지 약물 목록에서 빼달라고 요청하기 위해서였다. 모랄레스 대통령이 언급한 것처럼 코카나무는 수천 년 전부터 안데스산맥에 사는 주민들에게 조상 대대로 내려오는 신성한 식물이다.

    코카는 남아메리카가 원산지인 코카나뭇과에 속하는 소관목이며 해발고도가 300~2000미터인 안데스산맥에서 야생으로 자란다. 이미 고고학 연구를 통해 기원전 2000년부터 아메리카 대륙의 여러 지방에 코카나무가 존재했다는 사실이 증명되었다. 16~19세기 코카나무의 쓰임새는 매우 한정적이었다. 농부와 광부는 자극제와 마취제 용도로 코카잎을 씹었다. 코카잎을 씹으면 환각 증세가 일어나는 원리를 이용해 민간요법으로 병을 치유하거나 미래를 예측할 때도 코카잎을 사용했다. 인간과 땅을 연결해주는 코카의 이런 제식 기능은 오늘날까지도 남아 있다. 반면 코카잎을 봉헌물로 쓰지 않는 페루와 볼리비아에는 이런 의례가 보이지 않는다.

남아메리카 국가들은 독립 이후 서로 구별되는 국가를 건설하고자 했고, 이를 위해 원주민의 과거를 찾는 데 집중했다. 페루는 잉카문명을 계승했고 볼리비아는 알티플라노고원과 티티카카 호수에 뿌리를 내렸다. 남미의 이 신생국가들이 고고학 탐사를 지원한 결과 미국 고고학자 하이럼 빙엄은 1911년에 쿠스코 지방을 답사하고 마추픽추의 고대 도시를 발견했다. 몇 년 뒤인 1932년에는 볼리비아 정부가 미국 고고학자 웬들 베닛에게 티와나쿠 유적지 발굴을 허가했다. 하지만 원주민 문화에 대한 지도층의 관심은 고대에만 한정되었다. 이들에게 안데스산맥 주민들은 아랫사람일 뿐이었고 코카잎 씹기 같은 풍습은 후진성의 증표에 불과했다. 코카나무를 바라보는 시선을 바꾸기 위해서는 19~20세기 들어 제약 산업이 발전하길 기다려야 했다.

코카나무는 현대 의학이 발달하며 중요성이 부각되었다. 1860년, 코카잎에서 추출한 알칼로이드인 코카인을 분리해내는 데 성공하자 머크 앤드 컴퍼니는 코카인을 수술용 마취제로 판매했다. 이렇게 코카잎은 19세기 중후반에 확실한 존재감을 드러내며 서양의 열광을 끌어내기 시작했다. 코르시카 출신 화학자 안젤로 마리아니는 1860년대부터 코카잎 수천 톤을 수입해

와인과 뱅 마리아니를 만들었고, 1863년에 특허를 내 큰 인기를 끌었다. 한편 1866년 미국 애틀랜타주의 약사 존 펨버튼은 활력을 불어넣고 소화불량을 해결해준다는 코카잎 시럽을 의약품으로 판매하기 시작했고, 그의 회계사 프랭크 로빈슨이 시럽의 제품명과 로고를 정해주었다. 이것이 훗날 우리가 잘 아는 코카콜라의 탄생 일화다.

19세기 말까지 코카에 대한 열광은 커져만 갔다. 코카나무는 차, 연고, 마취제 등 주로 약용으로 사용되었다. 페루는 수요에 맞춰 더 쉽게 운송하기 위해 코카잎을 가공하는 공장을 세우며 코카 최대 생산국으로 우뚝 섰다. 1892~1899년 동안 세계 코카인 생산량의 31퍼센트가 페루산이었으며, 전체 생산량 중 58퍼센트가 페루와 관련된 여러 경로를 통해 유통되었다. 그렇지만 페루의 번영은 잠깐이었다. 네덜란드가 인도네시아 자바에서 질병에 더 강한 품종을 키워내는 데 성공했기 때문이다. 1910년대에는 인도네시아가 코카 생산을 주도했고 1920년에는 세계시장의 80퍼센트를 장악했다.

하지만 번영을 누려오던 코카는 20세기 초부터 불법화되었다. 처방 실수가 잦았고 불면증이나 비강 궤양 같은 부작용들이 나타나 코카인의 이미지가 나빠졌다. 공중보건의들은 사회에 퍼져나가는 마약 중독이라는 전염병을 경계해야 한다며 목소리를 높였고 1906년에는 미국에서 마약 규제 캠페인이 벌어졌다. 같은 해 코카콜라는 제품에 코카 추출물을 넣지 않기로 했다. 마리아니도 뱅 마리아니에 코카인이 들어가지 않는다는 사실을 명시해야 했다. 서양 국가들은 의사의 승인 없이 치료 목적으로 코카인을 복용하는 걸 금지했다. 1912년에 헤이그에서 체결하고 1919년에 시행한 국제아편협정은 아편, 코카인, 헤로인 등을 불법으로 규정하고 관리 규제를 강화했다. 미국은 1922년에 코카인 수입을 금지했다. 볼리비아는 내수용만을 목적으로 생산했으며 콜롬비아도 굉장히 한정적인 양만을 생산했다.

제2차 세계대전 이후 UN은 마약 시장을 규제할 책임을 도맡았고 1961년에 마약단일협약을 공표했다. 마약단일협약의 불법 약물 목록에는 코카인뿐만 아니라 코카잎도 포함되었다. 마약단일협약에 서명한 페루와 볼리비아 정부는 코카 재배 구역을 제한하는 강력한 조치를 시행했다. 미국은 닉슨 대통령이 마약 퇴치를 명목으로 1973년에 창설한 마약단속국을 통해 코카 생산에 개입했다.

이로 인해 남미의 코카 생산 농가는 거의 다 불법을 저지르는 셈이었다. 결국 코카 재배 농민들은 '코칼레로스'라는 조합을 조직했다. 그러나 페루의 코칼레로스 조직은 1980~2000년 사이 페루에서 벌어진 무장투쟁으로 와해되었다. 이들은 이미 자국 내 생산 지역의 분산 때문에 어려움을 겪고 있었기 때문이다. 반면 같은 시기 볼리비아의 노동조합은 강화되고 다각화되었다. 페루와 달리 볼리비아는 코카의 생산과 유통이 GDP의 많은 부분을 차지했기에(1984년 기준 GDP의 55퍼센트) 1990년대 구조조정 정책을 버틸 수 있었다. 이 영향력 덕분에 볼리비아의 코칼레로스 운동은 정치인들에게 압박으로 다가왔다. 1999년 국민주권을 위한 사회주의 정당 MAS-IPSP이 창당해 많은 페루 농민을 규합했다. MAS-IPSP의 수장이자 코칼레로스 노동조합 출신의 아이마라 원주민인 에보 모랄레스는 마침내 2006년 볼리비아 대통령에 당선되었다.

모랄레스 대통령의 배경은 그가 왜 2009년에 코카 나뭇잎을 불법 마약 목록에서 빼달라고 열렬히 요청했는지를 설명해준다. UN과의 힘겨루기는 결국 모랄레스 대통령의 승리로 끝났다. 2013년에 UN은 볼리비아의 코카 생산과 소비를 승인했고, 이는 남미에서 코카인 합법화 논쟁의 문을 열었다. 우루과이의 호세 무히카 대통령과 콜롬비아의 후안 마누엘 산토스 대통령은 임기 동안 코카인 소비를 관리하고 마약 밀매를 효율적으로 퇴치하기 위해 코카인 합법화를 주장하기도 했다.

텔레비전

1925년, 처음으로 텔레비전 수상기가 등장했다. 사실 텔레비전 수상기는 19세기 중반부터 학자들이 발명하려고 애써온 물건이다. 1900년에도 파리 만국박람회에서 러시아의 콘스탄틴 페르스키가 원거리 이미지 전송을 위해 고안한 시스템을 '텔레비전'이라는 이름으로 소개한 적이 있었으나 새로운 아이디어는 아니었다. 텔레비전 발명에 대한 아이디어의 씨앗은 고대 학자들의 생각 속에도 잠재되어 있었다. 일찍이 2세기에 사모사타의 루키아누스가 '멀리서도 볼 수 있는 마법의 거울'을 상상한 바 있었으니 말이다. 마침내 그 꿈을 현실화한 텔레비전은 이내 전 세계를 정복했다.

　1925년 스코틀랜드의 존 로지 베어드와 미국의 찰스 젠킨스는 해상도가 낮은 기계식 텔레비전을 개발했다. 베어드는 영국에서 '텔레바이저'라는 송신기로 실험용 방송을 내보냈다. 1931년에는 수신기 1000대가 팔렸고, 1937년에는 1500대, 1938년에는 2만 대까지 판매량이 늘어났다. 당시 영국은 텔레비전 발전의 선두에 있었다. 과학박물관은 텔레비전 박람회를 개최했고 상점과 기차역에서는 대중을 대상으로 한 텔레비전 시연이 펼쳐졌다. 상업적 노력과 혁신이 함께 이루어진 시기였다. 미국의 전자 회사 RCARadio Corporation of America는 블라디미르 즈보리킨이 고안한 촬상관(피사체의 광학상을 전기신호로 바꾸는 전자관―옮긴이) 특허 덕분에 1930년대에 압도적인 해법을 개발했다. 그런데 RCA 회장 데이비드 사노프가 텔레비전 개발에 제동을 걸었다. 텔레비전의 경쟁 대상인 라디오 업계가 이익 보전을 원했기 때문이다. 라디오 업계는 시청각적 품질의 중요성을 강조했는데, 그것도 그럴 만한 게 1930년대 말 텔레비전 화면은 둥그런 브라운관을 장착한 20여 센티미터밖에 되지 않는 자그마한 크기였다. 또 그때까지만 해도 텔레비전은 가정보다 몇몇 애호가와 기술자의 전유물이었다. 미국 연방통신위원회는 해당 분야 기업들이 제안한 규정을 1941년에서야 승인했고 그마저도 세계대전 때문에 생산과 연구가 중단되었다.

그런데 제2차 세계대전이 끝나자 연구실 전용이던 텔레비전이 대중 소비재로 변하기 시작했다. 1955년 미국 가정의 3분의 2가 텔레비전을 구비했고, 1960년대 초에는 미국 가정의 90퍼센트가 하루 평균 5시간을 텔레비전 앞에서 보냈다. 일본에서도 1964년에는 전체 가정 중 95퍼센트가 텔레비전을 보유하고 있었다. 1970년대엔 동유럽과 일부 아시아 국가들도 텔레비전 시장에 뛰어들었다. 중국은 1948년부터 베이징 방송국 근처에서 텔레비전을 생산했는데, 1979년까지는 발전 속도가 더뎠다. 프랑스에서는 한동안 텔레비전을 가전제품이 아니라 상점 진열창, 기차역, 술집, 공원, 심지어 교실에 모여 다 같이 보는 물건이라 여긴 탓에 1980년에야 1964년의 일본 텔레비전 보유 수치를 따라잡았다. 그렇게 텔레비전은 냉전 시대에 유일하게 안심할 수 있는 공간인 가정 내로 빠르게 진출했다. 풍자적인 보도로 유명한 프랑스 주간지 《르 카나르 앙셰네Le Canard enchaîné》가 만든 표현을 빌리자면, 세상을 볼 수 있게 해주는 이 '기이한 창문'은 여가 생활이 비약적으로 발전하던 시기에 라디오, 공연장, 극장, 스포츠 경기를 하나로 흡수했다.

엄청난 기술적 진보로 극찬을 받은 텔레비전이었지만 한편으로는 가족, 정치, 문화를 파괴한다는 격렬한 비판을 받기도 했다. 알제리에서 1990년대에 위성 텔레비전이 비약적으로 발전한 현상은 1960년대부터 외국 프로그램을 검열한 탓에 채널을 국영방송 하나밖에 두지 않은 정부에 대한 저항이라고 해석할 수 있다.

텔레비전은 곧 일상에 뿌리를 내리며 가정의 필수재가 되었다. 일본에서는 세탁기, 냉장고와 함께 '3종 신기神器' 중 하나였다. 일본인들은 삶을 편리하게 해주는 다른 가전보다도 텔레비전을 먼저 구매했다. 1960년경에는 전국에 900만 대의 텔레비전이 있었던 반면 세탁기는 600만 대에 불과했다. 대다수 일본 가정에 수세식 변기조차 없을 때였다. 텔레비전은 사회계층도 뛰어넘었다. 1960년대 말 프랑스에서는 중간 관리자보다 생산직 노동자가 텔레비전을 더 많이 샀다. 1974년에 자치주의자들 때문에 방송탑을 잃자 브르타뉴 주민들은 분개했다. 텔레비전을 빼앗는 건 수도나 전기를 끊는 것만큼이나 심각한 일이었다.

텔레비전의 기능이 나날이 좋아질수록 가격은 오히려 점점 저렴해졌다. 1970년대에는 채널 4~5개를 수신할 수 있는 65센티미터 컬러텔레비전이 시장에 등장했다. 1950년대에 흑백텔레비전을 사려면 프랑스 노동자의 한 달치 월급이 필요했던 것에 비해 1970년대에는 일주일치 월급만으로도 텔레비전을 살 수 있었다.

그렇지만 텔레비전 보급률은 지역마다 현격히 달랐다. 동유럽 가구의 절반이 텔레비전을 보유하는 데 거의 15년이 걸린 반면, 타이완과 한국에서는 민족주의적 역동성에 힘입어 10년 정도밖에 걸리지 않았다. 일본도 1950년대에 비슷한 경향을 보이며 자국산 텔레비전을 사는 걸 더 자랑스럽게 여겼다. 중국도 1979년부터 이런 노선을 따라가며 '꼭 사야할 여덟 가지 가전' 중 하나로 컬러텔레비전을 꼽았다. 서양 가정에서는 가족에게 충실하자는 가치 아래 텔레비전을 점점 덜 구비하는 경향이 생긴 반면, 중국에서는 부모님께 효심을 표현하는 대표적인 수단이 텔레비전을 사는 것이었다. 그만큼 텔레비전을 소유한다는 건 국가적 자긍심의 원천이었기에 당국은 송출되는 콘텐츠를 엄격하게 통제했다. 이 모든 과정은 중국의 엄청난 경제성장 덕에 수월히 진행될 수 있었다. 2007년에는 농어촌 가구의 94퍼센트가 컬러텔레비전을 보유할 정도였다.

사하라 이남 지역 아프리카에서는 텔레비전 보급률이 굉장히 느리게 증가했다. 칸타 TNS 시장조사 결과, 2018년에도 텔레비전을 갖춘 가구는 42퍼센트뿐이었다. 사하라 이남 아프리카에서는 보통 공공장소 같은 외부 공간에 함께 모여 앉아 텔레비전 소리를 들었다. 인도에서는 1991년에 추진된 개방 정책과 함께 텔레비전 보급률이 증가했고 2007년에는 시골에서도 70퍼센트가 텔레비전을 보유했다. 하지만 이렇게 뒤늦게 텔레비전이 보급된 건 그전에도 다른 기술로 영상 서비스를 누릴 수 있었기 때문이다. 인도에서는 진작부터 케이블, 위성, 인터넷을 이용해 수많은 프로그램을 받아볼 수 있었다.

　텔레비전은 계속해서 혁신의 국면을 맞이했다. 1990년대부터는 고화질 텔레비전부터 초고화질 텔레비전까지 끊임없는 화질 개선이 이루어졌고, 플라스마 디스플레이와 LCD 액정기술 덕에 영화관 스크린만큼이나 화면이 커졌다. 생산 기지는 1970년대 이후 싱가포르, 홍콩, 타이완 등지로 옮겨갔고, 오늘날은 대부분의 공장을 중국에 두고 있는 일본과 한국 제조사들이 시장을 장악하고 있다. 2011년부터는 수요가 부진해졌지만 텔레비전 '콘텐츠'는 상황이 다르다. 인터넷이 발전하며 이제 컴퓨터와 핸드폰으로도 충분히 다양한 프로그램을 시청할 수 있게 되었고 텔레비전 셋톱박스는 멀티미디어 플랫폼으로 변모했다. 텔레비전이 또다시 새로운 전환에 성공한 것이다.

스마트폰

1994년 8월 16일, IBM과 벨사우스에서 출시한 역사상 최초의 스마트폰 이름은 '사이먼 가라사대Simon Says' 놀이에서 이름을 따온 사이먼이었다. 제품명을 사람 이름으로 설정해 마치 사용자와 기기가 동등한 자격이라도 있는 것처럼 존재론적으로 혼란스러움을 연출하는 스마트한 전화기가 등장했다고나 할까? 당시 '개인용 커뮤니케이터'라 불리던 사이먼은 미래지향적이긴 했지만 23센티미터의 길이에 무게가 510그램이나 나가 상당히 거추장스러웠다.

사이먼은 터치스크린과 OS 덕분에 팩스 전송과 수신이 가능했으며 이메일도 관리할 수 있었다. 주소록, 달력, 계산기, 그림판, 세계 시계, 노트를 활용할 수 있을 뿐만 아니라 키보드에는 자동 완성 기능이 있었고 응용 프로그램도 깔아 쓸 수 있었다.

21세기 스마트폰의 기능을 훨씬 일찍 구현한 것이다. 일분일초를 생산적으로 써야 하는 노마드족의 필수품이 된 사이먼은 통화를 할 수 있는 미니어처 컴퓨터로서 사용자를 시공간의 제약에서 해방시켜주는 동시에 노예로 만드는 두 얼굴의 야누스였다. 사이먼은 앨런 케이와 아델 골드버그가 메타 미디어라는 개념을 실현한 결과다. 오늘날 스마트폰은 내비게이션이자 음악 플레이어고, 동영상 캠코더이자 타자기이자 스케치북이다. 손가락 몇 번만 움직이면 스마트폰만으로 뤼미에르 형제나 구텐베르크가 될 수 있다.

하지만 쓸 일이 없는 기술은 아무것도 아니다. 스마트폰이 유선전화를 밀어내고 우리 삶을 바꾸어 주머니 속 전지전능한 인공기관이 되기까지는 아직 조금 더 기다려야 했다. 결과만 보자면 사이먼은 상업적으로 실패했는데, 당시 약 116만 원에 달하는 비싼 가격도 문제였지만 그건 부분적인 이유에 불과했다. 2000년대 초, 한창 발전하던 네트워크의 중심에서 스마트폰이 결국 진정한 의미의 승자가 될 수 있었던 건 스마트폰으로 '상호 서비스'가 가능해졌기 때문이다.

정보의 홍수 시대가 되면서부터는 대중이 스마트폰을 보다 수월하게 받아들였다. 그동안 여러 상징적인 스마트폰이 등장했는데, 1999년부터 인터넷 접속이 가능한 최초 기기였던 노키아 7110과 에릭슨 R380이 대표적이다. 하지만 그 이후 몇 년은 블랙베리가 주를 이루었다. 물리 키보드와 트랙볼이 있는 블랙베리 스마트폰은 "대단한 비즈니스를 위한 대단한 이동성Serious Mobility for Serious Business"이라는 홍보 문구에서 알 수 있듯 이동하면서 업무를 보기 적합한 도구였다. 블랙베리는 트렌디한 중간 관리자들이 쓰는 물건이자 버락 오바마의 마스코트 같은 물건이었다. 하지만 2007년 애플이 터치스크린을 장착한 아이폰을 출시하자 헤게모니는 뒤집어졌고 스마트폰 사용자는 양분되었다. 1970년대가 롤링스톤스냐 비틀즈냐로 나뉘던 것처럼 사람들은 이제 블랙베리냐 아이폰이냐로 자신을 드러냈다. 애플은 똑같은 말을 수없이 반복하며(애플의 홍보 담당자의 혁신 타령이 대표적이다) 앱을 다운받아 새로운 기능을 마음껏 누릴 수 있다고 홍보했다. 이는 새롭고 중독적인 경험이었고, 우리는 빠져나올 수 없는 미디어화 과정에 인생을 끼워 넣으며 스마트폰이 진정한 의미의 실존적 플랫폼 대열에 들어서도록 만들었다.

최근 몇 년은 삼성, 화웨이, 샤오미 같은 아시아 브랜드가 스마트폰 시장에 많은 영향을 끼쳤다. 스마트폰은 세계적인 물건인 동시에 개인의 일부이기도 하다. 일상에 너무 깊숙이 침투한 나머지 스마트폰을 잃어버리면 사지가 절단된 것 같은 느낌을 받을 정도니까 말이다. 스마트폰에 사용된 OS는 자신의 몸값을 올리기 위해 스마트폰을 매개로 기계의 일과 인간만이 할 수 있는 일 사이에서 끊임없는 줄다리기를 하고 있다. 비서 기능을 수행하며 기계로서의 기능을 이용해 인간의 역할을 스마트폰에 위임하도록 유도한다고도 볼 수 있겠다. 스티브 잡스가 사망하기 하루 전인 2011년 10월 5일, 애플은 음성인식 인터페이스 '시리'를 공개했다. 시리에게 네가 누구냐고 질문을 하면 마치 램프의 요정 지니가 아이폰에 들어가기라도 한 것처럼 공손한 대답이 들려온다. "저는 열심히 일하는 당신의 개인 비서입니다." 한 번도 들을 수 없었던 기계의 대답을 드디어 들을 수 있게 된 것이다. 하지만 스마트폰이 완벽한 문장을 만들어내는 데 성공하고 생동감 넘치게 사람 흉내를 내며 남의 눈을 속일 수 있는 건, 무대 뒤편에서 대사를 다듬느라 바쁜 영화나 드라마 작가처럼 보이지 않는 이들의 노고 덕분이라 할 수 있다.

'개인용'과 '스마트'라는 수식어가 붙은 비서 시리의 존재는 사실 굉장히 모호하다. 도플갱어(애플이 웹사이트에 설명한 내용에 따르면 "시리는 심지어 우리가 내뱉은 문장을 끝맺을 수도" 있다)인 동시에 타인이기 때문이다. 시리는 자주 사용할수록 사람들이 상호작용하는 관습적 틀 안에 있는 모듈 단위의 행동을 학습한다. 미국 국방부 연구 프로그램인 CALO 프로젝트의 결과로 탄생한 시리는 농담도 잘하고 감정도 표현하지만, 결정적으로 인간이 기술 문제의 이면을 잊게 만드는 데 성공했다. 그중 하나가 바로 환경 파괴다. 스마트폰 제작에 필요한 희귀 금속을 생산하는 과정에서 환경 문제가 발생하기 때문이다. 또 스마트폰에 저장된 거대한 데이터는 중국처럼 스마트폰을 중앙집권과 행동 평가의 도구로 보는 사회로 몰아가게 만들 수도 있다. 이탈리아 철학자 마우리치오 페라리스는 '모바일은 동원한다Mobile mobilizes'라는 간단한 표현을 통해 스마트폰이 실시간으로 우리의 행적과 행동을 기록하는 기재의 도구임을 강조했다.

그렇게 모바일이 '동원한' 결과, 불과 10여 년 만에 스마트폰은 컴퓨터와 태블릿을 제치고 네트워크 접속에 가장 자주 사용하는 수단이 되었다. 스마트폰은 인간의 사회성, 자기 정체성, 삶의 방식을 완전히 재정의했고 리터치한 이미지, 이모티콘, GIF

파일, 동영상 같은 시각적 언어를 활용한 새로운 문법을 만들어 냈다. 개별성이 줄어들게끔 유도하는 스마트폰은 영국 수학자 앨런 튜링의 사이버네틱스로까지 연장된 비전을 가장 성공적으로 구현한 기술 응집이라 할 수 있다. 이는 언어와 언어 환경을, 생명현상과 기계장치를, 생명과 비생명을 하나로 수렴해 인간과 기계를 같은 차원에 둔다. 조작의 효율성과 인터넷 최적화 논쟁 뒤에서 이런 비전이 우리에게 말해주는 바는 무엇일까? 혹시 미래에는 진심도, 영혼도 없이 호환 가능한 인터페이스에서 이런 저런 모양새를 취할 수 있는 정보의 단순한 배열만 남게 되는 건 아닐까?

예술비평가 보리스 그로이스가 '오토디자인'이라 표현한 조물주적 열망은 어쩌면 인스타그램에 올릴 사진을 스마트폰으로 수정하고 있는 현대인들의 모습일지 모른다. 이처럼 외관에 치중된 실존을 SNS에 올리는 문화는 언제든 쉽게 변할 수 있는 데이터가 모든 걸 자동 생성하도록 만드는 근간이 되어주었다. 마치 아직 다 살아보지도 않은 인생을 자동으로 완성시키듯 말이다.

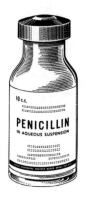

페니실린

1944년 6월 5일, 《라이프》는 연합군이 새로운 무기를 갖추었다는 내용으로 제약 회사 스킵의 기사광고를 실었다. 그 무기란 바로 페니실린이었다. 알제 의학 연합학술대회에서 발표한 새로운 결과가 이를 증명했다. "폐렴, 골수염, 매독 및 기타 감염 질환 등 온갖 종류의 질병에 페니실린만큼 유용한 약제는 이제까지 없었다." 이렇게 당시 페니실린은 '인류의 적인 박테리아에 맞설 수 있는 가장 훌륭한 수비수'였다.

미국 정부, 군대, 여러 대형 제약사의 공동 노력으로 단 2년 만에 항생제를 대규모 생산이 이루어질 수 있었다. 1942년에는 회복 중인 패혈증 환자 한 명을 치료하기 위해 가지고 있던 재고를 거의 다 써야 했지만, 몇 년 사이 페니실린 생산이 산업화되며 군의관들은 다친 병사들을 위해 충분한 양의 페니실린을 체계적으로 관리하며 사용할 수 있었다. 그렇기에 1944~1945년 독일군 캠프에서는 부상병이 심각하게 감염된 경우가 흔했지만 연합군에서는 아주 드문 일이었다. 1944년 6월 6일 노르망디 상륙작전 당시 넉넉했던 페니실린 재고는 연합군이 승리를 거둘 수 있던 비밀 요인이었다.

역사상 최초의 항생제인 페니실린은 20세기 중반 의학의 혁명을 상징했다. 국가, 군대, 산업계 사이에서 탄생한 페니실린은 보건계를 바꿔놓았다. 순도에 따라 노란색이나 흰색을 띠는 페니실린 가루는 모든 현대 의약품이 그렇듯 천 가지 면모를 지니고 있었다. 화학 분자이면서 지적재산권의 대상이기도 했고, 산업화의 결실이자 치료제 및 소비재였으며 대중문화에 등장하기도 했다.

과학사에서 기념비와도 같은 페니실린의 신화는 발견 일화부터 유명하다. 런던 세인트메리병원의 세균학자 알렉산더 플레밍은 1928년의 어느 날 실험실 작업대 한 귀퉁이에 포도상구균을 배양해놓고는 깜빡 잊어버린 채 휴가를 떠났다. 며칠 후 다시 회사로 돌아왔지만 페트리 접시는 이미 곰팡이로 오염된 상태였다. 그런데 플레밍은 거기서 곰팡이가 주변의 박테리아를 죽이고 있다는 사실을 발견했다. 이 곰팡이는 흔한 균류인 페니실리움 노타툼으로, 페니실린이라는 항균물질을 생산한다는 사실이 밝혀졌다. 하지만 엄밀히 말해서 플레밍이 의약품을 발명한 건 아니었다. 이는 당시 실험실에서 일어난 현상에 불과했고, 약제가 만들어진 건 1930년대 말 하워드 플로리가 이끄는 옥스퍼드 연구팀이 실험용 쥐에 페니실린을 사용한 연구 결과 덕분이었다. 플로리는 전쟁이 터지자 페니실린을 대량으로 생산하기 위해 산업계로 진출할 수밖에 없었다. 시작은 영국에서였으나 그는 성공을 거두지 못한 채 1941년에 미국으로 향했다.

전쟁을 위해 과학이 동원되던 시기였다. 1941년에는 프랭클린 D. 루스벨트 대통령 산하 직속 기구로 신설된 과학연구개발청에서 '페니실린 프로그램'을 실시했다. 엔지니어 버니바 부시가 과학연구개발청을 이끌며 전략적 프로젝트 연구를 총괄했는데, 이 중에는 원자폭탄을 개발한 맨해튼 프로젝트도 있었다. 페니실리움 콜로니 선별 및 개선, 새로운 배양 환경, 거대한 탱크 속에서 발효시키는 새로운 기법 등 공공 연구 팀과 농무부, 특히 대형 제약사 화이자, 머크, 스큅 세 곳의 협업으로 페니실린 생산은 일대 혁신을 이루었다. 이 같은 정부의 대대적인 투자 덕에 1944년 중반부터는 군대에 수백만 명 분을 공급할 수 있었다.

원자폭탄과 마찬가지로 페니실린은 군수산업과 불가분의 관계다. 기술혁신보다는 정치와 조직이 변모한 결실에 가까운 페니실린은 의학이 빅 사이언스 시대로 진입했다는 걸 알리는 신호탄인 동시에 미생물, 발효와 연관된 생물학을 산업적으로 제어한 긴 역사의 일부이기도 하다. 산업의 발달 덕에 우연히 곰팡이에서 얻은 페니실린은 곧 합성 페니실린으로 대체되었다. 1945년에 플레밍과 플로리, 옥스퍼드의 에른스트 체인이 노벨 의학상을 수상했지만 특허는 미국에서 가져갔다. 영국은 미국이 페니실린을 '훔쳐갔다'고 비난했지만, 그럴수록 페니실린은 애국의 상징이 되었다.

페니실린의 일대기는 그렇게 끝나지 않았다. 나치 치하의 독일 산업계는 1942년부터 페니실린 생산을 시도했지만 충분한 물량을 확보하지 못했다. 프랑스도 전쟁 중에는 페니실린의 혜택을 받지 못하다가, 1945년 초 파리의 미군 병원에서 치료를 받던 미군의 소변을 회수하는 기발한 프로그램 덕에 이 소중한 의약품을 손에 넣을 수 있었다. 그래서 이를 당시엔 '피피라인'(프랑스어로 소변을 '피피pipi'라고 한다. 파이프라인에 빗대어 부른 표현 ─ 옮긴이)이라고 불렀다. 세계대전 이후 프랑스와 독일에서는 굉장히 빠른 속도로 미국의 생산기술을 도입했다. 1940년대 말부터는 프랑스에서도 수십 개의 제품이 나왔지만, 심각하지 않은 질환이나 아직 완전히 이해하지 못한 질환에도 페니실린을 대량으로 처방하면서 항생제에 대한 내성이 빠르게 생겨났다.

　　19세기와 20세기 수많은 의료 혁신이 그랬던 것처럼 페니실린의 영향력은 식민주의와 그 이후 시대의 일부 지역에서 가장 크게 발휘되었다. 특히 트레포네마 감염증, 즉 매독과 매종(열대 피부병 중 하나로, 매독을 일으키는 트레포네마 팔리둠과 비슷한 프람베지아 트레포네마 균이 상처를 통해 일으키는 감염병 ─ 옮긴이)에 엄청난 효능을 보여 대중적으로 사용되었다. 1946년 창설된 세계보건기구는 아이티에서 매독 퇴치 운동을 전개했다. 대응 팀은 1950~1954년 동안 섬 전역을 돌아다니며 거의 모든 주민에게 페니실린을 투여했고 이 방식을 많은 열대 국가로 확대했다. 페니실린의 초기 임상 시험 대부분이 1943~1945년 사이 북아프리카부터 미얀마까지 전쟁 중이던 열강의 주변부에서 수행되었다. 플로리는 1943년 말 알제리에서 벌어진 튀니지 전투에서 부상을 입고 회복 중인 환자를 대상으로 첫 임상 시험을 직접 지휘하기도 했다. 영국군은 윈스턴 처칠의 지지하에 가장 심각한 부상을 입은 병사보다 임질에 걸린 병사들을 치료하는 데 우선적으로 한정된 페니실린을 사용했다. 병사들을 가능한 한 빨리 전투에 투입시키기 위한 결정이었다.

　오늘날 페니실린은 세계보건기구가 지정한 필수 의약품 목록에 포함되어 있다. 필수 의약품은 병원에 없어서는 안 될 약품이며, 별도의 처방전 대상이 아닌 만큼 개발도상국에서도 접근성이 높은 편이다. 가격은 비싸지도 않고 오히려 저렴하다. 그래서인지 페니실린의 지위는 뒤바뀌었다. 공동 협력으로 탄생한 과학적 성과이자 20세기에 가장 전략적이던 화학 분자 중 하나는 이제 몇몇 세컨드 티어의 중국 공장을 제외하고는 별다른 관심을 받지 못하는 의약품이 되었다. 전 세계 환자들이 점점 더 잦은 재고 부족에 시달리고 있을 정도다. 현대 의학의 승리와도 같던 페니실린은 오히려 이제 다제내성multidrug resistant 같은 문제와 세계적 불평등을 상징한다.

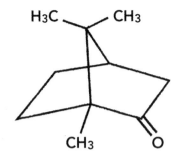

보르네올

1856년에 이상한 물질이 등장했다. 이 물질을 발명한 영국 버밍엄의 금속 엔지니어 알렉산더 파크스는 자신의 이름을 따 이 물질에 '파크신'이라는 이름을 붙였다. 원래 파크신은 상아를 대신해 당구공을 제조하기 위해 만들어진 물건이었다. 처음에는 당구공의 색깔과 서로 부딪힐 때 나는 소리를 얼마나 비슷하게 모방하느냐가 관건이었지만, 이 요건들은 파크신의 놀라운 특성이 밝혀지면서 뒷전으로 밀려났다. 바로 내구력, 방수성, 가열 직후 가단성이 모두 좋다는 점이었는데, 이는 최초의 플라스틱인 셀룰로이드의 특징이기도 했다.

파크신은 1862년에 화려한 막을 올린 런던 만국박람회에 소개되었고 산업 분야에서 사용량이 증가했다. 합성물인 파크신의 주재료는 두 가지였다. 하나는 질산과 황산을 섞은 혼합산으

로 목면을 처리해 얻은 '니트로셀룰로오스'고, 다른 하나는 '장뇌'
다. 당시 장뇌는 신생 산업의 재료와 의약품으로 많이 사용되었
기 때문에 1860년대부터 세계적으로 수요가 급증하기 시작했다.

　런던과 나폴리에 콜레라가 창궐한 1854년, 런던에서는 콜
레라가 발생한 병원 인근의 빈곤층 가정에 장뇌 용액 1200병을
나눠주었고, 나폴리에서는 의사 루비니가 장뇌 알코올을 사용해
225명의 입원 환자와 현지에 파병된 스위스 제3연대 소속 군인
166명을 예방 목적으로 치료했다. 1850년대에 장뇌는 거의 만
병통치약으로 여겨졌다. 하지만 치료, 요리, 화장을 비롯해 장뇌
를 사용한 역사는 그보다 훨씬 전으로 거슬러 올라간다. 1348년
유럽에 흑사병이 대유행했을 때 샐비어와 몰약을 훈증해 방향제
로 사용한 것처럼 장뇌도 널리 사용된 향료 가운데 하나였다. 중
국뿐 아니라 아라비아반도와 유럽에서도 장뇌를 사용했다. 워낙
수많은 곳에서 장뇌를 사용했기에 시초가 어디였는지 알아내기
는 쉽지 않다. 심지어 한 가지도 아니고 서로 다른 향기의 농도에
따라 여러 종류의 장뇌가 있었다. 가장 흔한 건 한국, 중국, 일본
에서 많이 자라는 녹나무 나뭇잎을 압착해 뽑아낸 것이었다. 반
대로 가장 희귀한 건 보르네올이었다. 보르네올은 액체 같기도
하고 고체 같기도 한 희끄무레한 색깔의 수지로, 보르네오섬의
열대우림에서 자라는 커다란 용뇌수 껍질을 분해해 추출한다.

　18~19세기 보르네오섬 북쪽 연안에서는 유럽 열강들의
세력이 충돌했다. 중국과 영국령 인도의 중간 지점이라 인도 말
와의 아편과 중국 윈난성의 차를 교환하기에 좋은 위치였기 때
문이다. 전략적으로 유리한 곳에 위치한 보르네오섬 북쪽 해안

은 식수, 식료품, 연료를 재공급하는 기항지로 자리를 잡았다. 프랑스가 인도차이나반도에서 세력을 확장할까 염려하던 영국은 1848년 보르네오섬 북쪽의 작은 섬 라부안을 점령했다. 라부안섬 지하에 매장된 풍부한 석탄을 이용해 큰 부를 얻은 제임스 브룩은 사라왁 왕국의 수도인 쿠칭에 영국 왕립 해군기지를 세웠다.

당시 유럽 열강들은 열대우림에서 나온 산물 교역에 큰 관심을 보였고 독일, 프랑스, 이탈리아 등 각국의 모험가들은 자석에 이끌리듯 술루해로 향했다. 1878년에 설립되어 보르네오섬의 북동쪽(현재의 말레이시아 사바주) 지역을 통치한 북보르네오 특허 회사는 1900년대까지도 어업과 임업 품목의 많은 부분을 세수로 징수했다. 이 중에서 보르네올, 제비 둥지, 등나무가 가장 높은 수입을 거둬들였다. 섬 동쪽의 마하캄 유역도 상황은 마찬가지였다.

이 산물들은 전부 강 상류에서 유목 생활을 하는 수렵인과 채집민이 확보했다. 19세기에는 말레이시아 지명을 따서 이들을 '푸난인'이라고 불렀다. 대략 50여 명 정도 되는 소규모 집단생활을 하며 보르네오섬 산림의 중간 지대에 사는 푸난인은 사냥, 추격, 채집의 대가였다. 이들은 켄야족과 카얀족처럼 교역, 정치, 혼인을 비롯한 생활의 모든 면에서 원예농업을 하는 산록 지대 사람들과 교류하며 지냈다. 이는 푸난인들이 말레이시아와 중국 상인들과 물물교환을 하기 위해 정기적으로 켄야족, 카얀족 마을을 들르며 자연스레 스며든 된 문화였다. 푸난인들은 수렵하고 채집한 산물을 소금, 철, 쌀 같은 것들과 맞바꾸었다. 유럽인들이 쓴 여행기에 1840년대부터 정기적으로 푸난인이 언급되기는 하지만 본격적으로 등장하기 시작한 건 1882년이 되어서였다. 노르웨이 외교관이자 여행가였던 칼 복은 당시 다약족의 소개로 마하캄강 연안에서 푸난인들을 만나자마자, 이들이 연안 유역 사람들 중 이주 당시 내지로 도망친 말레이시아 시조의 후손이라는 결론을 내렸다고 한다.

어쩌면 가장 완벽한 원시의 모습을 상징하는 존재가 된 보르네오섬의 푸난인들에게서 초기 원시 인류의 흔적을 찾을 수 있을지도 몰랐다. 영국과 네덜란드 인류학자들은 1940년대까지 이 견해에 찬동했지만 오늘날에는 부정확한 주장이라 여겨진다. 민족 언어학 연구에서 시사하듯 푸난인은 특별한 유전 결합으로 탄생한 존재가 아닌, 말레이시아 소작인과 농부의 후손일 뿐이다. 또 푸난인들은 열대우림에서 자라는 희귀한 산물(그중 제일은 역시 보르네올이다)을 수집하는 데 특화되어 있었는데, 때마침 그때가 희귀 산물의 국제적 수요가 증가하던 시기였다. 이런 역사적 흐름 속에서 푸난인들은 15세기 초 한창 무르익던 동남아시아 교역의 국제화에 자연스레 기여했다. 오늘날 인류학자들은 푸난인이 일찍부터 장거리 교역망을 이루었다는 사실에 중점을 두어 이들을 '징수원과 상인'의 관계로 규정하는 편을 선호한다.

20세기까지 푸난인들은 장뇌 채집 과정에서 아주 중요한 역할을 했다. 보르네올을 채집하려면 열대우림의 가장 커다란 나무 중 하나인 용뇌수를 벌채해야 한다. 용뇌수는 높이가 50미터에 달해 임관층(삼림을 비롯한 식물군락에 수관樹冠이 모인 윗부분. 쉽게 말해 그 군락의 지붕 부분이다—옮긴이)을 형성하므로 장뇌를 채집하려면 통로를 내서 숲의 지형과 수로를 영구적으로 변형해야 한다. 푸난인이 살아가는 식물 문명 속에서는 주거지와 도구를 모두 나무에서 얻기 때문에 꼭 필요한 벌채 말고는 신성한 숲을 함부로 침범하지 않는다. 말레이반도의 자쿤족도 장뇌를 채취할 때면 고립을 자처하거나 단식을 하는 등 평소보다 각별히 주의를 기울여 특별한 의례를 치른다.

푸난인의 역사적 기원과 이들의 생존에 관한 논의는 여전히 격렬하지만 한 가지만큼은 확실하다. 역사 문헌을 오래 거슬러 가면 갈수록 이들이 세상으로부터 단절된 적은 한 번도 없었다는 것이다. 하나의 대륙이라고 해도 좋을 만큼 큰 보르네오섬은 일찍부터 유라시아를 상대로 거래하는 교역망 안에 있었다. 어떤 시나리오로 따져보아도 보르네올 교역의 역사가 원시 사회와 자본주의 사회의 갑작스럽고 우연한 만남이라 할 수는 없다. 보르네올을 두고 점차 심화되던 경쟁은 넓은 지역에 분포해 있는 수지류 수목에서 추출한 테레빈유로 만든 합성 복합물이 그 역할을 대체한 20세기 초부터 사그라들었다.

보르네올 교역에서 드러나는 사실은 '제1차 세계화'의 이야기가 빠져 있다는 것이다. 향신료와 희귀 수지의 기원을 기록한 페이지 말이다. 이 기록을 찾아가다 보면 우리가 무의식적으로 도시적이고 유럽적인 개념에서 탄생했다고 생각한 세계화의 개념이, 사실은 오랫동안 열대 지역의 정글과 갯벌의 진흙 속에 숨겨져 있었다는 걸 깨닫게 된다.

퀴닌

1820년 6월에 프랑스의 약사 피에르 조제프 펠티에와 조제프 비에나메 카방투는 17세기부터 유럽에서 해열제로 잘 알려진 키나나무 껍질에서 유효 성분을 추출했다. 펠티에와 카방투는 이 알칼로이드에 '퀴닌quinine'이라는 이름을 붙였다. 퀴닌은 유일하게 말라리아의 침습 단계인 적혈구기를 막아내며 놀라운 약효를 보였다. 추출한 퀴닌은 염과 황산염으로 변환해 적정한 복용량을 계량할 수 있었다.

플라스모디움속의 기생충(여러 종 중 가장 치명적인 것은 열대열 원충이다), 모기, 인간 사이의 복잡한 생태학적 상호작용의 결과로 발생하는 말라리아는 유럽, 아시아, 서아프리카의 풍토병이 되어 19세기에 지구 곳곳으로 빠르게 퍼져나갔다. 아메리카의 평야부터 중앙아시아 초원까지 교통수단의 혁신과 대륙을 넘나드는 이주에 가속이 붙었기 때문이다. 유럽 열강이 열대 식민지에 파견한 군대와 행정 관료의 수도 많아지면서 퀴닌의 필요성은 계속해서 커져갔다.

퀴닌은 19세기 중반 국제적 현안이 되기도 했다. 퀴닌의 주재료인 야생 키나 나무는 안데스산맥 고도 1500~3000미터에서 자라는데, 볼리비아와 콜롬비아를 비롯한 안데스산맥이 위치한 국가들의 불안정한 정치적 상황과 과도한 개발 때문에 자원 고갈이 염려되었기 때문이다. 열강들은 1840년대에 키나 나무를 자국에 들여오려 했고, 영국이 먼저 인도와 스리랑카에 들이는 데 성공했다. 그런데 네덜란드가 인도네시아 자바섬에 들여와 재배까지 성공하면서 시장의 판도는 완전히 바뀌었다. 1880년까지 남미에서 들여오던 키나 나무 껍질은 20세기 초가 되자 거의 대부분을 인도네시아에서 생산했다.

유럽과 미국은 1820년대부터 퀴닌 성분이 든 의약품을 생산하기 시작했다. 시간이 흐르면서 독일 기업과 네덜란드 기업이 차례로 시장을 차지했고, 1913년에 설립한 퀴닌 제조사 및 키나 나무 껍질 생산자 연합을 중심으로 시장이 재편되었다. 퀴닌 생산과 관리는 같은 시기에 창설된 암스테르담 키나국이 도맡아 했다. 1918년 이후 키나국은 원자재부터 최종재까지 생산 사슬을 관리하는 세계적인 기관이 되었다. 농가와 제조사 사이의 협정을 조율하던 키나국은 원자재 시장의 안정성을 책임지고 가격의 등락을 제한했다.

1900년 무렵 서구 지역에서는 모기 퇴치 운동과 함께 누구나 쉽게 퀴닌을 구할 수 있어지며 말라리아 발병률이 줄어들었다. 그렇지만 1914년 통계로 봤을 때 치료제로 사용된 퀴닌은 전 세계에서 필요한 물량의 겨우 5퍼센트밖에 안 되는 양이었다. 1932년 국제연맹의 조사에 따르면 매년 전 세계에 필요한 퀴닌의 양은 약 138만 7400킬로그램이었지만, 수입량은 연간 평균 5만 킬로그램으로 턱없이 부족했다.

　퀴닌의 역사에서 물량 부족과 가격은 항상 문제였기에 1830년대부터는 각국에서 대체 식물 자원을 찾아나섰다. 인공적인 퀴닌 합성은 2001년에서야 실현되었다. 제1차 세계대전 시기는 퀴닌 수출입이 중단되면서 키나 나무 껍질의 대체재 연구에 박차를 가할 필요성이 더욱 대두되었다. 1920년대를 거치며 독일은 플라스모퀸, 퀴나크린(아테브린이라고도 한다), 클로로퀸 같은 합성 약물을 개발했고 프랑스 파스퇴르 연구소는 로도퀸을 개발했다.

　제2차 세계대전 동안 일본이 인도네시아 자바를, 독일이 네덜란드 암스테르담을 점령했지만 연합군은 안데스산맥과 콩고 플랜테이션에서 키나 나무를 조달했다. 또 그동안 개발된 약물들로 대규모 합성 의약품을 생산한 결과, 퀴나크린이 보급되었다. 이후 1944년부터는 퀴닌만큼 효력이 강하지만 독성은 약한 클로로퀸이 가장 널리 사용되었다.

　퀴닌은 다량 복용할 경우 심혈관계에 악영향을 주고 유산 가능성을 높이며 시력 및 청력 장애와 구토, 두통을 유발할 수 있다. 그렇기에 유해성이 더 낮은 말라리아 치료제가 등장하자 퀴닌 사용량은 1970년대까지 감소했다. 하지만 말라리아 치료제나 심혈관 질환 치료제 같은 일부 의약품, 나아가 일부 음료 성분에

서까지 퀴닌이 완전히 사라진 건 아니었다.

실제로 1820년대부터는 키나 나무와 퀴닌으로 만든 탄산음료의 약학적 특징이 각광받았는데, 약사보다 기업가가 이 기회를 독점했다. 1831년부터 영국 왕실 탄산음료 공식 공급체였던 슈웹스는 1870년에 퀴닌 정제를 녹인 탄산수에다 설탕과 레몬즙을 첨가한 음료수를 선보였다. 이 음료는 장교들의 열광을 받으며 유럽에서 빠른 속도로 성공을 거두었지만, 그 흐름이 지속되지는 않았다.

암스테르담 키나국은 인도네시아 플랜테이션이 국유화된 1957년 이후 차츰 영향력을 잃다가 1961년에 업무를 중단했다. 그런데 1960년대 말, 미국이 베트남전쟁을 치르면서 퀴닌의 수요가 또다시 급증하기 시작했다. 베트남에서 일부 말라리아 원충(특히 열대열 원충)이 클로로퀸 같은 대체품에 내성 반응을 보인 반면, 정작 퀴닌에는 내성이 생기지 않았기 때문이다. 한편 북베트남을 지원하던 중국은 베트남전쟁 중인 1972년에 새로운 말라리아 치료제를 개발했다. 바로 수백 년 전부터 중국에서 전통적으로 사용하던 개똥쑥으로 만든 아르테미시닌이었다.

클로로퀸에 대한 내성은 1960년대 초 동남아시아에서 보고되었다. 내성이 생긴 말라리아모기는 남미에 이어 동아프리카와 사하라 남부에서도 차례로 발견되었다. 열대열 원충 치료제는 현재 아프리카에서 효과가 미약하게나마 나타나고, 다른 지역에서는 거의 효능이 없다시피 하다. 아직 말라리아 백신이 개발되지 않은 상태라 위중증 환자를 치료하는 데는 계속 퀴닌이 쓰이는 중이다. 여러 곳 중에서도 특히 사하라 이남 아프리카에

서 말라리아는 심각한 보건 문제다. 그렇기에 퀴닌은 2013년에
제정된 세계보건기구의 필수 의약품 목록에 여전히 포함되어
있다.

면실

1861년 4월, 미국 사우스캐롤라이나주의 섬터 요새가 습격을 받으며 남북전쟁이 시작되었다. 그로부터 2년 후, 유럽 국가들은 사회적 혼란에 휩싸였다. 영국에서는 방적 공장에서 폭동이 일어나 도시에 군부대가 파견되었고, 프랑스 알자스 지방 섬유 단지에는 "빵 아니면 죽음을"이라는 포스터가 벽을 뒤덮었다. 한편 1863년은 인도 봄베이(현재의 뭄바이) 상인들이 목화 대량 수출로 엄청난 수익을 남기기 시작한 해이기도 하다. 이처럼 각기 다른 사건들의 교집합은 무엇일까? 정답은 면직물의 생산과 소비가 만들어낸 새로운 구조에 있다.

1780년대에 섬유의 생산과 유통 구조가 개편되면서 미국은 최대 섬유 공급지가 되었고, 영국을 선두로 한 유럽의 방적 공장과 방직 공장이 아시아를 밀어내고 세계 면직물 시장의 주요 공급지가 되었다. 하지만 1960년대에 들어와서는 다시 아시아가 전 세계 면직 생산의 주요 거점지로 자리 잡았다. 방적 산업과 그 최종재인 면실은 서양의 식민 지배가 초래한 사회적, 환경적 영향을 아주 잘 보여준다.

아주 일찍이 세계화된 물자가 있다면 그건 바로 목화다. 인도반도가 원산지인 목화의 소비량은 1200~1800년 동안 멈출 줄 모르고 늘어나며 당시까지 쓰이던 섬유(중국에서는 모시, 유럽에서는 아마 또는 모)를 대체했다. 1500년부터 주요 교환 재화가 된 면직은 1800년대까지 인도 대륙에서 생산되던 좋은 품질과 공고한 교역망에 힘입어 세계시장에서 좋은 평판을 얻었다.

일부 지역은 목화 덕에 실을 짜서 옷감을 만드는 방직 기술로 경제적인 번영을 누렸다. 방직은 전문 지식이 필요한 일이라 수공업자 길드 같은 배타적이고 폐쇄적인 집단의 전유물이 되었다. 그에 비해 실을 만드는 방적은 농가에서 농한기에 간헐적으로 할 수 있었으며 주로 여성이 종사했다. 중국의 강남 등지에서는 수입이 적은 농사일을 대신해 여성들이 방적에 매달리기도 했다. 당시 실을 만드는 데 사용한 주요 도구는 서아시아에서 발명된 것으로 추정되는 물레였다.

수익성이 좋고 시장도 거대한 면직물은 열강들의 탐욕을 불러일으켰다. 영국을 필두로 한 유럽 국가들은 면직물 생산을 통제하기 위해 전력을 다했다. 아시아산 제품을 대상으로는 보호주의 정책을 펼쳤고, 아시아의 발전된 노하우를 착복하기 위해 산업스파이 활동도 서슴지 않았다. 그들은 식민지 확장 정책의 일환으로 1757년 인도의 벵골처럼 면직물 생산 지역을 합병하거나 대서양 무역을 진행하며 새로운 시장을 개척해나갔다.

이처럼 어떻게 하면 생산량을 늘릴 수 있을지 전 세계가 고민하던 중 18세기 말, 생산량을 거대한 폭으로 늘리는 기술혁신이 일어났다. 1779년 영국에서 뮬 방적기가 개발된 것이다. 뮬 방적기는 수력을 이용해 실을 뽑아내는 기계로, 한 번의 동작만으로도 200개까지 실을 생산해낼 수 있었다. 뮬 방적기가 사용된 이후 30년 만에 생산성이 370배나 증가했다. 그러나 기계화는 극심한 노동 착취로 이어졌다. 여성과 아동처럼 당시 저렴하던 인력을 대대적으로 부리면서 품삯을 대폭 내린 것이다. 실제로 1833년 영국 랭커셔주 노동자의 36퍼센트가 16세 미만이었다.

낮은 임금으로 돌아가는 공장과 노예노동으로 운영되는 플랜테이션에서 생산된 저렴한 원료의 결합으로, 영국은 세계시장에서 인도산 제품을 몰아낼 수 있었다. 1794~1860년 영국의 실 수출량은 563배나 증가했고 제품 경쟁에서 우위를 유지하기 위해 방적 여공을 더 많이 고용했다. 섬유산업을 놓고 벌어진 경쟁은 점차 치열해졌다. 초반에는 유럽과 미국처럼 국경을 관리할 수 있고 산업 발전에 유리한 정책을 실시할 수 있는 국가들끼리만 경쟁 구도를 이루었지만, 산업이 부상할수록 더 많은 제국주의 국가들이 여기에 합류했다.

1860년부터는 서양산 실과 면직물이 중국과 인도 시장에도 자리를 잡았다. 전쟁을 통한 중국의 문호 개방과 인도의 비우호적인 관세정책, 미국의 남북전쟁으로 목화 가격이 비싸진 탓에 현지 방직공들은 더 저렴한 중국산 실을 사용할 수밖에 없었는데, 그 결과 1880~1910년 중국산 실 수입량은 24배나 증가했다. 이처럼 서양에서 실과 면직물의 가격이 비싸진 현상은 아시아권의 판매 시장에도 영향을 미쳤다.

가내수공업으로 실을 잣던 사회에 공장에서 생산한 실이 공급되자 엄청난 변화가 일어났다. 유럽에서도 방적 공장이 비약적으로 발전하며 실을 만들던 시골 여성들의 경제활동을 종식시켰다. 인도에서는 1870~1910년 사이 수작업으로 방적을 하던 400~500만 명이 사라진 것으로 추산된다. 그나마 중국에서는 하향세가 조금 더 천천히 진행되어 1913년 기준 공산품 실의 비중이 75퍼센트였다. 섬유 길이가 긴 목화로 실을 생산하면서 수많은 현지 품종이 사라져버렸고, 이와 함께 덜 집약적이고 환경에 피해를 덜 끼치는 재배 방식도 사라졌다.

이 변화는 1860년 외국산 실 수입에 반대한 중국 광저우 방적공들의 폭동을 불러일으켰다. 심지어 인도에서는 정치적으로 더 큰 반향을 불러일으켰다. 스와데시운동과 간디는 수작업 방식으로 되돌아가자고 주장했다. 이처럼 식민 경제로 입은 피해를 규탄하고 현지 섬유 생산을 수호하는 움직임은 민족주의 투쟁에 동화되었다.

19세기 중반부터는 인도, 중국, 일본 등의 기업가들이 직접 방적 공장을 열었다. 이 가운데 일본 방적 공장의 성장세가 가장 눈길을 끌었다. 일본은 식민 지배를 받던 다른 아시아 국가와 달리 산업 민족주의를 내세우는 정부의 지원을 받을 수 있었기 때문이다. 1930년대부터는 다시 판세가 바뀌어 다른 아시아 국가들이 면 제품 생산의 주요 거점지가 되었다. 1870년대부터 서양에서는 방적 공장 노동자들의 단결로 임금이 상승하고 근로시간이 단축되는 등 혹독한 노동조건이 개선되었다. 반면 그 시기 중국과 일본 방적 공장은 적은 임금으로 여성 노동자를 대거 채용해 생산원가를 낮추어 경쟁력을 확보했다. 한때 엄청난 생산량을 자랑하던 영국은 제1차 세계대전 동안 교역이 중단된 탓에 제품 기반을 잃어갔고(영국 제품 교역량은 인도에서 46퍼센트, 중국에서 59퍼센트 감소했다), 인도와 중국에서 면직 산업 회복 정책을 실시하면서부터는 완전히 마침표를 찍었다. 결국 1960년대 말 영국의 세계 면직물 시장 점유율은 2.8퍼센트밖에 되지 않았다.

비록 서양이 시장을 점령한 기간은 짧았지만 그동안 목화 재배 산업에는 큰 변화들이 있었다. 면직물 생산량을 폭발적으로 늘린 기술혁신과 낮은 생산 원가 설정은 면직 산업을 뒤흔든 큰 사건이었다. 이 일련의 변화들은 계속해서 세계 면직 산업에 흔적을 남기고 있다.

전구

"세계적 전구 카르텔로부터 스칸디나비아를 해방합시다." 이는 1931년 스톡홀름에서 처음으로 루마 전구를 생산한 푀르분데트 협동조합 공장의 야심찬 슬로건 문구였다. 루마 전구는 다른 백열전구와 다를 게 없었지만 가격만은 그렇지 않았다.

1870년대 말 영국과 미국에서 전구를 개발한 이래로 전구는 네 가지 요소로 구성된다. 바깥쪽에 서양배 모양의 유리구가 있고, 그 안은 진공으로 만들거나 가스를 채워 필라멘트가 산화되지 않게 한다. 이 필라멘트를 통해 전류가 흐르는데, 초기에는 필라멘트를 면이나 대나무로 만들다가 이후에는 다양한 금속(오스뮴, 탄탈룸, 1904년부터는 텅스텐)으로 만들었다. 이렇게 금속으로 만든 소켓으로 전구를 고정해 전기를 끌어들이는 것이다.

그동안 길거리, 업무 공간, 가정집은 양초, 가스등, 등유를 사용해 빛을 밝혔다. 전구는 가격이 비쌌고 조도 제한과 수명 문제가 있어 한동안 널리 퍼지지 못했다. 발전소, 송전망, 고객용 장비까지 전체 시스템이 구성되고 이를 유지할 자금력을 보유한 기업들이 등장한 뒤에야 대중화될 수 있었다.

미국의 에디슨 전광 회사는 유럽에 진출했고 1882~1883년부터 유럽을 넘어 도쿄, 봄베이, 상하이, 케이프타운, 모스크바까지 진출했다. 20세기 초 전구는 다른 그 어느 전기 기구보다 먼저 찬란한 현대성, 자기해방, 발전의 상징이 되었다. 특히 수력발전으로 전기가 풍부한 스칸디나비아에서는 누구나 인공조명을 살 수 있었기 때문에 전구는 단순한 안락함 그 이상을 의미했다. 그렇지만 문제는 가격이었는데, '피버스'라고 불리던 전구 카르텔이 맺은 기업 간 협약 때문이었다.

전구 산업의 대기업들은 1924년 12월 스위스 제네바에 모여 피버스 카르텔을 맺었다. 특히 유럽 최대 생산 업체인 독일의 오스람이 결정적인 역할을 했다. 네덜란드의 필립스와 영국의 어소시에이티드 일렉트리컬 인더스트리Associated Electrical Industries, 프랑스 전구 회사, 헝가리의 텅스람, 일본의 도쿄 일렉트릭도 카르텔에 동참했다. 하지만 가장 중요한 기업은 에디슨 전광 회사를 모체로 한 미국의 제너럴 일렉트릭과 영국, 호주, 브라질, 중국, 멕시코에 있는 제너럴 일렉트릭의 자회사들이었다. 전 세계에 뻗어나가지 않은 곳이 없고 다양한 회원들이 모여 힘을 과시한 덕에 피버스 카르텔은 역사상 최초의 세계적인 카르텔로 여겨진다. 이들의 목표는 단순했다. 바로 경쟁을 제한하는 것이었다. 이를 위해 시장을 분할하거나 가격을 통제했고, 생산량을 정했으며 카르텔 외부로 인력과 장비가 유통되는 걸 엄격히 관리했다. 하지만 규제가 늘 성공적이었던 건 아니다. 독일 기술자들의 기술 유출로 소련에서 '일리치 램프'라 부르는 전구가 생산되었기 때문이다. 일리치 램프라는 이름은 러시아의 사회주의 혁명가인 '블라디미르 일리치 레닌'의 중간 이름을 딴 것이다. 그래도 피버스 카르텔은 여전히 특허를 교환하고 소켓을 비롯한 여러 가지의 표준화를 계획했다. 제너럴 일렉트릭이 주도한 이 소켓 표준은 유효성을 인정받아 오늘날에도 E26, E27의 표준으로 쓰이고 있다.

일부에서는 카르텔이 산업화된 자본주의를 제어하고 국제경제에 평화를 가져다준다며 옹호했지만, 자유주의 진영이나 사회주의 진영 할 것 없이 대다수는 카르텔을 규탄했다. 고객들은 카르텔 외의 대안이 없었고 실제로는 광범위한 연합 세력인 경쟁사들에게 휘둘려야 했기 때문이다. 1920년대 말에 푀르분데트 협동조합이 설립된 것도 이 때문이다.

그러던 중 1930년대에 스웨덴 공장이 생산을 시작하자 그 효과가 단번에 입증되었다. 저렴한 전구가 시장에 나오면서부터는 카르텔도 가격을 내릴 수밖에 없었다. 해외에서도 푀르분데트 협동조합의 투쟁을 조심스럽게 따라 했다. 유럽의 협동조합들은 스웨덴에서 물건을 조달하고자 했고 더 야심찬 이들은 푀르분데트 협동조합의 국제화까지 꿈꿨다. 세계 최초의 카르텔이 통제한 물건이 유럽에서만이라도 협동조합의 물건이 될 수 있지 않을까 하는 마음에서 말이다. 영국의 루마 협동조합 전구 회사는 1938년에 스톡홀름 공장을 따라 글래스고에 공장을 세웠다.

그러나 희망은 금세 사그라들었다. 소비자들이 새로운 곳에서 대안을 찾기 시작하던 차에 지구 반대편에서 훨씬 저렴한 제품이 들어왔기 때문이다. 바로 일본의 소규모 공방에서 제작한 전구였다. 일본에는 소규모 공방이 많았고 여기서 만든 제품들은 기존의 가격을 폭락시켰다. 일본산 전구는 바로 살 수 있는 저가 전구와 오래 쓸 수 있는 고가 전구 사이에서 고민하던 고객층을 만족시켰다. 결국 협동조합의 국제화는 실현되지 못했다. 더 최악인 건 1937년 루마 협동조합이 피버스 카르텔과 조약을 체결했다는 것이다. 많은 이가 배신감을 느꼈지만 루마 협동조합 측은 기술적 혁신을 이뤄내면서도 계속해서 가격을 관리하겠다고 약속하며, 배신이 아닌 실용주의라고 항변했다.

이렇게 카르텔이 조종하는 전구의 경제, 정치적 측면은 최근 몇 년 동안 환경 때문에 크게 주목을 받지 못했다. 사실 피버스 카르텔은 전구의 수명을 일부러 제한하려 했고 이를 위해 최초로 계획적 진부화를 기획했다. 1910년대에는 전구를 2000시간 동안 켤 수 있었지만 피버스 카르텔 기업이 만든 제품은 1000시간만 사용하면 꺼졌다. 이건 누가 봐도 기업에게 유리한 기준이었다. 카르텔의 공동 연구실에서는 엄밀한 관리가 이루어졌고 기준을 충족하지 않는 업체는 벌금을 내야 했다. 백열전구가 LED 전구에 자리를 내어주기 시작하던 2010년에 개봉한 다큐멘터리 영화 〈전구 음모 이론The Light Bulb Conspiracy〉은 이를 문제삼았다.

전구는 19세기 말부터 전 세계 도시의 지배 계층을 비추었지만 시골, 서민층, 아프리카 대륙의 대부분 지역에는 그 빛이 닿지 않았다. 오늘날에도 전 세계 12억 명에게는 조명을 쓸 수 있는 삶이 여전히 희망 사항이다. 특히 아프리카가 더욱 그렇다. 전기 보급률은 국가별로 굉장히 상이하다. 보급률이 80퍼센트인 가나나 92퍼센트에 달하는 가봉도 있지만, 10퍼센트밖에 되지 않는 부룬디와 차드, 20퍼센트대인 콩고민주공화국도 있다. 최빈층에게는 가정용 전구가 언감생심이다. 일부 판자촌에서는 양철 지붕에 구멍을 뚫은 뒤 물이나 양잿물을 채운 병을 끼워 넣는다. 해가 있는 낮에 자연광이 들어와 굴절되는 원래로 실내를 밝힐 수 있기 때문이다. 심지어 어떤 곳에서는 밤이 찾아오면 사람들이 가로등 아래 모여 글을 읽고 공부를 한다.

　대부분의 지구인에게 전구는 하루의 시작이자 끝이다. 역설적이게도 전구를 켜고 끄는 것으로 하루의 시작과 마무리를 하는 곳에서는 오히려 전구를 신경 쓰지 않는다. 볼 수 있도록 해주는 역할임에도 눈에 보이지 않다가, 수명이 다해 교체해야 하거나 재활용할 때에야 비로소 전구의 존재를 인식하게 된다. 그제야 직접 만지면서 우리가 전구에게 지고 있는 빚과 오래전부터 기업의 이익을 위해 전 세계적으로 조직된 카르텔을 떠올려보게 되는 것이다.

주먹도끼

1847년 프랑스 솜 강변의 도시 아브빌 주민들의 관심을 끈 사건은 단연 임시로 지어진 기차역에 첫 열차가 도착한 일이었다. 하지만 눈에 훨씬 덜 띄는 중요한 사건도 일어났으니, 상고시대에도 인간이 존재했다고 이웃들에게 지겹게 주장해온 지역 세관 소장 자크 부셰 드 페르트가 책 한 권을 출간한 것이다. 오늘날 선사시대 연구의 기본 서적으로 손꼽히는 그 유명한 『고대 켈트와 노아 대홍수 이전 시대의 유물Antiquités celtiques et antédiluviennes』이다.

이 책은 지금은 더 이상 쓰지 않는 '노아 대홍수 시대의 도끼'라는 용어로 선사시대의 상징과도 같은 사물을 소개하는데, 바로 주먹도끼다. 그해에 개통된 아미앵-아브빌 간 열차 노선은 불로뉴까지 연장된 반면, 훗날 크게 인정받게 될 부셰의 주먹도끼 관련 명저가 알려지는 데는 정치적 사정 때문에 2년이 더 걸렸다. 이 사정은 철도 업계보다 출판 업계에 더 많은 영향을 미쳤다.

그렇지만 철도는 선사시대 연구에 도움을 주기도 했다. 솜 강 계곡을 굽이굽이 돌며 피카르디 지방의 시골 마을을 달린 철도 덕에 인류의 가장 오래된 도구 곁으로 돌진할 수 있었기 때문이다. 부셰의 처음 목표는 파리의 여러 학자를 설득하는 것이었다. 하지만 프랑스 학자들은 노아 대홍수 이전의 인간이 도끼를 만들어 썼다는 부셰의 주장을 엉터리라 여기며 코웃음을 쳤다. 오히려 기쁜 소식은 열차 노선 반대편에서 들려왔다. 당시 자연과학계의 최고 권위자인 영국 학자 여러 명이 불로뉴발 기차를 타고 아브빌 역에 도착한 것이다. 휴 팔코너를 선두로, 조셉 프레스트위치, 존 에반스, 찰스 다윈의 친구 찰스 라이엘이 1858~1859년 아브빌 외곽에 위치한 망슈쿠르 채석장으로 올라갔다(참고로 찰스 다윈은 같은 해 『종의 기원』을 출간했다).

이 시기에 무슨 일이 일어났는지 제대로 이해하려면 시간을 조금 더 거슬러 올라가야 한다. 영국인들이 프랑스인들보다 부셰의 발견에 즉각적인 관심을 비춘 건 1797년부터 존 프리어가 영국 서픽의 채석장에서 비슷한 석기를 발견했기 때문이다(물론 오늘날 우리는 프리어가 발견한 유물이 주먹도끼라는 사실을 잘 알고 있다). 1797년은 에밀라시옹 학회 아브빌 지부를 설립한 해이기도 하다. 부셰는 훗날 에밀라시옹의 학회장이 되는데, 당시 학회장은 젊은 카시미르 피카르 박사였다. 피카르는 먼 옛날부터 인류가 석기로 노동을 했으리라는 고고학적 가설을 부셰에게 전수해준 사람이었다. 그는 돌을 갈아 만든 날 도끼에 관한 평론도 여러 편 쓴 바 있었다.

1820~1840년대에는 기대하지 않았던 장소에서 유물을 발견했다는 소식이 아브빌뿐 아니라 유럽 곳곳의 학회에서 조금씩 들려오기 시작했다. 프랑스 북부와 중부, 벨기에, 영국 등 여러 국가의 동굴 틈새 같은 곳에서 돌이나 뼈로 만든 선사시대 물건들이 발견된 것이다. 이렇게 발견된 유물 중에는 당시 지질시대로 분류해 부르던 시기에 이미 사라졌다고 알려진 동물의 뼈로 만든 것도 있었다.

고고학자들은 '켈트'라 부르던 고대 이전 시기를 조망할 필요가 있다고 제안한 반면, 지질학자와 고생물학자 들은 선사시대 동물과 동시대를 살았을 정도로 훨씬 전부터 인간이 존재했다는 걸 시사하는 도구들이 이미 출현했다고 여겼다. 대립하는 듯한 두 의견은 도끼질이라는 행위로 연결되었다. 부셰가 발견한 도끼는 더 오래된 것으로, 단순히 돌을 깨트려 다듬은 형태(뗀석기)였고 곧이어 보다 기술적으로 진보한, 돌을 갈아 만드는 다음 시대의 도끼(간석기)가 발견되었다. 이는 조금 더 시간이 흐른 1865년에 영국의 존 러벅이 최초로 석기시대를 구분하는 틀을 마련하는 계기가 되기도 했다. 러벅은 다듬은 돌, 즉 뗀석기 시대를 의미하는 '구석기'와 갈아서 만든 돌을 의미하는 간석기의 시대, '신석기'라는 용어를 최초로 사용했다. 이런 움직임 속에서 부셰는 흩어진 견해들을 한군데로 모으고, 시대 구분의 상징이 된 유물들이 층위학적으로 중첩되는 내용을 바탕으로 한 연대기적 초안을 옹호하며 동시대 학자들의 관심을 촉구했다. 혹시 여러분도 부셰의 활동을 과소평가하고 있는지 모르겠다. 그렇다면 여기에 그치지 말고 그와 함께 다시 망슈쿠르 채석장으로 떠나보자.

유럽에 새로운 도시들이 지어지는 데는 모래와 자갈이 필요했다. 솜강 계곡을 따라 자리한 다른 마을들과 마찬가지로 아브빌 주변에는 군데군데 채석장이나 채토장이 있었다. 부셰의 작업은 많은 부분 레옹 오프레르의 덕을 봤다. 오프레르는 당시 망슈쿠르 채석장에서 풀을 바르거나 천장을 바를 때 쓰는 부드러운 모래와 노란 모래를 채취했고, 다음에는 그 아래에서 거친 모래와 하얀 모래를 채취했다. 부셰가 한 말을 그대로 옮기자면 이 모래는 "대형 건물에 매우 적합했다"고 한다. 오프레르의 표현에 따르면 "선사시대가 태어난 곳"이 바로 이 "신성한 모래 채취장"이었다. 이 지질학 지층은 아주 오래전부터 유명한 곳으로, 고생물학의 창시자 중 한 명인 조르주 퀴비에가 동물 화석을 발견하기도 했다.

부셰는 1841년부터 이곳에서 '노아 대홍수 시대의 도끼'를 찾아냈고 후에 주변의 다른 채석장에서도 같은 흔적을 찾아냈다. 사실 부셰가 손에 넣은 물건 중 일부는 토역꾼들이 보수를 높여 받으려고 그가 관심을 둔 거친 모래가 있는 지층에 심어둔 것이었다. 이 속임수는 나중에 밝혀졌지만, 결국 부셰가 옳았다는 사실에는 변함이 없었다. 실제로 부셰의 가설은 관찰 결과를 바탕으로 한 것이었고 다른 곳에서도 같은 사실을 확인해가며 더욱 견고해졌다. 그리고 마침내 부셰의 주장이 승리를 거두었다. 의사 마르셀 제롬 리골로가 1854년 아미앵 근처 생타슐Saint-Acheul의 노아 대홍수 시대 지층을 탐사하며 이 사실을 다시금 확인했기 때문이다. 그렇게 생타슐에서 발견된 주먹도끼로부터 신석기를 구분하는 주요 명칭 중 하나인 '아슐 문화'라는 용어가 나왔다.

그로부터 몇 년이 흐른 1867년에 부셰는 다시 망슈쿠르에서 선사시대부터 묻혀 있던 새로운 무언가를 발견했다. 1867년은 런던과의 맹렬한 경쟁 끝에 파리가 두 번째로 만국박람회를 개최한 해이기도 했다. 수많은 볼거리 중에 '노동의 역사'관이 있었는데, 모든 시대에 걸쳐 프랑스 공예의 중요성을 강조하는 내용의 전시였다. 부셰가 발견한 것 또한 이 관에 전시되었다. 뼈나 돌멩이로 만든 도구와 함께 찾아낸 '금속을 사용하기 이전의 골족(기원전 5세기부터 약 1000년간 현재의 프랑스, 벨기에, 네덜란드, 독일 서부 등 서유럽과 동유럽에 살던 켈트족의 한 갈래―옮긴이) 여성'이었다.

이처럼 부셰는 사망하기 몇 개월 전에 자신의 연구 활동이 인정받는 기쁨을 누렸다. 그가 증명하고자 했던 고고학적 시기는 이제 인류 역사의 한 장으로 자리 잡았다. 구석기 시대의 비약적인 기술 발전이 지성에 대한 19세기의 열망과 만나 이름을 찾은 완벽한 좌우대칭형 주먹도끼는 앞으로 다가올 모든 혁신의 출발점처럼 보인다. 그리고 이것이 당시의 유럽이 선사시대 주먹도끼에 부여하고 싶었던 의미였다. 유럽이 수호하고자 한 가치는 공간뿐 아니라 시간 속에도 새겨졌으며, 더 나아가서는 과학과 기술까지 구현했다.

선사시대 연구는 점차 전 세계에서 이루어졌다. 모든 대륙에서 시간을 거슬러 올라가다 보니 인류의 출발지를 찾기 위해서는 서유럽이 아닌 아프리카로 시선을 돌려야 한다는 사실을 알게 되었다. 처음 인간이 등장한 곳은 바로 아프리카이며 이 최초의 인류는 약 200만 년 전에 아프리카를 떠났다. 시간이 흘러 약 100만 년 전 유럽에 도착한 이들이 호모파베르의 능력을 발휘했을 뿐이다.

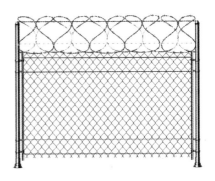

가시철사

1874년 미국 일리노이주의 농부 조셉 글리든은 가시철사로 특허를 냈다. 글리든의 발명품은 굉장히 간단하면서도 뛰어났다. 철사 두 개를 돌돌 꼬아서 비스듬하게 자른 철사가 뾰족 튀어나오게 하면 끝이었다. 당시 미국인들은 서부 개척으로 일군 밭을 구획할 경제적이면서도 효과적인 방법을 찾고 있었기에 가시철사는 대량생산 되어 전 세계로 뻗어나갔다. 이는 자본주의 산업화를 가능케 한 새로운 공간 지배의 대표적인 예시였다.

농업용으로 처음 쓰이기 시작한 가시철사는 서부 개척 시대의 시작과 함께 곧 정치적으로도 활용되었다. 미시시피강 유역 서부 지역에서 자유롭게 살아가던 원주민들은 집단 학살과 민족 문화 말살의 대상이 되었다. 원주민들의 영토를 거의 통째로 빼앗겼다. 개척자들은 가시철사로 땅을 구획해 나누었고 유목민에게 정착을 강요했다(유목민의 정착은 19세기 말 완수되었다). 가시철사는 현대 정치의 뿌리 깊은 양면성을 드러내는 상징이자 증거였다. 높은 생산성과 보호주의를 추구하는 '현대성'은 이 흐름의 바깥에 있는 이들을 극단적으로 배제했다. 그 경계는 마치 심연의 구렁텅이처럼 깊었다.

가시철사는 매우 빠른 속도로 퍼져 전쟁에도 사용되었다. 강화된 총포의 사격력 방어하기 위해 남북전쟁 때부터는 참호를 만들었다. 제1차 세계대전 동안에는 수천 킬로미터의 철조망이 교전국 사이를 갈라놓았다. 가시철사는 더 이상 문명과 야만을 가르는 도구가 아닌, 국가 간의 힘겨루기로 인한 피의 희생을 상징했다. 무인지대(제1차 세계대전 당시 생긴 표현. 참호를 두고 서로 대치 중인 적군 사이에 있던, 들어갈 수 없던 공간)는 파괴적인 제국주의의 민낯을 보여주는 곳이었다. 군장한 병사들은 가시철사를 넘으며 전쟁의 진실이 무엇일지 생각했을 것이다.

가시철사는 농업용으로 발명되었으나, 겨우 20년 후인 쿠바 독립 전쟁(1895~1898) 때는 강제수용소에서 사용되었다. 1933년 독일 다하우에 개설된 최초의 나치 강제수용소에서도 사용되었다. 남아프리카를 침략한 영국군은 1899~1902년에 벌어진 보어전쟁 동안 10만 명 이상의 민간인을 가시철사 울타리 뒤로 몰아넣었다. 전 세계의 강제수용소에서 죽음의 노랫소리가 끊임없이 울려 퍼졌다. 가시철사의 효율성은 살을 찢는 혐오스러운 권력의 탐욕에서 왔다. 가시철사 뒤로 사람들을 집단 수용하는 일은 울타리 바깥의 사람들을 보호한다는 명분 하에 철저히 정당화되었고, 이는 현대성의 뿌리 깊은 양면성을 드러낸다.

오늘날 가시철사는 도시에서 일상적으로 볼 수 있는 물건은 아니다. 기술 발전으로 가시철사를 대체할 기술(레이저 감시망, 도난 방지 센서 게이트, CCTV 등)이 늘어났기 때문이다. 그러나 가시철사가 보이지 않는다고 해서 현대성의 폭력성까지 점진적으로 사라지고 있다는 뜻은 아니다. 여전히 세상 곳곳에서는 중무장 상태로 국경을 보강하거나 잘사는 지역을 보호하기 위해 가시철사를 사용하고 있다. 우리가 생각해보아야 할 것은 가시철사, 혹은 이것을 대체한 현대 기술이 공간에 행사하는 '힘의 형태'다. 가시철사는 고전적인 힘의 상징인 요새와 비교해볼 수 있다. 요새의 강력함은 거대함에서 온다. 그러나 수천 킬로미터에 달하는 토지를 구획하고 전선을 보강하는 가시철사의 효율성은 가벼움에서 온다. 요새는 무겁고 정적이다. 가시철사는 고정되어 있지 않으며 해체하거나 흔적을 지울 수도 있다. 요새의 힘은 자재의 견고함이 핵심이지만, 가시철사의 힘은 유연성으로부터 나온다. 따라서 가시철사는 폭탄이 터져도 구부러질지언정 끊어지지 않으며 상대를 저지하고, 공격력을 흡수하고, 시간을 버는 데 요긴하다. 요새는 권력을 드러내기 위해 지으므로 모습을 그대로 내보이지만 가시철사는 힘을 은밀히 감춘다. 병사들은 무인지대의 안개 속에서 가시철사에 걸려 넘어졌다. 요새는 넘어오는 걸 저지하는 게 목적이기 때문에 본질적으로 수동적이지만, 가벼운 가시철사는 공간을 침범하고 경계를 지어 자기 구역임을 주장하던 개척자들의 능동적인 사물이었다. 가시철사는 전자 기술로 완성될 공간에 대한 힘의 가상화Virtualization를 예고했다. 이는 더 많은 공간을 개방하는 비물질화를 의미하는 게 아니다. 오히려 물질성이 줄어들면 공간에 대한 힘의 반응 능력은 증가한다. 가상화는 더 은밀하며 감시를 통해 얻는 정보에 따라 발전하므로, 곧 힘의 획득과도 같다.

가시철사는 뒤떨어진 현대성, 낡아빠진 산업화와 난폭한 정치권력(식민 지배, 군사력, 전체주의 등)을 상징하는 한편, 오늘날 가장 선진화된 힘의 기술을 예고했다는 점에서 놀라운 물건이다. 가시철사를 분석해보면 역사주의적 '관점의 오류'에 대항할 수 있다. 곳곳에 만연한 역사주의적 관점의 오류는 기술 진보와 정치적 진보를 연결한다. 우리는 이 연결을 끊어내고 가시철사의 사용과 문명 진행 과정의 정점인 민주주의를 연결해 살펴보아야 한다. 역사상 최악의 정치적 난폭성을 상징하는 사물과 오늘날 우리가 제대로 인지조차 할 수 없는 하이테크 기술을 비교하여 생각해봐야 하는 것과 마찬가지다.

망원경

1835년 8월 28일 《뉴욕 선The New York Sun》은 '남쪽 하늘과 달에서 존 허셜 경이 발견한 새로운 사실'에 관해 보도했다. 달 표면에서 푸른 초원과 천사를 닮은 날개 달린 달나라 사람과 동물로 붐비는 휘황찬란한 호숫가를 보았다는 내용이었다. 더불어 이런 엄청난 발견을 가능하게 해준 도구는 망원경이라고 했다. 프랑스 과학 아카데미는 곧바로 엉터리 달 기사가 가짜 뉴스라는 걸 알렸지만, 기사는 순식간에 주변 나라로 퍼져나갔다.

이 기사는 당시 과학계가 망원경으로 이룬 업적을 반영하고 있으며, 머나먼 미지의 땅을 관찰하는 데 사용하던 사물을 활용해 가상의 세계를 상상할 수도 있다는 걸 보여주었다. 또 《뉴욕 선》의 가짜 뉴스는 훗날인 1995년 태양계 밖의 외계 행성을 발견할 때까지 천문학자들이 거의 관심을 두지 않던 외계 생명체에 대한 호기심도 자극했다.

인간은 고대부터 세계 곳곳에서 해시계나 물시계 등을 사용해 역법을 정하고 천문 현상을 예측하기 위해 하늘을 관찰해 왔다. 1610년, 갈릴레이는 『시데레우스 눈치우스』에서 망원경을 소개하며 그때까지의 우주론을 뒤엎었다. 망원경은 1608년에 네덜란드의 한스 리페르하이가 발명한 광학기기로, 두 개의 렌즈를 일정 간격으로 배치하면 멀리 있는 물체를 확대할 수 있다는 원리를 이용한 것이다. 1666년에 아이작 뉴턴이 발명한 반사 망원경은 오목거울 앞에 반사거울을 두어 멀리 있는 물체를 확대해 보는 방식이다. 망원경은 널리 유통되면서 학문적으로는 두 가지 영역에 결정적인 영향을 끼쳤는데, 하나는 지구의 지리를 확정한 것이고 하나는 우주를 볼 수 있게 된 것이다.

구면 천문학(천체의 모습을 천구 위에 투영하여 그 위치나 운동을 연구하는 천문학 —옮긴이)에서 경선經線을 측정하는 데 쓰는 도구인 육분의, 사분의, 경위대식 가대를 장착한 망원경은 천체의 위치를 측정하고 위도와 경도를 계산할 수 있게 해주었다. 이 장비들은 파리와 그리니치 등지의 천문대에 고정되어 있었다. 하지만 천문대를 떠나 멀리서 임무를 수행해야 할 때도 있었다. 프랑스 천문학자 니콜라 루이 드 라카유는 1751~1753년 남아프리카 희망봉에 육분의와 사분의, 86센티미터짜리 소형 망원경을 들고 탐사를 떠났다. 이 작은 망원경은 현지 상황에 맞춰 개조하기도 했다. 특히 인도 캘커타나 중국 베이징처럼 학문의 접점 지역에서 더욱 빛을 발했다. 베이징에서 예수회 선교사 페르디난트 페르비스트가 1660년부터 중국 장인들에게 광학기기 제작을 의뢰했던 것처럼 말이다.

1846년에는 피에르시몽 드 라플라스가 천체역학을 밝혀 내 최초로 해왕성 관측에 성공했다. 위르뱅 르베리에의 계산 덕 분에 베를린의 요한 갈레가 집에 있는 망원경으로 해왕성을 관 측한 것이다. 하지만 구면천문학은 여기서 멈추지 않고 우주까 지 한계를 확장해나갔다. 가령 1838년 프리드리히 베셀은 지구 와 가까운 쌍성인 백조자리 61의 연주시차를 측량해 100조 킬로 미터라는 어마어마한 숫자를 얻었다. 이는 시차법을 이용해 처 음 거리를 측정한 결과로, 우주를 관측하는 새로운 지표가 되었 다. 하지만 좀 더 정밀하게 천체를 관측하려면 훨씬 거대한 도구 가 필요했는데, 망원경을 적경赤經과 적위赤緯를 따라 움직이는 적 도의에 장착하면 천체 운동을 연속적으로 관찰할 수 있었다.

갈릴레이의 망원경부터 지표면에서 600킬로미터 떨어진 대기권 바깥으로 발사된 1990년의 허블 우주 망원경까지, 망원 경은 첨단 기술의 집합체였다. 초점거리를 늘리면서 광학 역량 을 증대함과 동시에 품질을 개선하고 크기를 키워갔으며, 광학 기술의 발달로 정밀도도 높아졌다. 18세기 말에는 독일과 영국 이 기술의 첨단을 달렸다. 뮌헨 유리 직공의 아들인 요제프 폰 프 라운호퍼, 런던 비단 직조공 가문의 존 돌런드와 그의 아들 피터 돌런드는 광학 지식을 활용해 망원경을 발전시켰다. 19세기 더 블린에서는 토머스 그럽과 하워드 그럽이 멜버른 망원경과 빈 망원경 같은 대형 망원경을 제작했다. 빈 망원경은 당시 가장 큰 망원경 가운데 하나였다. 멜버른 망원경은 아쉽게도 탐사 여행 도중 손상되었다.

다른 곳에서는 상대적으로 기술 발달이 더뎠다. 17세기부터 망원경을 수입한 미국의 경우에는 보스턴에서 정밀 시계를 제조하던 윌리엄 크랜치 본드가 1847년 하버드에서 최초로 망원경을 제조했다. 프랑스 파리 천문대는 오랫동안 관측 천문학을 등한시했지만, 1857년에 레옹 푸코가 금속 거울보다 훨씬 정밀한 은도금된 포물면거울을 발명한 덕분에 천체물리학의 선구자 대열에 올라섰다.

거대 망원경의 시대가 열리자 폴 앙리와 프로스페르 앙리 등 파리 천문대의 광학기기 제조자들이 거대 망원경을 만들어 프랑스와 프랑스령 식민지, 해외 천문대에 대형 적도의를 공급했다. 1887년에 파리는 별의 지도를 만들기 위한 국제적인 프로젝트를 출범했고 총 18개국의 천문대가 동참했다. 프로젝트를 위해 앙리 형제는 천체사진용 망원경을 건설했다. 1900년 파리 만국박람회에 전시된 '괴물 망원경' 건설 프로젝트를 이끈 것도 앙리 형제였다. 이 초대형 망원경은 고정되지 않은 대형 거울과 60미터 길이의 경통으로 구성되었다.

1874년과 1882년에 일어났던 금성의 태양면 통 같은 예외적인 천문 현상이 발생할 때마다 과학 탐사단이 꾸려지곤 했다. 하지만 남반구를 비롯한 세계적인 천문대에는 고정형 망원경이 설치되는 경우가 더 많았다. 관련 재정은 국가나 부유한 후원자들이 충당했다. 망원경이 놓인 장소는 곧 제국의 영향권을 나타냈다. 파리 천문대는 유럽 외에도 필리핀의 마닐라, 마다가스카르의 타나나리브(현재의 안타나나리보), 중국 상하이의 쉬자후이, 호주의 시드니, 멜버른, 퍼스, 남아프리카공화국의 케이프타운,

인도의 마드라스(현재의 첸나이) 천문대와 연계를 맺었다. 라틴 아메리카의 신생국가들은 수입 망원경으로 장비를 갖춰나갔다. 1871년에 설립된 아르헨티나 코르도바 천문대는 미국 천문학자 벤저민 굴드가 이끌었다. 굴드는 뉴욕에 있는 루이스 러더퍼드의 망원경으로 천체사진술을 발전시킨 인물이다. 아르헨티나는 1917년에서야 자체 자원으로 망원경을 건설했다.

19세기 말부터는 도시에서 멀리 떨어진 고지대에 망원경을 설치하기 시작했다. 캘리포니아의 산맥이 딱 이상적인 환경이었다. 프랑스 생고뱅사는 1917년 기존 망원경보다 직경이 두 배 더 큰 2.5미터짜리 거울을 장착한 후커 망원경을 고도가 1700미터인 윌슨산에 제작했다. 바로 이곳에서 1922~1924년에 에드윈 허블이 우리 은하 바깥에 안드로메다 성운이 있다는 사실을 증명해냈다. 1960년대에는 하와이의 마우나케아산이나 세계에서 가장 건조한 지역 중 하나인 칠레 아타카마 사막 같은 곳에 국제적으로 대형 망원경을 설치했고, 이후에는 허블 망원경처럼 지구 대기권 밖에 설치했다. 이렇게 수집한 데이터를 전 세계 천문대 네트워크와 연결하기는 했지만 데이터 편집은 여전히 유명한 일부 천문대에 편중되어 있다.

첨단 망원경에 비해 비교적 작고 저렴한 소형 망원경은 18세기부터 다양한 현장에서 선원을 비롯한 많은 사람에게 널리 쓰였다. 19세기에는 관심만 있다면 일반인들도 프랑스 천문 소사이어티 같은 협회를 통해 천체를 관측할 수 있게 되었다. 20세기 중후반에는 천문 동호회 활동도 활발해졌다. 프랑스에서는 바르두나 스크레탕 같은 망원경 제조사들이 저렴한 가격에 쉽게 조준할 수 있는 소형 망원경을 제작해 아마추어 시장을 공략했다. 설명서대로 따라 하기만 하면 직접 망원경을 제작할 수도 있었다. 큰돈을 들이지 않고도 직접 만든 망원경으로 야외에서 달을 관찰할 수 있게 되자 망원경은 계층의 장벽을 뛰어넘었다. 다양한 곳에서 천체관측이 가능해졌고 망원경으로 본 세계가 사람들의 마음에 깊숙이 자리 잡으며 문학의 소재가 되기도 했다.

이 가상의 세계는 20세기 초부터 우주여행이라는 또 다른 가상 세계와 경쟁하기 시작했다. 이제는 인류가 미지의 세계를 바라보는 것만이 아니라 직접 발을 디뎌보고 정착하는 꿈을 실현하고 싶어진 것이다. 그렇기에 문학이나 영화에서는 물론이고, 실제로 우주선이나 우주정류장 같은 연구로 우주를 탐사해나가는 현실이 눈앞에 펼쳐지게 되었다. 현재로서는 망원경이 천문학자의 오래된 추억의 물건 정도로 기억되는 듯하다.

일터에서
접하는 것들

타자기

1900년에 전 세계에서는 70만 대 이상의 타자기를 사용하고 있었다. 사실 발명된 건 그보다 훨씬 전이었지만(영국 엔지니어 헨리 밀이 '손 글씨로 쓰는 것과 똑같이 편지를 인쇄하기 위한 … 기계 또는 인공적인 방법'에 관한 특허를 냈었다) 19세기 말이 되어서야 비약적으로 발전하며 한 세기 만에 서양 역사에 발을 들였다.

미국에서 비교적 일찍 자리를 잡은 타자기는 이내 자동 업무 처리와 동의어가 되었다. 현대에 들어오며 발전한 광고업계는 타자기가 광고지 최상단을 장식할 수 있도록 자리를 내어주었다. 초기의 타자기는 피아노 건반과 유사했다. 프랑스의 광고업자 루이 발로 뒤발이 썼듯 타자기는 '사무실의 피아노'였다. "1886년 10월, 여행차 뉴욕에 방문했을 때 나는 아름다운 레밍턴 소총이 놓여 있는 대형 총기 판매점 진열창 앞에서 발걸음을 멈추었다.

매장 입구 옆에는 작은 피아노가 놓인 조그마한 진열창이 있었는데, 작은 건반마다 알파벳이 한 글자씩 적혀 있었다. 나는 호기심에 몸을 맡긴 채 매장 안으로 들어가 이 악기를 시연하는 모습을 지켜본 뒤 이리저리 둘러보는 동안 그 매력에 사로잡혔다. 연신 감탄을 하며 주인에게 책자와 카탈로그를 달라 부탁했고, 집으로 돌아와서는 이 새로운 물건의 실용성을 연구했다.”

1873년 인쇄업자 크리스토퍼 레이섬 숄스가 개발한 타자기는 레밍턴 공장에서 대량생산에 들어갔다. 관공서에서 타자기를 사용하기 이전부터 이미 대량생산을 시작한 것이다. 하지만 타자기가 성공을 거둔 중요한 이유는 사람들의 회사 생활이 크게 변했기 때문이다. 사무실 근무자들의 업무 방식은 대대적으로 변해가는 중이었다. 1900년 즈음에는 속기술과 원거리 통신(전보와 전화)이 보험회사, 은행, 종합상사에서 수행하는 업무에 없어서는 안 될 현대적 수단으로 자리 잡았다. 그리고 런던, 베를린, 파리, 뉴욕, 시카고의 거리를 이런 회사들이 가득 메웠다.

타자기의 성공은 자본주의적 조직 변화, 임금노동 경제활동인구의 증가, 서비스산업 기술의 발전, 속도의 중시 등 현대의 구조적 변화 때문이었지만 더 긴 역사의 흐름에서 보면 쓰기를 기계화하고자 하는 욕망에서도 찾아볼 수 있다. 타자기는 수기 작성에 비해 훨씬 시간을 절약할 수 있다는 점과 동일한 서류를 한 번에 여러 장 만들 수 있다는 두 가지 장점으로 행정 서류를 빠르게 작성하는 데 크게 기여했다. 1806년에 먹지가 발명되기는 했으나 손 글씨에 널리 활용되기에는 적합하지 않았다. 하지만 타이핑용 먹지를 쓰면 한 번에 똑같은 문서를 여러 장 만들 수 있었다. 이런 점에서 타자기는 사진기와 같았다. 더불어 중세 필경사들의 두 가지 목표였던 기록 속도 향상과 텍스트 복제도 손쉽게 달성할 수 있었다. 특히 복제본이 원본과 똑같으므로 누락되는 부분도 없었고 질이 떨어질 일도 없었다.

같은 시기에 타자기는 또 다른 혁신을 창출했다. 타자기와 함께 새로운 사회적 주체가 등장한 것이다. 바로 여성 타이피스트였다. 타이피스트라는 직종 때문에 여성들이 사무실에 등장한 건 아니다. 여성들은 이미 1880~1890년대부터, 특히 북미에선 필경사, 발송계원, 회계사, 현금출납계원을 비롯한 여러 직업군에서 일하고 있었다. 그렇지만 델핀 가르데의 분석에 따르면 "타자기 관련 직업이 생겨났으며, 타이피스트의 정의는 점점 더 분명하게 여성형이 되었다. 이 현상은 곧 전문적인 사물의 직업적 사용과 새로운 유형의 여성이 결합한 구조"였다.

언론과 소설을 포함한 여러 매체는 여성을 논의 대상으로 삼았다. 여성 타이피스트는 이제까지 본 적 없는 '여성성'을 보여주었는데, 이 자아실현적인 성격 때문에 '문제'가 발생했다. 사회 일각에서는 타이피스트가 성적, 사회적 질서를 무너트린다는 이유로 타이피스트라는 직업의 여성성을 '순화'하려 했다. 그들은 타자기를 치는 일이 피아노를 연주하거나 재봉틀을 다루는 것과 달리 사무직 노동에 불과할 뿐이라고 주장했다.

타자기는 세계사에도 흔적을 남겼다. 키릴문자, 아랍문자, 한자를 칠 수 있는 도구의 개발은 결코 사소한 발전이 아니었다. 타자기는 20세기 현대 자본주의 확장을 위한 도구였던 동시에 정치적 지배의 무기이기도 했다는 점에서 식민 열강이 관료주의의 기초를 세우는 데도 이바지했다. 타자기로 무기화·기계화된 행정은 식민지 주민에 관한 데이터를 기반으로 보고서를 만들어 배포했고, 본국과 식민지의 소통이 효율적으로 이루어지도록 만들었으며 무역뿐만 아니라 천연자원과 인적자원의 개발을 용이하게 했다. 관료주의의 도구였던 타자기는 나치의 통치에도 일정 부분 기여했다. 쇼아(나치의 유대인 학살. 유대인들은 홀로코스트 대신 쇼아라는 표현을 쓴다―옮긴이)에 관한 문헌에 나와 있는 것처럼 타자기 덕에 목록 작성을 쉽게 할 수 있었던 것이다.

물론 타자기가 부정적인 영향만 끼친 건 아니다. 타자기는 권력에 저항하는 역할도 했는데, 가령 1950년대 말부터 소련의 반체제 세력은 타자기를 검열에 저항하는 무기로 삼았다. 타자기는 유명한 사미즈다트(스스로 출판한다는 뜻으로, 소련의 영향 아래 있는 국가들에서 검열을 피해 금지된 문학작품 등을 지하 출판하던 일―옮긴이) 생산의 중심에 있었다. 사미즈다트라는 용어는 단순한 콘텐츠 이상으로 검열당한 문서를 보급하는 일도 포함했다. 독자들은 출판 금지된 문서를 타이핑한 뒤 여러 부를 복사해서 유포할 수 있었다.

마지막으로 타자기는 언어를 지배하는 성공적인 정치도구이기도 했다. 세계시장에서 영연방과 미국의 엄청난 수요는 쿼티QUERTY 자판의 생산과 유통을 이끌었다. 쿼티 자판의 배열 순서는 영어에서 가장 많이 사용하는 문자 쌍과 일치한다. 프랑스에서 쓰는 아제티 자판처럼 다른 종류도 있긴 하지만 쿼티 자판과 그다지 큰 차이는 없다. 타자기, 그리고 뒤이어 등장한 컴퓨터는 영어가 세계 경영과 행정의 언어로 자리를 잡는 데 기여했다.

노란 조끼

2008년에 패션 디자이너 칼 라거펠트가 노란 조끼를 착용하고 등장한 광고가 프랑스 길거리 광고판에 등장했다. 광고 속 라거펠트는 패셔너블한 검은 정장 위에 원색의 폴리에스터 조끼를 입고 있고, 그 옆에는 다음과 같은 광고 문구가 적혀 있다. "노란색은 조악해서 뭘 입어도 어울리지 않죠. 하지만 여러분의 목숨은 구해줄 수 있습니다." 프랑스에는 도로 교통안전을 위해 눈에 아주 잘 띄는 조끼를 차량에 비치해야 하는 의무가 생겼다. 건설 현장과 공항에서 자주 보이는 노란 조끼는 유럽에서 매해 8500만 개 이상씩 팔리고 있다.

이로부터 10년 후, 노란 조끼는 분노와 항의의 상징이 되었다. 노란 조끼 운동을 처음으로 제안한 사람은 서른여섯 살의 지슬랭 쿠타르였다. 자동차 경주를 무척 좋아하던 쿠타르는 프랑스 남부 나르본 근처에 살면서 포도 재배 농가의 공기 압축기와 질소 발생기를 수리하는 일을 했다. 한 가정의 가장인 그는 차를 타고 하루에 300~500킬로미터를 다녔고 약 260만 원 정도의 월급을 받았다. 하지만 문제의 2018년 10월 24일, 페이스북에서 유류세 인상 반대 시위에 참가해달라는 호소문을 본 쿠타르는 고되게 사는 힘든 처지의 친구들을 생각했다. 극빈곤층은 세금이 오르면 먹는 양을 줄여야 한다. 쿠타르는 자기 트럭에 올라타 지긋지긋한 염증을 토로하는 모습을 촬영했다. "저는 진심으로 변화가 일어나기를 바랍니다. 프랑스인들이 다 같이 밖으로 나오면 좋겠어요. 비록 작은 힘이더라도 모두 모여 제대로 둘러싸 막아버리는 모습을 보여주자고요. 우리가 축구할 때만 모이는 게 아니라는 걸 보여줍시다." 쿠타르의 이 말은 노란 조끼에 새로운 생명을 불어넣었다. 그는 '고물차에 하나씩 넣고 다니는' 노란 조끼를 한 명 한 명에게 건네며 자동차 계기판 위에 올려놔달라고 했다. 이 행동이 "여러분이 우리와 함께한다는, 이 운동에 동참한다는 걸 보여줄 수 있는 작은 신호"가 되리라고 덧붙였다. 지슬랭이 촬영한 영상은 1분 20초가량의 짧은 분량이었지만 입소문을 타고 인터넷상에 널리 알려졌다.

2018년 가을, 노란 조끼는 프랑스의 토론 프로그램, 텔레비전 스튜디오, 시사 프로그램에 질릴 정도로 등장했다. 프랑스 전역에서 나이, 성별, 정치 성향과 상관없이 불만 있는 사람이라면 전부 매주 토요일 노란 조끼를 입고 나와 시위를 했다. 그들은 평범한 형광색 조끼를 입고 권력자들에게 맞섰다. 처음부터 자신의 존재가 권력자에게 위협이 될 거라고 생각한 건 아니지만 그들의 행보는 보이지 않던 것들을 보이게 만드는 힘을 발휘했다. 이제 노란 조끼는 전형적으로 세계화된 물건이다. 프랑스에서 노란 조끼를 유통하던 기업들은 폴란드, 루마니아, 스리랑카, 페루, 아르헨티나, 브라질, 튀르키예, 인도, 중국 등 인건비가 더 저렴한 곳으로 공장을 옮기며 프랑스 내부 운영을 중지했다.

21세기 초부터 전 세계적으로 안전 조끼 착용 의무가 강화되자 새로운 판매 시장이 등장했다. 원자재는 중국의 공장에서 탄생했는데, 석유화학 제품인 합성섬유와 가열 성형한 플라스틱에서 나온 섬유를 끈적끈적한 반죽으로 바꾼 뒤 사출성형과 냉각 과정을 거쳐 가느다란 섬유를 만든 것이다. 어두운 곳에서도 눈에 띌 수 있도록 하는 야광 반사 띠는 유리나 미세 플라스틱 조각으로 만들었다. 제일 견고한 섬유는 선진국으로 수출하고 다른 섬유들은 개발도상국으로 보냈다. 인건비를 비교해보았을 때 여전히 중국 공장의 경쟁력이 가장 높은 우위를 점하고 있어 하청 업체들은 시진핑 정권이 만든 여러 신도시로 진출하고 있다. 대도시의 환경오염과 인구 과밀 문제를 해결해야 하는 시진핑 정권은 신도시에 공장을 세우는 업체에 지원금을 제공하고 세금을 면제해주었다. 그러나 이런 업체들은 대개 아주 낮은 임금도 마다하지 않는 나이 많은 빈곤 계층 여성들을 고용해 조끼를 만든다.

조끼가 완성되면 제조업자들은 끝이 보이지 않을 정도로 많은 물건이 깔린 중국에서 제일 큰 광저우 도매시장의 중개상이나 알리바바 같은 대형 온라인 쇼핑몰에 팔아 치운다. 때로는 하청 업체에서 다른 곳으로 되파는 경우도 있다. 가격은 10개,

50개, 100개, 1000개 묶음에 800~900원, 심지어는 500~600원 정도밖에 하지 않는다. 노란 조끼는 환경오염의 주범인 거대 선박에 실려 화물로 운송된다. 거대 선박이 배출하는 이산화탄소는 해양 운송 분야 전체 배출량의 60퍼센트에 달한다. 직행 거리로 3일 미만이면 트럭으로 수송하기도 한다. 중국이 실크로드를 재정비한 이래로 노란 조끼는 가끔 전화기, 이어폰, 직물과 함께 기차에 실려 중국에서 프랑스 리옹까지 여섯 개 나라를 거치며 1만 1300킬로미터를 지난다.

생산 사슬의 끝인 유럽 시장에 도착하면 노란 조끼는 개당 3900원에서 6700원 사이에 팔린다. 포장 안에 숨겨진 안내문에는 온갖 언어로 된 주의 사항이 끝도 없이 적혀 있다. 이를 잘 읽어보면 노란 조끼를 판매하는 다국적 기업들 중 극소수를 제외하고는 전부 조세 피난처에 소재한 지주회사의 소유라는 사실을 알 수 있다. 가령 프랑스의 자동차 부품 유통 업체 노로토에서 약 3900원에 판매되는 조끼는 개인 보호 장비 신상품을 내놓는 주요 업체라 자부하는 유로 프로텍션에서 공급받는 것이다.

프랑스 DIY 및 건설자재 전문점 카스토라마에서 6500원 정도에 팔리는 노란 조끼도 마찬가지다. 카스토라마는 처음에 릴에서 연장을 판매하는 매장으로 시작했고, 2002년 주거 환경 개선을 전문으로 하는 다국적기업인 킹피셔 그룹에 인수되었다. 킹피셔의 주주 중에는 운용 자산 6조 규모의 세계 최대 자산 운용사인 블랙록이 있다. 한편 토요일마다 노란 조끼를 입고 시위하던 프랑스인 중에는 비인간적인 근무 환경과 공장 이전에 피해를 입은 카스토라마 직원들도 있었다.

2019년에는 벨기에, 스페인, 폴란드, 포르투갈, 독일에서도 노란 조끼를 입고 시위에 참가했다. 불가리아에서는 생활비 급등에 반대하는 시위를 하며 노란 조끼의 상징을 차용했다. 이스라엘에서도 노란 조끼를 입고 공공 서비스와 식료품의 가격 상승에 항의했다. 한편 이집트 정부는 노란 조끼 판매를 금지하는 것으로 시위자들에게 대응했다. 프랑스대혁명 시절 공화파가 썼던 붉은 두건부터 홍콩의 우산 혁명까지, 영국 서프러제트 운동을 상징하는 보라색부터 우크라이나의 부정선거 규탄 시위에 사용된 오렌지색까지, 노란 조끼에 사용된 노란색은 정치적 상징이 되어 인류사에 흔적을 남긴 많은 색들 중 하나가 되었으며 심지어는 되찾아야 할 물건이 되었다. 과거 마린 르 펜(프랑스 극우정당 국민전선의 대표이자 대통령 선거에 출마한 정치인 — 옮긴이)의 오른팔이던 플로리앙 필리포는 프랑스 국립산업재산권청이 노란 조끼 브랜드 특허권을 신청하게끔 했다. 2008년 도로 안전 홍보 문구를 만든 회사가 그랬던 것처럼 말이다.

비록 시간이 지나 논란은 잦아들었지만 노란 조끼는 안전을 중시하는 현대사회에서 장래가 유망하다. 르네 마그리트가 그린 〈이미지의 배반〉('이것은 파이프가 아니다'라는 문구로 유명한 마그리트 그림의 원제 — 옮긴이)처럼 훗날 노란 조끼의 역사에도 같은 이름이 붙을지 모르겠다. 노란 조끼는·반란 없이 구현한 반란으로 우리 기억 속에 남게 되었다. 다국적기업의 대량생산 방식을 이용해 더욱더 싼 가격만 추구하려던 인간은 결국 기존에 노란 조끼가 상징하던 안전을 무시하다가 역으로 위기에 빠진 세계를 구현해 버렸다.

양복 정장

1894년 일본의 메이지 천황은 관료들에게 서양식 정장을 입게 했다. 서양식 정장은 당시 산업화, 자본주의, 현대화의 상징이었다. 1870년경 자리를 잡은 프랑스어 '콩플레베스통'('완전한, 전부의'라는 뜻인 'complet'와 '정장 상의'라는 뜻인 'veston'의 합성어 — 옮긴이)이라는 단어는 의미 자체로 알 수 있듯이 재킷과 바지를 포함한 정장 한 벌을 말한다. 더 이상 길게 늘어트린 프록코트는 입지 않았다. 타이트하지 않은 바지, 싱글 재킷과 흰색 드레스 셔츠, 가끔은 조끼까지 받쳐 입는 게 새로운 정장의 공식이었다. 영국 전통에 따르면 재킷과 바지는 같은 천으로 만들어야 한다. 돈, 종이, 만년필 같은 물건을 넣을 수 있도록 호주머니가 20여 개 정도 있었고 넥타이, 모자, 왁스를 칠한 가죽 구두 같은 패션 아이템과 함께 매치했다. 정신분석학자 존 칼 플뤼겔의 표현을 빌리자면 정장의 단정함은 남성 패션의 '중대한 단념'이자 개신교적인 가치를 담고 있었다. 일반적으로 회색, 갈색, 남색 정장이 바람직했으며(검은색은 우중충해서 좋은 반응을 얻지는 못했다) 새하얀 와이셔츠는 개인위생을 중시한다는 느낌을 주었다.

정장에 관한 산업화된 움직임의 시작은 미국이었다. 프랑스 사회도 1850년대부터 확산되기 시작한 허리 정도 오는 길이의 이 '미국화된' 짤막한 외투를 받아들였다. 남성 맞춤 정장은 프랑스뿐만 아니라 영국과 독일에서도 비약적으로 성장했다. 각국의 특징을 가장 잘 나타내는 의복을 전시했던 1867년 파리 만국박람회에서 어떤 이는 "짧은 외투가 전 세계의 유니폼이 되기 시작했다"며 안타까워했다. 1900년에는 파리의 라벨자르디니에르 백화점에서만 연간 30만 벌의 정장을 제작해 전 세계로 수출했다. 풀 먹인 셔츠의 수요에 부응하기 위해 안에 받쳐 입는 미국식 이너 웨어도 개발되었다. 칼라는 붙였다 뗐다 할 수 있었고, 고무나 셀룰로이드 종이로 된 소맷부리는 유지하기 쉬웠으며 심지어 일회용이었다. 또 넥타이는 고무줄로 고정시켜 착용했다.

탈의실에 두고 일할 때만 입는 작업복과 달리 정장은 시내에서 종일 입고 다녔고, 필요한 경우 외투도 같이 입었다. 1920년대부터는 사무실에 에어컨이 생기면서 실내 어디서나 정장을 입고 있을 수 있었다. 1950년대부터 정장은 합성 소재로 만들어지기 시작해 에어컨이 있는 곳에서 입기 적합했고 잘 구겨지지 않았으며 '영원'한 다림질 주름이 잡혀 있었다. 모던한 남성은 트위드를 모방한 폴리에스터와 면을 모방한 나일론 소재의 정장을 입기도 했다.

1870년대부터 정장이 성공을 거둔 건 서양 사회의 관료화 덕분이었다. 공공과 민간 행정은 서류 더미에 파묻힌 인간을 탄생시켰다. 프랑스어 'bureau'는 재킷을 만드는 조잡한 모 옷감, 거친 모직물로 덮인 책상, 행정 처리를 하는 공간, 그곳에서 일하는 직원을 동시에 지칭했다. 조르주 쿠르틀린의 작품 『사무원 나으리들Messieurs les ronds-de-cuir』 속의 사무원이 동그란 가죽 방석에 앉아 일하는 사람이었다면, 블루칼라에 대비되는 화이트칼라는 발송 계원, 무역상, 엔지니어 같은 새로운 직군을 지칭했다. 화이트칼라라는 표현은 미국 소설가 업턴 싱클레어가 1910~1950년 사이 네 배로 늘어난 사무직 직원을 부르기 위해 1930년경에 만들어낸 말이다. 그러던 중 사회학자 찰스 밀스가 1951년에 낸 책 『화이트칼라: 미국 중산층White Collar: The American Middle Classes』이 기점이 되어 복장으로 사회경제적 지위를 구분하고 규정 짓는 문화가 정착되었다.

귀족이 보기에야 모든 정장이 유니폼처럼 보일 테지만 사장과 중간 관리자, 중간 관리자와 일반 직원의 정장은 디테일의 차이로 구분되었다. 넥타이와 커프스단추의 세련된 정도, 특히 정장의 소재와 재단이 달랐다. 헌 옷을 풀어서 다시 짠 모직 재킷과 조끼를 안에 받쳐 입는 더블 버튼 재킷은 기성복과 맞춤 정장만큼이나 차이가 컸다. 1920년경에 구어로 남성복을 지칭하는 프랑스 단어 'costard'로 불리던 남성용 정장은 기존의 어깨 패드를 넣고 허리를 조인 배불뚝이 사장의 모습을 지우고 역동적인 리더의 몸매를 만들어냈다. 1870년대부터 카이로에서 멕시코시티까지, 카불에서 도쿄까지 사회 지도층, 특히 경제계 지도층 남성은 유럽에서 수입한 정장이나 맞춤 정장을 입었다. 반면 여성은 전통을 고수하는 복장을 유지해야 했다.

중국에서는 현지 의류 생산량이 늘어나는 상황이었음에도 1867년에 20퍼센트였던 옷 수입량이 1905년에는 40퍼센트로 증가했다. 상하이의 사업가와 학생은 이제 모직 정장에 면 와이 셔츠를 입고, 미국 담배를 피우고, 스위스 시계를 차고, 가죽 구두를 신고, 모자를 쓴 채 매력을 뽐냈다. 일본도 마찬가지였는데 일본은 아시아와 아프리카로도 정장을 수출했다.

정장은 소속감의 상징이기도 했다. 1920년대 뉴욕 갱스터와 마르세유의 포주, 요코하마의 야쿠자도 정장을 소속감의 상징으로 삼았다. 싱가포르 공장 직원이나 프랑스 도청 사무원, 뉴욕 매디슨 애비뉴 홍보 회사의 중간 관리자도 같은 의미에서 정장을 입었다. 이처럼 정장을 입는 사람의 수가 계속 늘어나니 전 세계 상업 지구에 세탁소와 넥타이 상점이 문을 열었다. 1980년대 여피족의 정장 스타일은 더욱 스포티하게 변해갔지만 간부들은 계속 넥타이를 맨 정장을 고집했다.

명품 정장은 1920년대에 등장해 1960년대에는 전 세계로 뻗어나갔다. 독일의 휴고보스(1924), 파리의 세루티(1967), 뉴욕의 캘빈클라인(1968), 밀라노의 아르마니(1975) 같은 브랜드가 대표적이다. 금융계와 정계의 상류 사회 인사들은 여전히 런던 새빌 로의 아르니스, 이탈리아의 스말토, 홍콩의 샘스 테일러에서 정장을 주문해 입었다. 정장은 정치인의 옷이기도 했다. 1920년대 정치인들은 더 이상 프록코트를 입지 않았다. 프랑스에서도 콜롬비아에서도 국회의원은 정장을 입어야 했다. 국회의원이 작업복을 입거나 넥타이를 매지 않으면 스캔들이 되곤 했다.

정장은 육체로 드러내는 현대화의 상징이었다. 또 식민지가 문명으로 나아갔다는 신호이기도 했기에 식민지의 진보한 지도층이라면 정장을 받아들여야 했다. 제국주의 일본이 관료에게 정장을 입게 했던 것도 현대화의 열망과 무관하지 않다. 일제강점 치하의 한국에서도 같은 경향이 이어졌다. 튀르키예의 아타튀르크 대통령은 1925년에 '모자법'을 제정해 유럽식 정장 착용을 강행했다. 아프가니스탄의 아마눌라 칸도 1928년 국회와 왕궁에서 정장을 입고 모자를 쓸 것을 강권했다.

한편 대중 스타들은 정장을 우스꽝스럽게 비틀기도 했다. 찰리 채플린은 낡고 꼭 끼는 정장을 입고 우스꽝스러운 주정뱅이나 건달을 연기했다. 자크 타티는 영화 〈플레이타임〉(1967)에서 미국식 사무실에서 일하는 윌로 씨라는 인물을 맡았는데, 윌로 씨는 새로운 세계에 적응하지 못해 정장을 입고 불편해하는 인물이다.

정장에 대한 방향 전환은 정치적으로도 나타났다. 예를 들어 양차 대전 시기의 반식민주의 활동가들은 정장을 입고 시민으로서의 지위를 요구했다. 세네갈의 라민 상고르, 케냐의 해리 투쿠, 다호메이의 코조 토발루 우에누, 콩고의 앙드레 마트수아, 베트남의 호찌민은 우아한 정장을 입었다. 1940년대부터는 사회에서 소외된 청년층이 비즈니스 슈트를 차지했다. 로스앤젤레스의 흑인과 라티노인 주트족은 가난할수록 비싼 정장을 입었다. 1970년대에 파리와 브뤼셀로 이민 온 콩고인들도 마찬가지였는데, 이는 비싼 정장을 입어 일개 노동자이기를 거부하는 의지를 보여준 것이다.

반면 인도에서는 스와데시 운동의 일환으로 서양 의복을 거부하며 국산 옷감으로 되돌아가자는 주장이 생겨났다. 중국의 문화대혁명은 폭력적인 방식을 통해 정장을 인민복으로 대체했다. 자본주의 의상을 받아들이지 않으면서도 전통과 결별하고자 했던 쑨원이 고안한 것이었다. 자이르(현재의 콩고민주공화국)의 진정성을 주창한 모부투 대통령은 1972년부터 유럽식 정장을 아바코스트('À bas le costume!'의 준말로, 중국 인민복에서 착안한 남성용 외출복을 가리킨다. 프랑스 시민군의 '기득권 폐지À bas le privilégie!' 구호를 '양복 폐지À bas le costume!'로 패러디한 표현 — 옮긴이)로 대체하도록 했다. 이런 정장 거부 현상은 1890년대부터 서구 사회에도 등장했다. 히피족은 정장이 육체를 억압하고 권력을 자랑하며 남성 우월주의를 상징하는 치욕스러운 옷이라 여겼다. 그때부터 자유로운 분위기의 회사나 대학에서는 넥타이 없이 정장을 입었고 1990년대에는 캐주얼 프라이데이가 생기기도 했다.

하지만 정장의 위신은 여전히 사라지지 않고 있다. 이 사실을 잘 파악한 페미니스트들은 20세기부터 남성복에서 차용한 정장용 투피스를 입고 남성 중심 사회에 뛰어들었다. 정재계에서 넥타이와 모자 없이 정장을 착용하는 게 논란거리였던 오랜 세월을 지나, 이제 사회적 신분을 구별하던 정장의 기능은 약해졌다. 오히려 사장보다 직원이 넥타이를 착용한 모습이 흔하듯 말이다.

볼펜

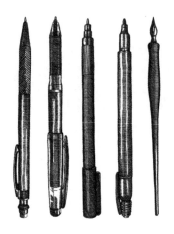

열정으로 불타오르던 미국 사업가 밀턴 레이놀즈는 백만장자 하워드 휴스의 기록을 노리며 많은 비행을 했다. 1947년 4월 12일부터 15일까지는 3일 동안 비행을 했고, 세계 언론은 그를 취재했다. 레이놀즈가 레이놀즈 봄셸이라는 비행기를 타고 뉴욕에 돌아온 지 이틀 후, 그는 '봄셸'이라 이름 붙인 새로운 볼펜을 출시했다. 1945년 10월 28일에 인터내셔널 펜을 출시한 이후 레이놀즈는 제품마다 기상천외한 광고를 내놓았다. 봄셸도 놀라운 방식으로 대대적인 광고를 진행했는데, 어디에서도, 심지어 물속에서도 쓸 수 있는 '원자 시대의 기적과도 같은 펜'이라 소개했다. 하지만 인터내셔널 펜과 그 후속 제품 모두 품질이 형편없었기 때문에 판매량이 좋지는 않았다. 결국 1951년, 레이놀즈는 신뢰할 수 없는 수준의 펜을 팔던 수십여 개의 회사들과 마찬가지로 패배를 인정했다.

볼펜은 처음부터 경쟁이 치열한 물건이었다. 19세기 중후반의 여러 발명가와 수공업자는 편하게 쓸 수 있는 펜을 개발하는 데 몰두했다. 헝가리 출신 발명가 비로 라슬로가 결정적인 발명을 이뤄낼 때까지 미국과 유럽에서 많은 특허와 시제품이 나왔다. 비로는 반유대주의가 심해지자 아르헨티나로 이주한 후 헝가리, 프랑스, 아르헨티나, 미국에서 볼펜 관련 특허를 제출했고 1942년에 '에테르펜'과 1943년 '비롬'을 출시했다.

당시 볼펜은 불완전했지만 영국 사업가 해리 마틴은 하늘 위에서도 쓸 수 있다는 이유로 볼펜에 관심을 가졌다. 1944년 마틴은 영국에서 제품을 생산할 수 있는 권리를 얻었다. 마일스-마틴 펜 컴퍼니는 제품을 개량하고 항공업계와 손을 잡아 영국 공군에 납품할 볼펜 수천 개를 제작했다. 미국은 비로의 펜에 관심을 가졌고 에버하드 파버가 미국 판매권을 얻었다. 레이놀즈가 강행군을 벌인 이유는 파버가 가진 특허권을 우회하기 위해서였다. 1945년 미국에는 성능이 별로인데 비싸기까지 한 볼펜이 차고 넘쳤다. 에버샤프는 먼저 레이놀즈와, 이후에는 파버와 손을 잡고 볼펜을 판매했다. 같은 시기 마일스-마틴 펜 컴퍼니는 영국에서 '비로' 펜을 출시했는데, 품질은 훌륭했지만 아쉽게도 원자재 부족으로 생산에 차질을 겪었으며 가격은 비서의 주급 정도로 비쌌다. 한편 비로가 개발한 볼펜은 미국에서는 조악한 품질로 인기가 떨어졌고 영국에서는 가격과 생산 문제로 고착 상태에 빠졌다.

하지만 유럽과 미국의 많은 회사가 볼펜 성능 개선과 판매에 뛰어들었다. 1949년 페이퍼메이트는 프란 시츠가 개발한 잉크 덕분에 볼펜을 크게 개선했고 시장에서 다른 경쟁자를 추월할 수 있었다. 프랑스에서는 이탈리아 출신 모리스 비치 남작이 1950년에 볼펜을 출시했다. 1953년 스위스 알베가 개발한 펜촉 제작 기계와 미국 파커가 1957년에 도입한 탄화텅스텐 구슬 덕분에 볼펜은 1950년대 중반부터 튼튼하고 믿을 수 있는 필기구가 되었다. 이 새로운 흐름으로 인해 만년필은 유럽과 미국의 필기구 시장에서 두 번째 자리로 밀려났다.

비치는 볼펜의 대중화에 기여했다. 잉크와 펜촉을 대대적으로 개량한 비치의 볼펜은 1950년에 방영된 광고에서 강조한 것처럼 '엄-격-하-게 중심을 향한다(볼펜 제작 기술이 개선되어 심 끝의 볼이 팁의 중심을 벗어나지 않는다는 뜻 — 옮긴이)'고 자랑했고, 결과적으로 대중화에 성공했다. 비치가 세운 빅이 출시한 크리스털 볼펜은 잉크를 채워 쓰던 지금까지의 볼펜들과는 달리 다 쓰면 버릴 수 있었고 가격도 저렴했다.

빅의 볼펜이 독창적인 건 아니었다. 빅이 성장세를 보이자 다른 많은 제조사처럼 빅과 마일스-마틴(나중에 비로-스완으로 바뀌었다)은 법정 공방을 벌였다. 사유는 스위스에 주소지를 둔 아르헨티나 비로 특허권 회사가 보유한 특허를 침해했다는 것이었다. 고소를 당한 빅은 1952년 3월에 프랑스 법정에서 유죄를 선고받았다. 소환 조사를 받기 전에 비치는 헨리 마틴과 직접 협상에 나섰고, 비로 특허권 회사는 막대한 배상금과 판매 수익의 1퍼센트를 받았다. 빅이 저가 볼펜으로 벌어들인 수익을 고려하면 이득이 되는 해결책이었다.

빅의 크리스털 볼펜은 투명한 플라스틱 육각 볼펜대가 특징으로, 1950년대 말 유럽 볼펜 판매량의 70퍼센트를 선점했으며 시설을 확충하고 규모를 키워 전 세계로 뻗어나갔다. 1961년 미국에 진출한 크리스털 펜은 몇 년 간 고전한 끝에 선두를 차지했다. 2014년에는 인도까지 진출해 현지에서 가장 잘 팔리는 첼로 펜과 함께 시장 점유율을 다투었다. 빅 볼펜은 뉴욕현대미술관의 험블 마스터피스로 선정되어 영구 소장품이 된 지 일 년 후인 2005년에 볼펜 1000억 개를 생산했다는 기록을 발표했다.

1969년 일본 파이롯트가 출시한 슈퍼 볼펜과 1971년 페이퍼메이트가 출시한 블루 스틱도 일회용 볼펜 시장에 합류했다. 하지만 볼펜이 모든 곳에서 환영을 받은 건 아니었다. 1948년에 미국 변호사협회는 회원들에게 법률 서류에 볼펜으로 서명하지 말라고 강력하게 권고했다. 또 미국, 영국, 프랑스 등에서 오랫동안 학용품으로 쓰이지 못했다. 볼펜 사용을 반대하는 사람들은 볼펜이 학생들의 규율 위반을 조장하며 일회용 볼펜을 사용하는 건 낭비라고 주장했다. 프랑스에서 1965년 정부 공문으로 "실생활에 편리한 볼펜을" 금지할 이유가 없다고 명시했지만 불신이 곧장 사라지지는 않았다. 1973년 롤랑 바르트는 '빅 스타일'을 "질보다 양만 앞세우는" 글쓰기라며 규탄했다. 중국에서는 계속해서 만년필이 가장 높은 대우를 받았지만 볼펜에 적합한 서예 방식 덕에 서적상 시슈席殊는 1990년대 초에 성공을 거두었다. 1970년대부터는 예술가들이 볼펜을 사용하기 시작하며 일상적인 기능뿐만 아니라 예술 도구로서의 기능도 더해졌다.

이제는 전 세계에서 매일 수백만 개의 볼펜이 생산되고, 판매되고, 버려진다. 그 결과 플라스틱 쓰레기가 쌓여 일곱 번째 대륙이 생길 정도다. 구리, 텅스텐, 무엇보다 폴리스티렌과 폴리프로필렌으로 만들어진 다양한 볼펜이 플라스틱 쓰레기 섬을 만들고 있다. 오늘날 볼펜 조립은 대부분 중국에서 이루어지고 있으며 세계 생산량의 80퍼센트와 수출 물량의 3분의 1, 대부분의 유명 브랜드 위조품이 중국에서 나온다. 중국은 2011년부터 고품질 볼펜용 구슬, 펜촉, 카트리지의 수입을 막기로 했다. 정부 고위 관계자들은 일상적 물건인 볼펜을 이용해 중국이 조악한 물건을 대량으로 생산하거나 단순히 완제품을 조립하는 나라가 아니라는 걸 보여주고자 한 것이다.

경찰봉

1926년 프랑스 일간지 《주르날 데 데바Journal des Débats》에는 고고학자들이 프랑스 남부 미디 지방에서 오늘날 사용하는 것과 굉장히 유사한 로마 시대 경찰봉을 발굴했다는 기사가 실렸다. 로마 시대에 곤봉은 어떤 용도로 쓰였을까? 그리고 언제부터 치안 유지에 사용되었을까?

　곤봉은 19세기 초까지 도끼창과 대검을 든 군인들이 질서를 유지하는 데 쓰였다. 이 문화는 헌병대가 발전한 유럽에서 특히 오래 지속되었다. 그러던 중 1829년에 영국 총리 로버트 필은 산업화에 따라 런던으로 몰려든 서민층의 규율을 잡겠다는 목적으로 수도 경찰을 창설했다. 수도 경찰의 순경은 '대화의 원칙'에 따르기로 되어 있었으나 설득하고 경고를 주는 것만으로는 충분하지 않다는 사실이 밝혀질 때는 강제로 힘을 쓸 수 있었다. 물리적인 힘은 30센티미터 가량의 단단한 나무로 만든 경찰봉으로만 가할 수 있었으며 경찰봉은 케이스에 넣은 뒤 허리춤에 차고 다녀야 했다.

과연 보비(수도 경찰을 창설한 로버트 필 총리의 애칭을 딴 런던 경찰의 별명 — 옮긴이)는 이런 원칙을 지켰을까? 안타깝게도 런던 경찰은 유럽에서 가장 노골적으로 폭력을 행사하는 경찰이라는 명성이 자자했다. 1851년에 런던에서 만국박람회가 개최되고 일 년 후, 프랑스 기자 에드몽 텍시에는 "합법의 상징인 마법의 곤봉만 있으면 영국 경찰관은 악당을 무능력하게 만들고, 어떤 시민이라도 적극적인 법의 수호자로 바꿔놓을 수 있다. 우리는 이런 경찰에 찬탄을 금할 수 없다"며 감탄했다. 보비는 런던 만국박람회를 계기로 세계적인 반향을 얻어 대중화되었다.

식민지에서도 유럽식 경찰이 확산되었다. 프랑스 헌병대와 왕립 아일랜드 경찰대에서 착안한 무장과 군사 시스템이 자리를 잡는가 하면 시드니, 콜카타, 홍콩 같은 대도시에는 보비의 영향을 받은 시스템이 도입되었다. 여러 시스템이 뒤섞인 시대였다. 예를 들어 인도 첸나이의 어떤 순경들은 곤봉 하나만 든 채 돌아다녔고 어떤 순경은 리볼버를 사용했다. 양차 대전 동안 스리랑카에 경찰학교를 설립한 허버트 도비긴은 경찰들에게 무기 없이 순찰할 것을 공지했다. 언젠가부터 채찍과 곤봉은 경비와 십장이 저지르는 폭력의 상징이 되었기 때문이다. 가혹 행위가 일상적으로 벌어지자 제도권 안의 경찰들은 법치주의와 더 완벽한 무기를 통해 무법적 폭력과 구분되고 싶어 했다.

1880년경 영국 경찰이 리볼버를 요청한 것처럼 총기가 일반화된 뒤에도 곤봉은 계속 사용되었다. 우선 도시에서 도로 교통을 지휘할 때처럼 시민의 행동을 선도하는 데 적합했다. 1896년 파리에 경찰이 흰색 경찰봉을 가지고 다녔던 건 증가하는 차량의 흐름을 통제하기 위해서였다. 가요 작사가들은 "순경은 마치 오케스트라 지휘자처럼 경찰봉을 휘둘렀다"며 빈정거렸다. 신호등 체계가 보강된 후에도 흰색 경찰봉은 여전히 유용했다.

곤봉은 자유민주주의 체제의 치안 유지에 적합한 무기이기도 했다. 발포가 금지되었을 때도 곤봉으로는 타격이 가능했고, 때리지 않되 밀어내는 용도로도 사용할 수 있었기 때문이다. 곤봉은 미국 볼티모어 경찰이 사용하는 야경봉처럼 억제력을 강화하기 위해 더 길어지는 방식으로 진화했다. 수련을 통해 이를 숙련되게 다루는 모습을 보여주면 경찰의 전문적인 면모를 과시할 수 있었다. 경찰들은 이니셜을 새기거나 그림을 그려 곤봉을 장식하는 것으로 집단 정체성과 유대감을 강화하기도 했다.

하지만 치안 유지라는 명분을 내세우며 도를 넘는 경찰의 가혹 행위 때문에 1960년대부터는 경찰봉을 두고 격렬한 논쟁이 일어났다. 1962년 2월 8일, 파리 20구의 샤론에서 시위대 9명이 경찰에게 맞아 사망하는 사건이 일어났다. 곤봉에 대한 끔찍한 기억은 1968년 5월과 6월에 한 번 더 파리를 휩쓸고 지나갔다. 영국에서도 1970~1980년대 사회운동을 몽둥이찜질로 다스렸다. 미국에서는 베트남전쟁에서 적군에게 그랬던 것처럼 시위대에게 몽둥이질을 해댔고, 시민권 옹호자들은 이를 규탄했다. 1991년 3월에는 로드니 킹이 경찰봉으로 56대나 맞아 심각한 부

상을 입었다. 이 장면은 캠코더로 촬영되어 전국에 방송되었음에
도 로드니 킹을 폭행한 경찰들은 무죄 판결을 받았다. 이 사건은
1992년 로스앤젤레스 폭동이 일어나는 계기가 되었다.

　2020년, 코로나 바이러스로 인한 팬데믹 상황에 록다운이
선포된 동안 인도에서는 경찰이 고삐 풀린 듯한 가혹 행위를 저
질렀다. 이제 경찰봉은 경찰 폭력의 상징이 되었으나 여전히 자
리를 지키고 있다. 한편 새롭게 등장한 비살상 무기와 경쟁에 처
하기도 했다. 미국 경관들은 동양 무예의 영향을 받아 쌍절곤을
활용해보라고 권장받은 적도 있지만, 쌍절곤을 자유자재로 다루
기란 여간 어려운 일이 아니었다. 로스앤젤레스 경찰은 1970년
대부터 가라테 무기인 톤파를 지급받았다. 톤파는 손잡이가 달
려 있어서 방어하기에 더 적합하고 현대적인 이미지와도 부합
했다. 미국 경찰의 명성 덕분에 톤파는 금방 퍼져나갔고 1990년
대 초반부터는 프랑스 경찰에게도 보급되었다. 20세기 말은 다
른 혁신적인 무기들의 시기라고 할 수 있다. 삼단봉 같은 경우는
영국에서 굉장히 빨리 확산되었다. 새로운 형태의 곤봉은 금세
전통적인 경찰력의 표상이 되었으며 민간 경호대에서도 사용되
고 있다.

광부용 안전모

1919년 미국 샌프란시스코의 안전 장비 전문 기업 불라드는 광부용 안전모를 개발해 시장에 내놓았다. 이 안전모는 제1차 세계 대전에 참전한 병사들의 금속 군모에서 착안한 것이었다. 병사들은 광산을 전쟁터에 자주 비유했고, 프랑스 엔지니어 루이 시모냉이 1867년부터 '심연의 병사들'이라 부르던 이들은 여기서 구체적인 해석을 찾아냈다. 가장 유명한 불라드의 검은색 하드 헬멧은 헝겊과 가죽으로 만들기 시작했다가 이후 플라스틱으로, 그다음에는 유리섬유로 만들었다. 헬멧은 전 세계로 보급되어 광부들과 건설 현장 노동자들을 상징하는 일반적인 물건 가운데 하나가 되었다.

처음에는 아무도 헬멧이 이렇게까지 보편화되리라고는 생각지 못했다. 18세기 이전 유럽과 아메리카의 광산, 채석장에서는 모자가 아닌 머리쓰개를 썼고, 이조차 쓰지 않는 경우도 빈번했기 때문이다. 당시 갱도도 그렇게까지 깊지 않았으며 해봐야 몇 미터 정도였다. 그렇기에 광부들은 보호 장비 없이 눕거나 앉아서 일해야 했다. 안데스산맥부터 일본, 스웨덴의 철광석 분지까지 광부들은 작업이 끝나면 천을 둘러맨 머리 위에 광석과 석탄을 담은 바구니를 이고 나왔다.

18세기 중후반부터는 영국과 북서유럽에서 석탄 생산량이 늘어나며 광산과 광부에 대한 개념이 바뀌었다. 광산은 점점 더 깊어지고 복잡해졌으며 그만큼 위험해졌다. 농부, 이주민, 때로는 강제 노역자였던 광부들은 프롤레타리아가 되었다. 탐험가이기도 했던 시모냉(그는 아메리카 대륙의 북쪽에서 남쪽까지를 여러 번 횡단했다)은 『지하 생활: 광산과 광부들La vie souterraine ou les mines et les mineurs』(1867)에서 세계의 광산 환경과 상황, 서로 다른 기술 개발 수준에 따른 다양한 광부들의 삶을 낱낱이 파헤쳤다. 광부들은 의복도 서로 달랐는데, 영국의 어린 광부들은 헝겊 모자를 썼고, 프랑스 포레즈 지방 갱도에서 갱차를 미는 사람들과 성인 광부들은 삶은 가죽으로 만든 둥그런 모자를, 스페인 아스투리아스 지방 노동자들은 얼굴 위로 드리워진 모자를 쓰는 식이었다.

19세기 중후반이 되자 대기업이 성장하고 재난 대비 의식이 높아짐에 따라 장비가 표준화되었으나 양상은 국가마다 달랐다. 미국과 일본에서는 속을 채운 헝겊 모자가 표준으로 자리를 잡았다. 헝겊 모자는 머리를 안전하게 보호해주었고 헤드램프를 달아 착용할 수 있었다. 북서유럽에서는 가죽모가 우세했다. 이 가죽모는 벨기에 보리나주 지역의 탄광에서 유래했다. 광부들은 삶은 가죽으로 만든 모자를 썼고, 그 아래에 천으로 만든 머리쓰개까지 써서 땀을 흡수시키고 염증을 막으려 했다. 에밀 졸라의 『제르미날』(1885) 초반부에서 마외가 에티엔 랑티에에게 빌려준 게 바로 이 가죽모다. 19세기 말 가죽모는 '까만 주둥이들'(석탄 광부들을 일컫는 말—옮긴이)이라 일컬어지던 이들의 결집을 언론에 대대적으로 장식하는 도상이 되었다. 이렇게 광부들이 언론에 자주 노출되면서 유럽적이고 남성적인 직업이라 여겨지던 광부는 프롤레타리아의 아이콘이 되었고, 가죽모는 광부의 속성이자 광부 조합의 상징이 되었다. 하지만 가죽모 착용이 일반적인 건 아니었다. 청년과 청소년, 견습생은 가죽모를 쓰지 않아도 됐고 성인들이라고 다 쓰는 것도 아니었다. 회사에서는 이들에게 안전 규칙을 지키라 당부했지만 모순적이게도 항상 더 생산성을 높이라고 밀어붙였다. 가죽모는 서양의 버전의 산업화를 상징하는 물건일 뿐이었다. 아마 아프리카의 금 광산과 다이아몬드 광산, 인도차이나의 석탄 광산에 관한 문서를 보면 사뭇 다른 이미지를 짐작할 수 있을 것이다. 아프리카 광부들은 머리에 아무 것도 쓰지 않은 채 보란 듯이 방서모를 쓴 유럽인의 감시를 받았으며 베트남 광부들은 전통 모자를 착용했기 때문이다.

미국의 하드 헬멧에는 군대의 영향과 표준화된 생산방식이 혼합되어 있다. 하드 헬멧은 양차 대전 때부터 알려졌으나 보급 과정에 난관이 있어서 실제로는 오랫동안 다른 모자를 썼다. 조지 오웰은 『위건 부두로 가는 길』(1937)에서 영국 광산과 나무로 만든 안전모를 언급했지만 다른 곳에서는 헝겊 모자를 더 많이 썼다. 1930~1950년대에는 광부를 극찬하는 도상 자체가 많이 나오지 않았다. 소련에서는 스타하노프(광부 알렉시스 스타하노프가 기준 노동량의 14배를 채탄한 데서 유래해, 소련 노동자들의 목표 초과 달성과 노동 생산성 향상 운동으로 번져 나갔다 — 옮긴이) 같은 인물을 내세웠다. 프랑스와 벨기에에서는 1944~1947년 동안 벌어진 석탄 전투(프랑스, 독일, 영국에서 1940년대 후반의 석탄 전투는 전후 정치를 형성했다. 광부들은 임금과 노동 조건 향상뿐 아니라 부와 복지, 분배 방식에 폭넓은 변화를 주장하는 운동을 이끌었다 — 옮긴이)를 극찬을 하는 포스터가 만들어졌는데, 이 이미지에서도 전통 가죽모와 하드 헬멧을 모두 볼 수 있다.

1950년대부터 보다 엄격한 안전 지침이 일반화되면서 안전모가 제대로 보급되기 시작했고, 동시에 광산업은 상당한 변화를 겪었다. 굴착기와 수송 기계가 개선되면서 광산업도 기계화된 것이다. 광부는 더 이상 자연에 정면으로 맞서는 인간이 아니라 기계의 도움을 받는 평범한 노동자가 되었다. 20세기 후반부에 들어 유럽 석탄 광산이 쇠퇴하기 시작했고 많은 광산이 문을 닫았지만, 세계 각지에서 다국적기업이 운영하는 광산은 계속되었으며 심지어 그 수가 많아지기까지 했다. 갱도에서 축 늘어진 가죽모를 쓴 석탄 광부들의 전통적인 이미지는 볼리비아, 페루, 잠비아, 파푸아뉴기니, 칠레 등지에서 안전모를 쓴 현대적인 인부들이 커다란 기계로 표층 광산에서 땅을 파는 이미지와 포개진다.

하드 헬멧의 확산은 광산업이 처한 환경이 보편화되고 있다는 걸 보여준다. 세계화된 경제에서 가장 저평가된 업무를 담당하는 노동자들이 점점 사라지고 있다 해도 그들은 세계 어디에나 있다. 보편화와 표준화는 상대적일 뿐이다. 안전 규정에 따라 동일하게 써야 하는 안전모지만 실제 노동자들은 적당히 상황에 맞추어 썼다. 미국의 석탄 부존 분지(와이오밍주와 애팔래치 아산맥의 일부 구간)에서는 신참과 고참이 모자 색깔로 구분되고, 유머러스한 말장난이나 정치적 문구가 담긴 스티커로 모자를 장식한다. 오늘날 안전모는 더 이상 광부 고유의 물건은 아니지만, 헤드램프가 달린 안전모는 노동 환경의 위험성과 직업에 관련된 신화 때문에 언제나 상징적인 이미지로 활용되고 있다.

2010년에 일어난 칠레 산호세 광산 붕괴 사건에서 구조된 광부들은 69일 만에 땅 위로 올라와 전 세계 수십 억 명의 시청자 앞에 섰다. 그리고 몇 달 뒤, 이들은 파리 디즈니랜드에서 우스꽝스러운 미키 마우스 모자를 쓰고 카메라를 향해 미소를 지으며 포즈를 취했다. 산업화의 가장 비극적인 사건과 소비사회의 가장 유희적인 형태가 모자로 구현된 셈이다.

재봉틀

1854년 파리의 재단사 칼보는 미국 싱거 재봉틀 영업권을 따
내 공장과 상점을 열었다. 프랑스(티모니에), 영국(세인트), 독일
(크렘스), 오스트리아(마더스페거)에서는 1830년대부터 재봉틀
을 발명했다. 대부분은 손으로 하는 바느질을 본떠 만든 기계였
지만 일라이어스 하우에게 영감을 받아 만든 싱거 재봉틀은 달
랐다. 이 재봉틀은 실 두 가닥과 바늘 한 개만으로도 빠르고 견
고한 바느질이 가능했다. 재봉틀 회사에게 패션의 수도인 파리
는 특별한 시장이었다. 칼보는 기성복 제조업자들에게 4년 만에
500대가 조금 안 되는 재봉틀을 판매했고, 1858년에는 '각 가정
마다 재봉틀 한 대!'라는 슬로건과 함께 성공을 거두며 러시아 영
업권까지 따냈다. 이처럼 재봉틀 보급 판로는 국내 가정용 고객
과 더불어 해외시장으로까지 넓어졌다.

싱거는 이 경험을 내세워 1856년에 휠러 앤드 윌슨, 그로버 앤드 베이커와 함께 특허를 따기 위한 공동 기금을 조성했다. 수많은 경쟁사가 있었지만 싱거는 압도적인 수출량으로 시장을 장악했다. 또 뉴욕 공장 외에 스코틀랜드 글래스고에도 공장을 세워 런던과 함부르크 항구를 통해 유럽과 아프리카 시장에 제품을 공급했다.

공동 기금이 끝난 1877년부터는 판매 경쟁이 시작되었다. 1880년대 유럽의 경제 위기로 싱거는 아시아와 남미, 아프리카 시장으로 눈을 돌릴 수밖에 없었다. 1882년부터 6000명을 동원해 각 대륙에 지점을 세워 네트워크를 구축했고, 20년 후에는 전 세계 노동자 3만 명을 고용해 생산한 재봉틀 120만 대를 전 세계 4500개 지점에서 6만 1000명에게 판매했다. 필리핀, 일본, 오스만제국, 남아프리카에서 매해 25만 대를 구입했고 1905년 기준으로 인도, 스리랑카, 미얀마 등에도 백여 곳이 넘는 지점이 세워졌다.

1892년, 싱거는 '모든 국가의 여성이 싱거를 좋아한다'고 주장하며 재봉틀 주변을 둘러싼 캐롤라인제도 주민들을 광고로 내보냈다. 싱거는 모든 문화에 적응한다는 메시지가 50여 개국으로 퍼져나갔다. 싱거 재봉틀은 세계 어디서나 볼 수 있었다. 실제로 토머스 베인스는 1912년 인도에서 "어울리지 않아 보여도 심지어는 시골 마을에서까지 단순히 실내장식용으로 놔둔 재봉틀을 볼 수 있다"고 강조했다. 광고는 독일(파프, 그리츠너), 프랑스(푸조, 마뉘프랑스), 스웨덴(허스크바나), 스위스, 러시아 기업들로 활기를 띠는 시장 현장을 생생히 보여주었다.

그렇지만 손으로 직접 한 바느질이 더 섬세하고 견고하다는 생각 때문에 재봉틀 사용을 꺼리는 부류도 있었다. 제조사들은 유럽 외 시장에서 나타나는 저항을 '드레이프 문명' 탓으로 돌렸다. 싱거는 이를 핑계 삼아 1888년에 인도에서 잠시 철수하기도 했다. 저항 세력들은 1900년 이후에야 시장을 개방해 유럽식 의복을 받아들였다. 일본에서는 1920년대부터 유럽식 의복이 들어오며 전문가용 재봉틀(자노메, 브라더, 주키 등)이 시장을 빠르게 장악해나갔다. 재봉틀은 인도에서 수입해 쓰는 몇 안 되는 기계 중 하나로, 1930년대 인도 자체 생산 방식을 따르자는 스와데시 운동과 간디도 재봉틀만큼은 용인했다.

재봉틀이라는 단어에는 어느 언어나 'machine'이 들어간다(프랑스어 'machine à coudre', 영어 'sewing machine', 독일어 'Näh-maschine', 스페인어 'maquina de coser' 등). 재봉틀이 섬세하게 다루어야 하는 기계라는 점을 생각하면 가정용으로 빠르게 보급되었다는 사실은 놀라울 따름이다. 제조사들은 재봉틀을 대중화하기 위해 체험 공방을 열고 시연을 권했다. 싱거는 1901년에 인도 퐁디셰리(인도 동부에 위치한 도시로, 17~18세기 프랑스령 인도의 수도─옮긴이)의 격주간지 《인도의 전령Le Messager de l'Inde》에 다음과 같은 광고를 냈다. "가정에서 무료로 사용할 수 있으며 제품 사용법이 적혀 있습니다." 그림이 그려진 사용법은 체계적이었고 고장 난 부품을 교체해주기도 했다. 복잡한 기계는 이렇게 가정 안으로 흘러 들어왔다. 시인 로트레아몽(19세기 프랑스 시인으로, 그의 시집 『말도로르의 노래』(1869)에 나온 "해부대 위에서의 우산과 재봉틀의 우연한 만남처럼 아름다운"이라는 구절은 초현실주의의 슬로건이 되었다─

옮긴이)에게 재봉틀은 인간성을 상실한 아름다움을 구현한 사물이었다.

그러나 여성들이 재봉틀 앞에 앉아서 일하는 노동환경은 걱정을 자아냈다. 위생학자들은 주기적으로 교체되는 페달이 미치는 결과를 우려했다. 「재봉틀이 여공들의 건강과 품행에 미치는 영향에 대하여De l'influence des mahcines à coudre sur la santé et la moralité des ouvrières」(1867)에서 한 의사는 여성 재단사들이 하루 12시간씩 일하기 때문이 아니라 반복되는 동작 때문에 지친다고 생각했다. 하지만 이런 걱정은 광고 때문에 정작 별다른 힘을 쓰지 못했고 여성들은 기꺼이 집에 재봉틀을 들였다. 부르주아 가정에서 일하는 하녀들은 재봉틀을 사용해서 아이들 옷을 만들고 수선하며 의류비 지출을 줄였다. 당시 재봉틀은 여자아이를 위한 장난감과 결혼 선물이 되기도 했다.

재봉틀에 대한 저항에는 경제적인 면도 있었다. 1860년대 재봉틀 한 대 값은 재단사의 10개월 치 월급에 달했다. 싱거는 비용 부담이라는 단점에 대처하기 위해 일주일에 4000원만 지불하면 된다는 할부 판매 전략을 펼쳤다. 징수원들은 집집마다 찾아가 할부금을 걷었고 1900년에는 튀르키예, 그리스, 불가리아, 이집트, 수단, 에티오피아에서도 비슷한 모습을 찾아볼 수 있었다. 조합과 백화점도 같은 전략을 썼다. 하지만 비수기가 되면 여공들은 할부금을 내기 힘들어졌다. 이 점을 고려한 볼티모어의 연료절약회사나 파리의 재봉틀협회는 실직하거나 질병에 걸렸을 경우 할부금 납입을 일시 중단해줄 것을 제안했다.

기독교 선교사들은 재봉틀이 몸을 덮어주는 옷을 만드는 기계이자 좋은 배우자가 되기 위한 도구라는 주장을 내세웠다. 사하라 이남 아프리카의 재단사는 남자였지만 기독교 선교사들은 여자아이에게 바느질을 가르치는 데 열성을 다했다. 이런 데는 기성복을 제작할 수 있는 여성 인력을 양성하기 위해서라는 이유도 있었다. 실제로 1900년에 프랑스 기성복 분야에 종사하는 사람은 110만 명에 달했다. 얼핏 보면 특별한 능력 없이도 재봉틀을 돌릴 수 있다고 생각하겠지만 사실 재봉틀을 잘 다루려면 수련이 필요했다.

그러던 중 1831년부터 200명의 노동자가 티모니에 재봉틀로 작업하는 공방을 부숴버리겠다고 위협했다. 재봉틀이라는 물건 자체의 문제는 아니었다. 1890년부터 파리 재봉사들이 파업한 일, 1909년에 뉴욕에서 일어난 '2만 명의 봉기'도 마찬가지다. 또 재봉틀은 분업의 동의어가 아니었다. 증기로 움직이는 재봉틀이 있는 공장에서는 노동자와 성직자의 의복과 교역 상품만 만들었다. 필라델피아처럼 파리에 모여 있던 군용 보급품 생산 공장이 안전상의 이유로 하청이 금지되었기 때문이다. 파리의 상티에(의류 도매시장이 밀집한 지역 ─ 옮긴이), 뉴욕 7번가, 베를린, 몬트리올에서는 주거지에 형성된 공방에서 기성복을 만들었다. 이곳에서 옷감을 자르고 품삯을 받는 미싱공들은 집이나 스웻숍(열악한 작업 환경에서 저임금을 주며 노동자를 착취하는 작업장 ─ 옮긴이)에서 재봉 작업을 했다. 이런 조직의 중심에 있던 재봉틀을 보며 1906년 알베르 아프탈리옹은 다음과 같이 기록했다. "재봉틀 제조사들은 릴 전 지역에 넘쳐났다. … 훗날 엄청난 보수를 받을 수 있다며 미끼를 던지는 수금업자들은 할부로 재봉틀을 구입하라는 압력을 넣으면서 그때까지는 의류 산업과 무관했던 마을이나 숙소에서 재택으로 일하던 젊은 인력을 부추겼다." 기계화는 빈부터 부에노스아이레스까지 서민층이 사는 모든 지역의 모습을 바꾸어놓았다. 이를 꿰뚫어 본 카를 마르크스는 "재봉틀은 모든 착취가 이루어지는 사회적 방식에 무차별적으로 들어맞았다"고 썼다.

1910년대부터 라벨자르디니에르나 갤러리 라파예트백화점처럼 빌딩식 공장을 보유한 곳 외에도 지대와 인력이 더 싼 작은 마을에서는 단층 공장이 증가했다. 재봉틀은 세계적으로 보급되었고 가정, 종교, 학교에서 양성해낸 인력이 어디에나 있었기에 비교적 수월하게 공장을 해외로 이전할 수 있었다. 공장들은 1980년대부터 멕시코, 모로코, 태국, 중국 등으로 옮겨갔으며 루마니아와 방글라데시에 엄청 높은 건물들이 세워졌다. 여성 노동자 5000명이 일하던 라나플라자(2013년에 방글라데시 수도 근처에 위치한 9층짜리 의류 공장 라나플라자가 붕괴하는 사고가 일어났다 ─ 옮긴이)를 쉽게 떠올릴 수 있을 것이다.

노동력을 제공하는 건 대부분 이민자였다. 1870년대부터 수많은 이민자가 재봉틀 한 대만 가지고 사업을 시작했다. 가령 파리 상티에 지역은 벨기에인과 독일인, 다음에는 동유럽 유대인, 아르메니아인, 이탈리아인이 들어왔다가 제2차 세계대전 이후에는 전쟁 생존자들이, 그 이후에는 북아프리카 유대인, 유고슬라비아인, 파키스탄인, 중국인들이 잠식했다. 로스앤젤레스의 패션 디스트릭트도 마찬가지다. 이 지역은 1990년대에 노동자 10만 명을 고용했고, 대다수가 가장 싼 임금을 받는 라틴계 불법

이민자들이었다. 재봉틀만 잘 다룰 수 있다면 전 세계 어디에서
나 언제든지 궂은일을 하며 생계를 꾸릴 수 있었다.

.

우리

1866년은 세계적으로 우리에 가둔 야생동물의 유통이 가속화
된 해였다. 식민지 확장과 함께 동물을 포획해 유럽으로 수출하
는 일이 늘어났기 때문이다. 16세기에도 귀족들이 희귀한 동물
을 키우기는 했지만, 식민 시대 때 교역량이 증대하면서 동물이
상업적으로 판매되는 비율 역시 폭증한 탓에 수많은 동물이 노
예무역선에 실려 운송되었다. 무역량의 증가는 노예무역과 유사
한 대중화와 관련이 있었다. 18세기 유럽인들은 매해 참새, 원숭
이, 앵무새 등 수천 마리를 아메리카, 아프리카, 인도, 호주, 태평
양 제도에서 수입해왔다. 새 사냥꾼들이 유럽에서 잡은 건 포함
하지 않은 숫자다. 동물들은 배에서 선원이나 탑승객의 동무가
되어주었고 항구에 도착해서는 반려동물, 과시용 선물, 현금화
할 수 있는 상품, 자연사에 관심 많은 사람의 지적 허영을 충족시

켜줄 견본으로 쓰였다. 아프리카산 앵무새와 남미산 앵무새같이 예전에는 권력자만 손에 넣을 수 있었던 동물들은 부유한 도시 사람들에게까지 수요가 확대되었다. 그렇게 반려동물을 키우는 것이 점차 유행이 되어갔다. 15세기부터 카나리아제도에서 잡은 카나리아는 노랫소리 때문에 인기가 많았는데, 17세기 말부터는 잡아온 카나리아가 유럽에서도 일부 번식했다.

에리크 바라테의 표현을 빌리자면 1780~1950년까지는 '짐 승의 문명화' 시기로, 유럽에서는 시골이나 도시나 할 것 없이 집에서 동물을 키우는 행위가 정점에 다다랐다. 1850년부터 야생동물과 그들에게서 얻을 수 있는 생산물은 대중 소비재가 되었고, 식민지 확장에 따라 다른 곳에서 온 동물을 풍토에 맞게 길들이는 외래종 육성 시도가 이루어졌다. 교통수단의 혁신과 통신 기술(일반 우편, 전보)의 비약적인 발전으로 동물은 세계화 상품이 되었다. 대형동물 거래상들은 안트베르펜, 로테르담, 마르세유, 르아브르, 런던, 리버풀, 브리스틀, 함부르크 같은 곳의 무역항에 대대적으로 교역소를 설치하고 물류 창고를 두었다. 1866년에 함부르크에서 카를 하겐베크 주니어는 아버지가 소유한 동물 거래용 창고를 물려받았다. 하겐베크는 이곳에 서커스단과 동물원에 동물을 공급하는 유통 회사를 세웠고, 1870년 대부터는 인간도 전시하기 시작했다. 그는 이집트령 수단의 카살라에 동물 포획을 위한 첫 번째 작업장을 지었다. 이곳이 동물 수집 거점지였음에도 서양인 직원 대부분은 동물을 잡는 데 필요한 동물행동학적 지식이 없던 탓에 지역 주민들의 도움을 받았다. 일부 포획자들은 전시에 모습을 드러내는 조건으로 고용되었고, 그중에서도 이국적인 정취를 보여주기 위한 인간 전시와 동물 포획 장면에 동원되었다. 하지만 이 전시는 자연을 훼손하는 결과를 가져왔고 아주 소수의 동물만이 산 채로 목적지까지 도착했다. 1880년대부터는 수단에서 영국과 이집트의 식민 통치에 반대하며 벌어진 마흐디전쟁으로 동물 공급선이 끊겼다. 하지만 하겐베크는 아시아와 소말리아에서 무역을 재개하고 아프리카에서도 문어발식 거래를 계속했다.

무역상들만 동물을 가두는 우리를 사용한 건 아니었다. 식민지에서 동물을 우리에 가두어 기르는 건 애호가들의 기분 전환 수단이자 본국과의 관계를 유지하게 해주는, 자신들의 지배를 정당화하는 활동이었다. 이를 보면 동물을 우리에 가두는 것과 식민지 확장이 불가분의 관계처럼 보이지만, 영국의 인도 강점기 시절에 인도 관료들이 과시용으로 만든 동물원에서 알 수 있듯 식민 지배층이 유일한 발주자는 아니었다. 친영 인도 관료들은 캘커타 항구로 몰려드는 세계의 선박 덕분에 계속해서 동물 수집 목록을 채워나갈 수 있었다. 19세기 중후반부터는 유럽과 미국에서 여가 문화와 관람 문화(동물원, 서커스, 박물관, 전시, 이후에는 영화 산업까지)가 출현하며 사람들이 몰려들었다. 안트베르펜 동물원(1843)이나 하겐베크가 함부르크 근처 스텔링겐에 세운 동물원(1907) 등 몇몇 동물원은 개인에게도 동물을 판매하며 동물 상업화의 핵심적인 주체가 되었다. 부르주아 가정에서는 길들여진 야생동물을 포함해 동물을 기르는 일이 많았고 이런 문화는 19세기에 무척이나 발전했다. 개인이 기르는 동물 종이 다양해졌으며 19세기 중반에는 아쿠아리움을 둘러싼 부르주아의 열풍이 대단했다. 동물학자 귀스타브 루아젤은 20세기 초 대중화 과정의 결말을 다음과 같이 묘사했다. "유럽 부유층 가정에서 개인용 동물을 보기가… 점점 더 드문 일이 된 것 같다. 부자들이 사는 성 안의 새장 속에 갇혀 살던 새들이 전에는 수도 없이 많았지만, 이제 새들은 그곳을 떠나 시골 농부 집의 문간이나 도시에 사는 여공의 창문에서 몸을 피했다."

우리는 작은 거주지 형태로 꾸며졌고, 아쿠아리움은 축소된 식물과 조각들로 채워졌다. 동물원과 원주민을 데려다놓은 만국박람회 전시장에는 인간과 동물, 광물과 식물로 만든 장식이 함께 뒤섞여 있었다. 이를 관람하는 서양인들은 세상을 손아귀에 넣은 듯했지만 정치적, 경제적 제약이 있었고 저항도 거셌기 때문에 다스리는 일은 늘 불안정했다. 마흐디전쟁이나 세계적 분쟁도 영향을 미쳤다. 제1차 세계대전은 순식간에 동물 국제무역을 종식시켰고 하겐베크의 전성기도 그렇게 끝이 났다. 탈식민시대가 오자 인간을 전시하는 행위는 천천히 소멸되어갔지만, 동물의 유통은 일시적으로 중단되었을 뿐 오히려 빠르게 늘어났다. 그 속도가 너무 빨라서 1952년 영국 왕립동물학대방지협회가 런던 히스로공항에 수입품 전용 관리 기구를 세울 정도였다. 이 기구에 따르면 1960년대 초 매년 동물 72만 마리가 상품으로 팔리거나 동물실험에 이용될 목적으로 히스로공항에 들어왔다. 런던의 해로즈백화점이나 파리의 라사마리텐백화점에서는 원숭이를 판매하기도 했다. 이국적인 동물을 키우는 데 돈이 많이 들었음에도 수요는 계속 늘어나 몇 해 동안 수입 건수는 더 많아졌다. 1977년 왕립동물학대방지협회는 한 입국소에서만 1600만

마리 이상의 동물을 맡았다.

　　동물 소비가 폭발적으로 늘어나자 이에 저항하는 움직임도 생겨났다. 동물을 우리에 가두는 걸 반대하는 움직임은 동물을 가둔 시간만큼이나 오래 이루어져왔다. 미셸 드 몽테뉴도 다음과 같이 썼다. "나는 좀체 살아 있는 동물을 잡는 법이 없고 다시 들로 돌려보낸다. 피타고라스도 어부와 새 사냥꾼에게 돈을 주고 동물을 사서 똑같이 행동했다." 1960~1980년대 사이에는 환경보호와 동물권에 대한 윤리적 관심이 커지면서 비판의 목소리가 전례 없이 높아졌다. 동물 보호 단체들은 공항에 버려지거나 피를 흘리며 죽어가는 동물들의 사진을 찍어 공개했다. 후에 제정된 동물 교역 규제에 관한 국내외 법률은 현장의 개혁을 이끌었고 동물 수입은 쇠퇴해갔다. 그러나 법률로 저지한다 한들 이미 형성된 세계적 무역의 힘은 감출 수도, 막을 수도 없었다. 수백 년 동안 지속되어온 비대칭적인 다국적 무역은 오늘날에도 여전히 세계에서 가장 수익성이 좋은 사업 가운데 하나로 남아 있다.

시코트

1885년, 일간지 《콩고 모니터Le Moniteur du Congo》는 훗날 벨기에 국왕 레오폴드 2세의 식민지에서 복무하는 장교이자 예술가인 에두아르 망뒤오가 그린 그림을 1면에 실었다. 무릎을 꿇은 채 부하 두 명에게 꽉 붙들린 사람이 채찍질당하는 장면이었다. 수첩에 필기 중인 백인이 보는 앞에서 제복을 입은 군인이 시코트를 높이 휘둘러 묶여 있는 사람의 등을 휘갈기고, 무심한 것처럼 보이는 현지 주민들이 이 광경을 쳐다보는 모습인데, 이 공공 처벌은 식민 시대 내내 수많은 유럽 열강이 사용한 대표적인 강압책이었다. 채찍질당한 사람의 고통을 모두가 보게 하여 공동체 앞에서 수치를 주고 몸에 상처까지 남겨 공포를 더욱 부추겼다. 《콩고 모니터》에 익명의 제보자가 쓴 것처럼 하마 가죽을 가늘게 자른 뒤 꼬아 만든 혐오스러운 시코트는 유럽인들의 눈에 식

민지의 질서를 잡기 위한 핵심
적인 도구이자 아프리카의 헌
병처럼 보였다. 하지만 식민지
에서의 폭력은 시간이 지날수
록 비인간적인 인권유린이라
는 것이 명확해졌다. 망뒤오는
이 현장을 '콩고에서의 문명화'
라는 역설적인 제목으로 그린
뒤 다시는 벨기에령 콩고로 되
돌아가지 못했다.

　　아프리카인들의 기억 속에 끔찍하게 심어진 시코트는 포르
투갈어로 승마용 채찍을 부르는 단어에서 왔으며, 오늘날에는 아
프리카 사회에서 쓰는 여러 징계 도구를 이르는 말이 되었다. 사
실 엄격한 의미에서 시코트는 식민 시대의 발명품이 아니다. 아
샨티 왕국이나 북부 나이지리아의 술탄국 같은 곳에서 시코트를
사용해왔다는 기록이 있기 때문이다. 대서양에서나 동양에서 노
예를 강압적으로 다룰 때에도 시코트가 사용되긴 했지만, 아프리
카 사회에서 제도화되어 일반적으로 통용된 건 1880~1900년대
식민지 점령과 관련이 있다. 이 시기부터 시코트는 수많은 식민
열강의 법 안팎에서 처벌 목적으로 사용되었다.

　　시코트 채찍질은 19세기 말 유럽 사회의 폭력에 대한 의식
과는 대비되는 현상이었다. 이 시기의 유럽 사회는 폭력에 대한
새로운 기준을 세워가며 신체형을 구경거리로 삼는 일을 배척해
나갔기 때문이다. 하지만 아프리카에서 행해지는 신체형은 유럽

인들을 사로잡았고, 19세기 말 여행 문학의 주요 소재가 되어 아프리카 강점을 정당화했다. 역설적이게도 시코트는 식민 당국의 것이 되었고 유럽 열강은 19세기의 말 인종적 관념으로 이를 정당화했다. 아프리카인들은 피부가 질기고 성숙하지 못해 물리적 힘을 가해야만 문명을 받아들일 수 있기 때문에 채찍으로 다스려야 한다는 생각이 팽배했다.

유럽 군인들은 군대와 교육 기관에서 행해지는 가혹 행위와 처벌에 익숙했음에도 시코트를 사용하는 모습을 보고 충격을 받았다고 증언했다. 벨기에 장교 조르주 브리커스는 일기장에 다음과 같이 적었다. "시코트로 채찍질하는 모습을 처음 봤을 때 나는 겁에 질려 얼굴이 창백해졌다." 하지만 이랬던 군사들도 금방 상황을 받아들였다. 벨기에 중위 레옹 아놀레가 한 사람을 추격하며 손에는 채찍을 들고 발길질을 하기 직전의 모습을 스케치한 1890년대 그림이 남아 있는데, 이 그림은 시코트가 얼마나 일상적으로 사용되는지를 보여준다. 19세기 말 아프리카에서 신체형은 수없이 많이 가해졌지만 군인과 민간인 모두 시코트형을 내리는 데에 반대하며 점차 규제가 이루어졌다. 콩고에서 경범죄를 저지른 사람은 하루 50대부터 거의 100대까지 시코트형을 받게 되어 있었다. 식민지에서 채찍질은 원주민 재판소에서 내리는 처벌 중 하나였다. 시코트 수용은 당시 유럽 총독부와 현지 지도층 사이에 세워진 결속의 근간이었다. 시코트는 동아프리카에서 독일인이 대중화한 키보코, 벨기에령 콩고에 끔찍한 기억으로 남은 핌보, 포르투갈 식민지의 카발루 마리뉴, 아파르트헤이트 기간 동안 남아프리카에서 사용한 샴복까지 여러 이름으로 변형되어 나타났다.

　시코트는 플랜테이션, 광산, 학교, 병원, 감옥 등 식민 사회의 여러 기구로 퍼져나갔다. 감옥에서는 말을 듣지 않는 죄수들에게 채찍질을 감행했고 1920~1930년대 콩고철도공사 작업장에서도 끔찍한 채찍질이 가해졌다. 당시 시코트는 소위 아프리카의 전통적인 체벌과 비교했을 때 완화된 형태라고 소개되었다. 1914년 잔지바르에서는 매일 한 대씩 때리는 등 대개 본국인들이 자기 멋대로 채찍질을 하며 숱한 스캔들을 불러일으켰다. 19세기 말부터 개신교 선교사들은 중부 아프리카의 소위 '붉은 고무(강제 노역으로 고무를 채취한 탓에 피로 얼룩진 고무가 많아 붙은 이름—옮긴이)' 지역에서 시코트 채찍질을 비난했다. 1909년 젊은 전도사 이시도르 바칸자가 유럽 관료의 명령으로 채찍질을 당해 사망하는 사건도 있었다. 1994년 교황 요한 바오로 2세는 바칸자의 시복諡福을 선언했다.

　시코트는 고발 문학의 중요한 주제이기도 했다. 가령 스위스 작가 다니엘 베르소의 중편소설 『시코트 채찍질을 당하며Sous la chicotte』(1909)는 뷔재르 중사의 가학성과 채찍질을 하며 그가 느끼는 쾌감을 묘사했다. 북부 나이지리아 술탄국에서 현지 사법 당국이 계속해서 불라라를 사용하자 런던에서는 일련의 스캔들이 일어났다. 아무리 식민 지배의 일환으로 아프리카 사람에게 가하는 시코트 채찍질이 익숙해졌다고 해도 20세기 유럽의 감수성은 시코트의 폭력성과 점점 더 멀어졌다. 그럼에도 시코트는 1960년대 아프리카 국가들이 독립할 때까지도 사용되었고, 심지어 독립 투쟁에서 새로운 도약을 맞이했다.

아프리카 사람들에게 깊은 영향을 남긴 채찍은 식민지 점령기 때부터 규탄을 샀다. 콩고 군사들은 1897년에 폭동을 일으키며 옛 유럽인 사령관들을 채찍질했다. 채찍이 반대로 사용되자 식민 사회 내에서 인종 서열이 무너졌다. 1933년 영국령 베추아나랜드(현재의 보츠와나)에서 젊은 츠와나 사령관 체케디 카마가 주민들에 행한 가혹 행위로 고소당한 영국인 피니어스 매킨토시에게 채찍질을 하라는 결정을 내리자, 당국은 카마를 일시적으로 해임하기도 했다.

반대로 시코트에 대한 반감은 식민 통치를 받는 주민들의 저항에 동력이 되었다. 1956년부터 카메룬 작가 페르디낭 오요노는 채찍을 주요 골자로 삼아 『식민지 시동의 삶Une vie de boy』이라는 소설을 썼다. 이 작품에서 어린 툰디는 사람이 채찍질을 당하는 광경을 여러 번 맞닥트린다. 실제로 중앙아프리카공화국의 독립운동가 앙드레 블루앵도 비슷한 트라우마를 겪었다. 블루앵은 자기가 살았던 브라자빌의 가톨릭 고아원에서 저녁 미사에 참석했을 때 프랑스 군인에게 붙잡힌 반군의 등이 채찍질로 찢겨나가는 장면을 목격하며 두려움에 사로잡혔고, 훗날 자서전에 당시 여덟 살이었던 자신이 겪은 공포와 분노를 적었다. "반군은 우리 어머니와 같은 종족이었다. 피 흘리는 등에 비 내리듯 채찍질이 쏟아질 때, 그들이 간직한 용기가 얼마나 대단했는지!" 블루앵은 또한 자기 미사의 일부를 빼먹었다는 이유로 수녀들에게 시코트로 채찍질을 당했다고 증언했다.

아프리카 국가들이 독립한 후에도 주민들을 관리하고 억압하는 수단으로 시코트가 사용되었다. 1960년대 가봉의 대통령이었던 레옹 음바는 정치적 반대 운동을 진압하는 데 시코트를 썼다. 1970년대 치붐바 칸다 마툴루의 유명한 그림 〈1885~1959년 벨기에령 콩고Colonie belge 1885~1959〉는 식민 시대의 채찍질을 둘러싼 고통스러운 기억을 보여준다. 무심한 벨기에 간수의 감독하에 아프리카 경찰관이 줄무늬 죄수복을 입은 죄수를 채찍질하는 장면을 담은 그림은 마치 망뒤오의 작품을 거울로 비춘 것 같다. 오늘날에도 이 끔찍한 도구는 여전히 식민 시대의 유령처럼 유럽인과 아프리카인의 상상 속에 머물러 있다.

장갑

1838년, 프랑스 그르노블에서 그자비에 줄랭은 오늘날 우리 의복에서 사라진 것(혹한기를 제외하고)의 역사를 바꾼 발명품을 내놓았다. 바로 누구나 낄 수 있는 장갑이었다. 줄랭의 발명으로 장갑은 맞춤형 장신구에서 실용적이고 필수적인 의복으로 바뀌었다. 줄랭은 사람들의 손 크기를 분류해 장갑의 치수를 정했다. 손크기에 맞춰 장갑을 끼워보면서 가죽을 얼마나 늘릴지 정하고, 손가락 크기와 모양에 맞춰 가죽을 자를 수 있는 절단기를 고안했다. 이 혁신적인 기술 덕분에 프랑스는 한동안 장갑 생산 분야에서 선두 자리를 유지했다. 이후 오스트리아, 영국, 룩셈부르크, 벨기에도 장갑 제조에 뛰어들었고 뒤이어 이탈리아와 독일도 가세했지만, 프랑스 장갑 제조업계는 독일과 함께 미국 시장에 제품을 수출하며 연간 수출량이 250~400만 켤레일 정도로 큰 이윤을 누렸다. 미국이 자체 생산을 하기 전까지는 막 태어난 새끼 양의 가죽으로 만든 독일산 장갑이 잘 팔렸다. 1908년부터는 뉴욕주 존스턴과 지명에서부터 알 수 있듯 글로버스빌을 비롯한 여러 곳에서 장갑을 생산하기 시작했다.

　장갑이 전 세계로 퍼지게 된 계기는 제1차 세계대전이었다. 장교들은 행사 때마다 장갑을 착용했고, 1916년에 최전선의 병사들은 진흙탕 속 추위에서 손을 보호하기 위해 가족이 보내준 장갑을 꼈다. 군대에서 장갑은 권위를 나타내는 장신구이자 전투에 꼭 필요한 용품으로 자리 잡았다. 순백색부터 진회색까지 각기 다른 장갑의 색으로 군 내부의 직급을 알 수 있기도 했다. 장갑은 병사들을 화상과 부상의 위험에서 보호해주며 그들의 소중한 친구가 되어주었다. 한편 북쪽에서나 남쪽에서나 민병대원들은 힘과 처벌 면제의 상징으로 검은 장갑을 착용했고, 장갑은 다시금 포기할 수 없는 권력의 상징이 되었다.

　사실 장갑은 동서양을 막론하고 권력과 오랜 관계를 맺어왔다. 기독교 전통에서 주교관, 주교 지팡이와 함께 장갑은 속세의 더러움에서 주교를 보호해주는 세 가지 표장 가운데 하나였다. 기원전 5세기의 그리스 의사이자 역사학자인 크테시아스는 페르시아와 인도를 방문했을 때 본 모습을 바탕으로, 귀족들이 사냥할 때 장갑을 낀 손에 민첩한 매와 맹금류를 올려놓는다고 기록했다. 상징적이든 그렇지 않든 양손에 낀 장갑은 19세기에 사회적 신분을 표시하는 수단이 되었지만 그전까지는 자연과 인간을 분리하는 물건이었다.

　중세 유럽 사회에서 장갑은 무엇보다 손을 대신하는 대체품이었다. 11세기부터 프랑스에서 왕의 장갑은 서명과 같은 효과가 있는 것으로 여겨졌다. 장갑과 그 장갑을 착용한 손 사이의 밀접한 관계는 몇 세기가 흘러도 변하지 않았다. 중국에서는 황제와 황후의 장신구이기도 해서 그런지 가죽이 아니라 비단으로 만들었는데, 비단 장갑은 피부를 감추는 게 아니라 오히려 피부의 부드러움과 우아함을 배가했다. 반면 유럽 궁정에서 왕과 왕비는 더러운 손을 감추기 위해 장갑에 향수를 뿌렸다.

19세기에는 성별에 따라 눈에 띌 정도로 차이가 나는 장갑을 꼈다. 같은 시기에 찰스 다윈은 인간이 손을 사용하지 않았더라면 다른 동물보다 우세한 위치를 차지하지 못했을 것이라고 주장했다. 1876년 프리드리히 엥겔스는 한 개론서를 통해 노동하는 기관인의 손은 원숭이에서 인간으로 이행한 결과물이라 강조하기도 했다. 손이 소중해졌지만 노예의 손과 식민지 주민의 손은 예외였다. 이들의 손에는 절대 보호용 장갑이 끼워지지 않았다.

한 세기 후인 1968년, 멕시코시티 올림픽 육상 남자 200미터 결승 시상식에서 토미 스미스와 존 카를로스는 인종차별에 항의하는 의미로 검은 장갑을 낀 주먹을 들어 올렸다. 이 한 장의 사진은 미국과 아프리카를 동요하게 만들었다. 1974년 10월 자이르 킨샤사에서 모부투 대통령이 아프리카계 미국인 복서 무하마드 알리와 조지 포먼을 초대해 '정글에서의 혈투'라는 권투 시합을 열었다. 이 대항전에서도 백인 권력에 대항하기 위해 저항의 의미로 검은 글러브를 낀 모습을 볼 수 있다. 18세기 초 영국 복싱 챔피언 잭 브로턴이 푹신푹신한 복싱 글러브를 발명하긴 했지만, 이날 밤 무하마드 알리는 단순히 손을 보호하기 위해 글러브를 끼는 게 아니라는 점과 검은 주먹은 이 땅에서 영벌을 받은 이들의 무기라는 점을 전 세계에 보여주었다.

산업혁명은 노동자들의 손을 혹사시켰다. 산업재해로 가장 많은 피해를 입은 부위는 손이었고, 손가락 중에서도 특히 검지가 위험에 가장 많이 노출되었다. 산재 보상을 받기 위한 대책이 세워졌고, 프랑스에서는 1898년 4월 9일 산업재해보상보험법과 함께 산재 희생자를 위한 특별 보상법이 만들어졌다. 19세기에서 20세기로 넘어가는 시기에 노동 현장에서 손을 보호하는 일은 세계 노동운동과 맥을 같이 하며 노동계의 중요한 쟁점이 되었다.

1850~1930년대의 장갑은 실용적 기능성과는 거리가 먼 부르주아의 상징이었다. 남성들 사이에서 장갑이 유행했고 평소에는 가죽 장갑, 장례식에서는 검은 장갑, 사냥을 나가서는 노란 장갑, 무도회에서는 흰 장갑, 운전할 때는 손가락 끝부분이 잘린 장갑을 착용했다. 여성용 장갑에는 속옷과 마찬가지로 성적인 의미가 담겼다. 가령 리타 헤이워드가 1946년에 출연한 할리우드 영화 〈길다〉에서 볼 수 있듯 장갑은 벗으려고 끼는 것이었다. 19세기 중후반부터 문학에서는 세밀한 묘사를 위한 소재로 쓰였다. 쥐디트 리옹캉의 『시간이 할퀸 자리La griffe du temps』에 따르면 쥘 바르베 도르비이의 작품 중에서도 매춘부가 장갑을 끼고 있는 모습을 묘사하는 대목이 작가의 문체를 잘 드러내는데, 자신이 얼마나 세련되었는지를 장갑에 대한 취향으로 나타내는 부분이다.

계속되는 장갑의 유행에 따라 염소와 양을 사육하는 지역뿐만 아니라 무두질하기 좋은 수원 근처에서도 장갑 산업이 발전했다. 프랑스에서는 중앙 고원 산악 지대(미요)와 알프스 산맥(그르노블)에서 장갑 산업이 발전했다. 줄랭의 발명품은 쉽게 현대적 유행을 따를 수 있게 해주었지만, 아이러니하게도 누구나 여러 켤레를 가질 수 있게 되자 유행 아이템으로서의 장갑은 곧 서서히 사라져갔다.

드럼통

1905년, 뉴욕 아이언 클래드 제조사의 십장인 헨리 워랜이 55미국갤런(1미국갤런은 약 3.8리터. 55갤런은 약 209리터 —옮긴이) 강철 드럼통 특허를 내고, 이후 아이언 클래드 제조사를 설립한 엘리자베스 코크란에게 권리를 양도했다. 열었다 닫았다 해도 새지 않고 내구성이 강해 등유 같은 인화성 물질도 안전하게 운송이 가능하며, 원통 모양이라 핸들링도 쉬운 이 강철 드럼통은 빠르게 42갤런 나무통을 대체했다. 그렇게 석유 제품을 유통할 때 사용되던 나무통은 강철 드럼통에 밀려나게 되었다.

나무통은 석유 유통 과정에서 사라졌지만 여기서 유래한 용량은 세계 표준으로 남았다. 당시 둥글둥글한 통보다 석유를 더 잘 비축할 수 있는 용기는 없었다. 19세기 중후반에는 석유가 고래기름을 대체했기 때문에 석유를 담을 통도 필요해졌다.

1850년대 말부터는 북미와 동유럽(루마니아)의 초기 유정에서 시추가 이루어지자 석유를 담을 용기가 급속도로 부족해졌다. 처음에는 원유와 정제유를 저장하고 수송하는 데 위스키 오크통과 같은 나무통을 사용했다. 액체를 담는 데 적합할 뿐만 아니라 재사용할 수도 있었기 때문이다.

1866년에는 펜실베이니아 민간 석유 생산 업체들의 합의로 원유 판매 단위가 정해졌다. 기본 40갤런에 석유가 새거나 불순물이 들어가는 경우를 대비해 2갤런을 더 넣어, 총 42갤런이었다. 이게 석유 양을 측정하는 단위인 '배럴'의 시초로 여겨진다. 사실 배럴은 중세 영국에서부터 내려와 와인과 위스키를 담는 통을 셀 때 여전히 사용되는 단위인 '티어스'를 보편화한 것이다. 1티어스는 42미국갤런이자 35영국갤런이고, 대략 160리터 정도다.

펜실베이니아에서 유전이 발견되고 공장이 증가하면서 새로운 표준 유통에 동참하는 이들이 늘어났다. 배럴이 1880~1890년대 미국 연방 행정부와 여러 관공서에서 인정받자 더 밀폐가 잘 되는 드럼통 특허가 줄을 이었다. 1870년에 창립한 스탠더드 오일 회사도 석유 유통 관리 전략에 드럼통 생산을 포함시켰다. 파란색으로 칠한 스탠더드 오일 드럼통은 고객에게 강한 인상을 남기며 안정적인 품질 보증이라는 약속의 증표가 되었다.

드럼통은 한 번 채워 넣으면 약 135킬로그램에 달할 정도로 무거웠다. 드럼통을 바지선, 견인차, 열차에 실으려면 수많은 인력이 필요했다. 게다가 거듭 사용하다 보면 부식이 생겼고 어쩔 수 없이 석유가 샜다. 무엇보다 가장 큰 단점은 가격이었다.

1872년에 42갤런 원유가가 약 4400원으로 떨어진 데 비해 새 드럼통의 가격은 약 3900원이나 했다. 1870년대부터 석유를 개발한 루드비그 노벨이 가족 기업인 브라노벨을 위해 계산해본 드럼통의 무게는 통에 담는 석유 무게의 약 20퍼센트였다. 무겁고 가격도 비싼 데다가 다른 화물에 쓸 수 없다는 점까지 더해져, 목적지에 도착한 다음에는 대개 빈 통으로 돌아와야 했다.

석유 업체들은 이런 단점을 개선하고자 두 가지 대안을 고안했다. 바로 송유관과 유조선이다. 최초로 송유관이 설치된 곳은 1865년 펜실베이니아의 핏홀이었다. 1877~1878년 노벨은 발라카니 유전과 바쿠 근처의 브라노벨의 정유 공장을 연결하기 시작했고, 1881년 스탠더드 오일은 펜실베이니아에서 뉴욕까지 송유관을 놓았다. 여전히 석유가 많이 새기는 했지만 수송 가격은 훨씬 싸졌다. 이후 노벨이 거의 일 년 만에 투자금을 회수하자 드럼통 생산 업체들의 항의가 빗발쳤다. 한편 화물을 운송하는 민간 수레꾼들이 드럼통 생산 업체에 합류했다. 바쿠에서는 수레(아라바)를 끄는 타타르인들을 걱정했다. 아라바가 석유 수송을 독점하고 있었기 때문이다. 미국, 아제르바이잔, 이란의 쿠제스탄에서도 송유관을 보호하기 위해 현지 경비를 고용해야 했다.

송유관 설치가 거의 끝나가자 브라노벨은 강철로 만든 최초의 유조선인 베세머를 건조하는 작업에 착수했다. 이 유조선은 석유를 담은 통을 실을 수 있도록 설계되었다. 노벨 형제와 엔지니어들이 유조선을 완성했지만 이후 이들은 경쟁 업체에 인수되었다. 1880년대에는 이동식 송유관을 이용해 부둣가에 있는 배의 유조에 석유를 담았다. 1890년대 초 스탠더드 오일과 자회사들은 석탄을 연료로 사용하는 유조선을 70척가량 가지고 있었다. 유전과 정유 공장에서 유조선까지 석유를 수송할 수 있게 되자 드럼통 제조업자들은 걱정이 늘어갔다. 그러던 중 2000톤 이상의 초기 대형 유조선 중 하나인 글뤽아우프호가 1886년에 뉴욕에 도착했고, 드럼통 생산 업체의 적대적인 시위로 항로를 변경할 수밖에 없었다.

그렇지만 1870년대에 이르자 통 제조업자와 수레꾼, 핸들링 업체는 드럼통의 시대가 저물어가고 있다는 현실을 받아들여야 했다. 송유관까지 생기자 생산지와 시장 사이의 거리 때문에 발생할 수밖에 없던 인력, 비용, 시간적 제약이 점차 줄어들었다. 그러나 철도가 없고 바다나 강을 따라 석유를 운송할 수도 없는 지역에서는 여전히 드럼통이 필요했다. 노벨은 차리친(현재의 볼고그라드)에 있는 저장용 유조 옆에 미국 표준을 따라 최신식 드럼통 공장을 짓게 했다. 1890년대에 이 공장에서 연간 10만 개의 드럼통을 생산했고, 1912년 워랜과 코크란의 아이언 클래드 제조사는 55갤런 드럼통을 하루에 1000개까지 생산했다. 스탠더드 오일은 나무통을 파랗게 칠했던 것처럼 드럼통에도 파란색을 칠했다. 그러자 전 세계의 석유 업체들도 재빨리 스탠더의 오일의 원색 마케팅을 따라 했다.

석유 수입, 탐사, 생산이 유럽과 미국 기업을 중심으로 이루어지자 인도네시아와 이란에서도 이 표준을 도입했다. 인도네시아는 1890년 자바섬 워노크로모에 처음으로 정유 공장을 세웠다. 이란에서 시추할 때, 영국 자본으로 세운 앵글로 페르시아 석유 회사는 35영국갤런 드럼통을 사용했다. 1900년대 말부터 아제르바이잔의 바쿠, 미국의 필라델피아, 이란의 아바단, 루마니아의 콘스탄차, 인도네시아의 발릭파판 같은 대형 수출항에서는 현대적인 원색의 강철 드럼통을 쉽게 찾아볼 수 있었다.

드럼통 공장은 정유 공장과 인접했다. 새로운 55미국갤런 드럼통은 유조선을 보낼 수 없고 송유관도 설치할 수 없는 시장에 수출하기 적합했다. 1930년대까지 미국산과 러시아산, 이후에는 이란산 등유를 가정용으로 수입하던 페르시아만 연안 아랍 국가들의 항구에는 오랫동안 드럼통이 놓여 있었다. 트레이더들은 갤런과 그 외 단위에 맞춰 작은 용기를 산 뒤 되팔곤 했다.

가끔씩 드럼통이 예술 작품이나 바비큐 용품으로 변하기도 하지만 석유 산업, 항구, 그리고 우리가 사는 도시에서 사라지지 않은 건 무엇보다 석유라는 원자재 시장의 원기原器(측정 기준으로써 도량형의 표준이 되는 기구-옮긴이) 때문이다. 세계 언론은 1973~1974년 내내 석유 가격을 1면에 보도했다. 석유수출국기구OPEC가 여전히 막강하고 국제기구 행정가들이 1990년대 이라크에 이어 이란의 생산에 제재를 가하는 이유는 석유가 가장 중요한 원자재이기 때문이다. 2018년에는 세계에서 매일 드럼통 9500만 개가 생산되었고 동시에 1억 개를 소비했다. 지금까지 그래왔듯 배럴은 앞으로 오랫동안 현대사회의 에너지 측정 단위일 것이다.

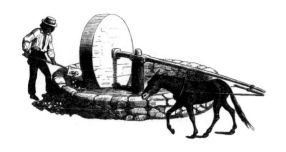

연자방아

1811년, 수학자 장 니콜라 피에르 아셰트는 『기계학 개론Traité des machines』에 '아주 적은 비용으로 만들 수 있는' 연자방아 사용법을 실었다. 왜 공학자와 농학자들은 대형 증기기관이 성공 가도를 달리던 시기에 동물의 힘을 이용한 연자방아에 주목했을까?

오늘날 연자방아를 뜻하는 프랑스어 '마네주manège'는 회전 목마를 지칭하는 단어로 쓰이지만 예전에는 승마 연습장이나 동물의 힘을 이용한 다양한 기계장치를 의미했다. 목재로 만든 축을 중심으로 돌아가는 연자방아는 복합적이지만 간단하며, 19세기 공학자 자크외젠 아르망고가 설명했듯 "계속 원을 그리면서 수평하게 스스로 이동하며 움직이는" 말, 소, 당나귀의 힘을 이용하는 장비였다.

동물의 힘을 이용해 움직이는 이런 기계장치는 고대부터 존재했고 곡물을 빻거나 물을 길어 올리는 데 자주 썼다. 중세부터 지중해 인근과 아시아에서 연자방아의 사용이 늘어났고, 특히 관개용으로 많이 썼다. 연자방아는 인간이 직접 돌리는 것보다 효율이 좋고 견고할뿐더러 나무로 만든 것은 설치하기도 쉬웠다. 연자방아의 형태는 다양했고 고정형일 수도, 이동형일 수도 있으며 축의 방향도 조절할 수 있었다. 지역에 따라서 부르는 명칭도 다양했다. 예를 들어 이집트와 모로코에서는 '사키야'라는 이름으로 잘 알려져 있다.

18~19세기 산업화 초반의 유럽과 미국에서는 증가하는 에너지 수요에 대응하기 위해 연자방아의 사용이 늘어났다. 연자방아는 산업화에 발맞춰 현대화되었기에 현대까지 근근이 살아남은 구시대의 유물과는 거리가 멀다. 큰 비용이 들지 않고 설치가 쉬워서 수력이 부족한 지역이나 증기기관이 늦게 도입된 지역에서는 계속 연자방아가 사용되었다. 역사학자들은 산업혁명의 상징과도 같은 증기기관이나 수력발전에 비해 눈에 잘 띄지 않고 흔적을 많이 남기는 것도 아니었기 때문에 연자방아에 큰 관심을 두지 않았다.

연자방아의 사용량은 계속해서 증가했다. 18세기 중반 프랑스령 앤틸리스제도의 사탕수수 플랜테이션에서는 일반적으로 연자방아를 사용한 것으로 보인다. 마르티니크에는 사탕수수를 빻기 위해 사용하던 연자방아가 355개(설탕 제조 시설의 63퍼센트에 해당) 있었고, 과들루프에는 270개(설탕 제조 시설의 73퍼센트에 해당)가 있었다. 1821년 마르티니크에는 물레방아(178개)보다 연자방아(199개)가 더 많았고 증기기관은 고작 10개밖에 없었다. 유럽에서는 주로 도시에서 물을 길어 올리는 데 연자방아를 사용했지만 1830년대까지 보헤미아 왕국에서는 석탄 채취에 연자방아를 사용했고, 그 이후 유럽 전역에 석탄 채취용 연자방아가 퍼져나갔다. 독일에서는 영국이나 프랑스처럼 수직갱도가 더 깊어져서 지금까지 써온 얼레가 쓸모없어졌고, 석탄을 지표면까지 끌어올리기 위해 연자방아를 도입하게 되었다. 석탄 채취용 연자방아는 탄전에 따라 '바리텔'이나 '바르그' 등으로 불렀다.

1790년경 파리 한복판에는 동전 주조용 압연기를 작동하기 위해 말 여섯 마리가 끄는 엄청나게 큰 연자방아가 설치되기도 했다. 심지어 증기기관이 일찍 도입되었다고 알려진 섬유산업도 초기에는 연자방아의 도움을 받는 경우가 많았다. 1820년경 프랑스의 엘뵈프 같은 일부 섬유 단지는 연자방아를 대거 동원했다. 의사 루이르네 빌레르메는 1840년 아미앵에 '동력원이 연자방아밖에 없는' 시설이 많다고 강조했다. 북아프리카 면직 산업에도 연자방아가 사용되었다. 가령 19세기 말 모로코의 마라케시에는 연자방아가 100여 개 있었던 반면, 수력을 이용한 장치는 겨우 20개뿐이었다. 그렇지만 동력 장치와 관련된 통계는 연자방아를 철저히 과소평가했다. 작은 공방과 시골 곳곳에 흩어져 있는 무수한 농업용 연자방아는 고려하지 않고 대형 설비가 집중된 공장만 통계에 반영한 것이다. 연자방아는 눈에 보이지 않는 기술이나 마찬가지였다.

동물의 힘을 이용한 장치는 19세기 내내 사라지지 않았다. 가장 활발하고 많은 자본이 몰리는 섬유산업, 광산업, 사탕수수 플랜테이션에서 소규모 농업과 공장으로 이동했을 뿐이다. 수공업이 비약적으로 발전하면서 동물은 온갖 용도로 동원되어 양조장, 벽돌 공장, 화약 제조소, 제재소에서 풀무 바퀴를 돌리고, 동력 해머를 작동시키고, 절구를 찧었다. 1812년 파리 교외 생탕투안의 한 고급 목재 가구 정비사는 군대가 동물을 징발해가서 동물이 없는 탓에 연자방아로 움직이는 제재소를 닫을 수밖에 없다며 불평하기도 했다. 이렇기에 연자방아를 쓴다는 것은 공장에 동물이 필요하다는 의미이기도 했기에 동물을 위해 외양간을 짓고, 위생을 점검하고, 사료를 운반하고, 오물을 치우고, 관리 인력을 양성해야 했다.

19세기 중반 이후 열동력 기관이 개발되고 이후 전동 기관이 등장하며 연자방아는 산업 현장에서 사라져갔지만, 반대로 농업에서는 그 수가 증가했다. 농사 활동에는 동물을 더 자유롭게 사용할 수 있었고 연자방아도 최적화할 수 있었다. 동물은 개량을 거쳐 점점 더 무거워졌고 이들을 이용해 채소를 재배하는 밭의 펌프, 탈곡기, 작두, 맷돌 등 다양한 농기구를 작동했다. 동물은 밭일에 필요한 에너지를 싼값에 제공했다. 가령 제2제정 시기(1852~1870) 프랑스 시골에는 연자방아를 이용한 탈곡기가 수만 대 있었다. 북아메리카에서도 연자방아는 오랫동안 필수적이었다. 19세기 목화 재배가 엄청나게 성장한 미국 남부에서는 압축기나 섬유와 목화씨를 분리하는 조면기를 작동시킬 때 동물을 이용했다. 전에는 노예가 하던 작업을 이제 동물이 하게 된 것이다.

다양한 용도에 활용된 연자방아는 산업혁명 초창기와 수공업 단계의 전형적인 기술을 상징했다. 연자방아는 주로 다른 발동기를 보완하는 보조적인 역할을 했다. 19세기 말 유럽에서는 연자방아의 사용이 감소했지만 식민지에서는 기계와 연료가 부족했기 때문에 여전히 유용하게 사용되었다. 그렇게 연자방아는 점차 개발도상국의 기술이 되었다. 20세기 초 아시아와 마그레브(리비아, 튀니지, 알제리, 모로코를 비롯한 아프리카 북서부—옮긴이) 지역에서 연자방아 사용이 늘어났고, 이집트에서는 두 번에 걸친 세계대전 사이에 연자방아 사용량이 정점에 달했다.

1945년 이후 기계가 보급되면서 연자방아는 구식 기술 취급을 받아 밀려났다. 그렇지만 동물의 힘을 이용한 장치는 많은 지역에서 여전히 꼭 필요하다. 최근 들어 에너지 위기를 겪고 환경보호와 생태학적 관심이 높아지자 연자방아의 필요성이 다시금 대두되었다. 유럽에서도 수공업과 농업 분야에서 연자방아가 재발견되었고 소프트 테크놀로지로도 주목받는 추세다. 연자방아는 아시아와 아프리카 시골의 소규모 공장에서 살아남았고, 인도에서는 동물의 힘을 빌려 전동 발전기를 구동하는 실험을 하고 있다. 생태학 시대에 환경을 덜 오염시키고 화석연료에 의존하지 않는 연자방아는 다시금 실용적인 발동기로 재부상하고 있다.

여행지에서
만나는 것들

조가비

1736년 1월 30일 파리에서 에듬프랑수아 제르생이 주최한 전례 없는 경매가 열렸다. 제르생은 부유한 수집가들에게 네덜란드에서 온 용한 상인이 조가비를 비롯해 호기심을 자아내는 자연 채취물들을 가지고 왔다는 소식을 알렸다. 이미 한 세기 전부터 동인도회사(1602년 설립)의 선박들은 머나먼 난해暖海에서 조가비를 싣고 와 수집가와 학자의 소장품을 채워주고 있었다.

조가비 연구는 암스테르담, 헤이그, 런던, 마드리드 같은 유럽의 대도시에서 유행했다. 이 도시들은 대약진 중인 열강에 열기를 불어넣은 무역량 덕을 톡톡히 봤다. 제르생의 경매는 희귀 조가비 수집가이자 화가인 프랑수아 부셰의 그림으로 문을 열었다. 이렇게 멋지게 시작된 행사는 진귀한 물건들의 아름다움을 묘사하고, 명성이 자자한 학자들의 논문 목록을 발표하고, 이미

방대한 수집품 진열실을 갖춘 이들의 이름을 불러대며 새로운 유행을 선도하는 데 일조했다.

예술과 과학, 자연과 인공을 한몸에 갖춘 조가비는 자연 그대로의 모양으로 예술적 기교를 다투던 로코코('로코코'라는 용어 자체가 조가비를 뜻하는 '로카유rocaille'에서 유래했다 — 옮긴이) 양식의 상징이 되었다. 볼뤼트(고둥처럼 끝이 말린 소용돌이 무늬 — 옮긴이), 아라베스크(당초무늬, 덩굴무늬라고도 한다 — 옮긴이) 모양을 새긴 조각, 세공품, 그림이 고급 저택을 장식했다. 프리드리히 2세가 지은 독일 포츠담의 상수시 궁전처럼 왕궁에도 조개로 장식한 동굴 방이 등장했다. 이렇게 새로운 수집품이 유행하자 낯설고 진귀한 물건으로 돈을 벌려는 이들이 자연스레 생겨났다. 희귀 조개 하나가 네덜란드에서는 500플로린, 파리에서는 1000리브르 이상에 팔리기도 했다.

사람들은 조가비를 수집하며 새로운 지식을 쌓았다. 방대한 진열실의 수집품 목록에 기반해 알베르투스 세바, 게오르그 룸피우스, 토머스 마틴, 앙투안조제프 데잘리에 다르장빌 등이 저술한 패류학 개론은 라틴어, 프랑스어, 영어로 출간되었다. 읽어보면 자연주의 원칙에 입각해 새로운 분류학을 제안하며, 전방위적으로 세상을 분류하고 목록을 작성하고자 하는 열망이 드러나 있다. 수집품 진열실은 앎의 공간이자 폭넓은 사교 공간이었다. 상인, 무역가, 금융업자, 법관, 여행가 등 다양한 사회적 지위의 수집가가 자신의 취향과 지식을 뽐내며 존재감을 드러냈다.

아름다운 조가비 거울 장식과 조가비를 진열해두는 보석함 역시 사회 이동과 인정 욕구의 산물이었다. 이는 1766년 뒤부아 주르댕 부인이 모은 엄청난 조가비 소장품의 공매 목록으로 확인할 수 있다. 왕의 시종을 남편으로 두고 눈에 띄지 않게 조용히 살던 뒤부아 주르댕은 자연에서 채취한 진귀한 물건을 상당량 모은 수집가였다. 그 소장품 공매 목록 책자에는 몰타, 생도맹그(현재의 아이티), 동인도제도, 부르봉섬(현재의 레위니옹) 같은 유래 지역의 이름과 함께 깃털 장식, 따개비, 거북손, 마젤란, 대왕홍합, 돌산호, 위고둥, 자주 조개, 뿔소라, 자패, 소라, 불가사리, 바다나리 같은 수많은 용어가 줄줄이 적혀 있다. 한자로 표기된 것도 있다.

책자에는 고인이 된 주르댕에 대한 추도사가 같이 실려 있어서 마치 그가 시간과 장소를 초월해 학식과 문예를 겸비한 엘리트들과 대화하는 듯 보이는데, 사실 최상위 귀족 계층 중에 이런 취향을 가진 사람이 주르댕만 있었던 건 아니다. 런던에도 조가비 수집품을 엄청나게 모은 이가 있었는데, 바로 포틀랜드 공작 부인 마거릿 캐번디시 벤팅크다. 그가 1785년에 사망했을 때 2000점 넘는 조가비 수집품을 경매에 부치는 데 무려 38일이 걸렸을 정도다!

조가비는 아름다운 자연을 수집하고자 하는 열망을 넘어서 머나먼 곳에 깊숙이 숨겨진 무언가에 대한 탐험의 욕망을 자극했다. 쥘 베른의 모험 소설 『해저 2만 리』(1870)에서 가상의 해저를 묘사하는 대목은 가히 시적이다. 작품에 등장하는 주요 캐릭터인 잠수함 노틸러스호의 이름은 '앵무조개'라는 뜻이다. 르네상스 시대부터 뛰어난 장인들은 금도금한 장식 위에 이 나선형 조개를 올리거나 섬세하게 조각해 술잔으로 만들었다. 르네상스 시대 분더캄머(지적 호기심을 자극하는 수집품을 진열한 귀족들의 공간을 지칭하는 독일어다. 직역하면 '경이의 방'이라는 뜻이다. 박물관의 전신이기도 하다—옮긴이)에 놓인 앵무조개가 자연의 아름다운 기교를 보여주었다면 쥘 베른의 노틸러스호는 자연 그 자체에 비견할 수 있다. 노틸러스호는 자연을 재발견해 이상화하는 전위적 과학기술에 대한 환상에 불을 붙였다.

문학적 판타지와 분더캄머 너머로 뻗어나간 조가비는 세계를 향한 유럽의 제국주의와 식민주의 세력에 동행했다. 아프리카 연안 사람들은 몰디브 근처 인도양에서 잡은 자그마한 조개인 자패紫貝 수억 개를 노예 거래용 화폐로 사용했다. 아라비아반도 대상隊商들이 먼저 쓰기 시작했고, 여러 동인도회사도 북아메리카에 노예로 팔려갈 아프리카 포로와 교환하는 데 자패를 사용했다. 17세기 중반 노예 한 명의 평균 몸값은 자패 4만 개에 달했다.

19세기 들어 조가비는 실내 장식에 흔히 쓰일 만큼 대중화되었고, 진귀한 잡동사니를 가져온 상인들과 식민지 관료들 덕에 부르주아 계층의 아파트에도 등장했다. 조가비는 거실에서 즐기는 모험의 상징이었을 뿐만 아니라 프랑스 서안 포르니셰부터 발리섬에 이르는 해변의 관광 기념품이 되기도 했다. 머나먼 곳에 대한 부르주아의 동경을 드러내는 실내장식이자, 여전히 식민지의 풍요로운 가능성과 열강의 갈망을 드러내는 물건이었던 것이다. 1931년 국제식민박람회를 기념하기 위해 신축한 식민지 박물관(현재의 포르트 도레 궁전) 입구에 조각가 알프레드 오귀스트 자니오가 작업한 1130제곱미터에 달하는 거대한 돋을 새김은 프랑스령 서인도제도의 관능미와 풍요를 찬양한다. 자니오는 이 작품에서 물소의 육중한 발걸음과 어망을 걷어 올리는 인간의 모습으로 카리브해의 관능적인 아름다움을 칭송했다. 과일, 생선, 산호 등 풍성한 수확물에 둘러싸인 나체 여인이 한가운데서 돋보이는데, 이 여인이 발끝에 걸친 옷감은 보티첼리 작품에 그려진 아프로디테의 조가비를 연상시킨다.

한 발 더 나아가 조가비는 어느 신생 거대 기업의 상징이 되었다. 석유 개발과 유통에 기반을 둔 회사 쉘의 전신은 1897년 영국의 마커스 새뮤얼이 설립한 '쉘 운송무역회사'다. 새뮤얼은 런던에서 골동품 상점을 운영하며 중국, 인도, 일본 등지의 골동품과 조가비와 보석을 수입했던 아버지를 기리는 의미를 담아 사명을 지었다. 쉘 운송무역회사는 1897년에 세계 최초로 뮤렉스, 즉 뿔소라라는 이름을 붙인 유조선을 건조했다. 뮤렉스호는 영국에서 출발해 흑해 연안 조지아의 항만도시 바투미에서 처음으로 적재했고, 이어 수에즈운하(1869년 개통)를 건너 방콕에 석유를 실어 날랐다. 1907년 로열더치 쉘의 설립을 전후로 회사 로고도 바뀌었는데, 1904년까지 홍합 모양이었던 로고를 위풍당당한 가리비로 대체한 것이다.

머나먼 해안의 상징이자 제국주의 식민지가 가져다준 값비싼 전리품, 그리고 마침내 글로벌 기업의 로고가 된 조가비는 인간이 자연 앞에서 느끼는 경이로움을 담고 있는 동시에 정복과 지배에 대한 욕망을 다시 한번 확인케 한다.

서핑 보드

웅장한 오로헤나산 그림자로 뒤덮인 오우투아이아이곶과 타하라 절벽 사이 마타바이만의 깊은 곳, 타히티 음력에 따르면 파로로무아 말*이자 그레고리력으로는 1767년 6월 23일이었다. 서풍에 밀려온 투명한 파도가 검은 모래 해변에 잔잔히 부서졌고 몽크물범, 긴부리돌고래, 쥐가오리가 헤엄쳤으며 몇 명의 사람은 나체로 나뭇조각 위에 둥둥 떠 있었다. 그리고 이들을 향해 범선 한 대가 다가오고 있었다.

인류 역사상 처음으로 타히티인이 유럽인을 만난 순간이었다. 돌핀호에 탑승한 영국 해군 장교 새뮤얼 월리스와 부하 병사들은 세계 일주를 시도하는 중이었다. 괴혈병에 걸려 꼼짝없이 침상에 누워 있던 월리스는 마타바이만에 '로열 포트'라는 이름을 다시 붙였고, 타히티섬을 '조지 3세의 섬'이라고 명명했다. 당시에는 아무도, 심지어 현지 원주민조차 이 사실을 몰랐기 때문에 따로 이름을 붙이는 것 정도는 누워서 식은 죽 먹기였다. 원주민들은 영국 군함에 맹포격을 당했지만 오히려 자기 문화를 드러내 보이며 환대의 정신으로 영국군을 맞아주었다. 이러한 원주민 문화의 중심에는 타히티어로 '호루에', 하와이어로 '헤에날루'라 부르는 파도 위로 미끄러지는 기술이 있었다.

지위, 직업, 성별과 상관없이 누구나 즐길 수 있으며 오늘날 우리가 '서핑'이라 부르는 이것은 폴리네시아에서는 단순한 운동이 아니었다. 폴리네시아인에게 서핑은 1500년도 더 전부터 일상에 스며든 삶의 방식이자 집념의 대상이었다. 청년은 뭍에서 연애를 하기 전에 파도 사이에서 자기 자신을 아는 법부터 배웠다. 해변에 지어진 지성소가 거센 파도가 휘몰아치는 물에서 서핑을 마치고 나온 이들을 맞이했고, 군중은 고기를 뜯으며 귀족의 대결을 관전하려 몰려들었다. 파도를 가장 잘 타는 사람들은 서핑을 통해 영적인 힘과 기술적 숙련도와 육체적 패기를 한꺼번에 과시했다. 대회에서 뛰어난 성적을 거둔 이는 파도와의 갈등을 평화적으로 해결함으로써 존경심과 권력을 함께 얻었다. 노랫말과 돌멩이에 새겨진 그림도 이들의 재능을 칭송하는 의미를 담고 있다.

왕자들은 윌리윌리 나무('올로'라고도 부른다)로 만든 5미터짜리 기다란 보드를 타고 아름답게 말린 배럴(통 모양으로 말린 파도. 강한 파도가 급격히 얕은 해저면을 만났을 때 형성된다 — 옮긴이)에 들어갔다. 나머지 사람들은 코아 나무로 만들어진 끝이 둥근 2~3미터짜리 알라이아 보드로 만족했다. 이 일엽편주에 올라탄 사람은 누구라도 포말의 관능적인 어루만짐과 파도에 미끄러지는 황홀경(하와이어로 '호푸푸')을 맛보았다.

서양 선교사는 이 같은 열정, 벌거벗은 몸, 서핑에 얽힌 정치적이고 종교적인 의미, 서핑하는 여성을 참을 수 없었다. 선교사들은 19세기 내내 타히티와 하와이의 서핑을 이교도적 행위라며 금지하려 했다. 카우아이섬에서는 서핑 보드로 신학교의 탁자와 의자를 만들기도 했다. 하지만 이 지역에서 서핑이 쇠퇴하게 된 가장 큰 이유는 유럽인의 침입 때문에 세균과 바이러스가 퍼져 인구가 급격히 감소했기 때문이다. 하와이 인구는 1890년대 말까지 한 세기 동안 40만 명에서 4만 명으로 줄어들었다.

그래도 서핑 보드가 완전히 사라졌던 건 아니다. 하와이 왕정은 문화적 저항 운동으로 서핑을 적극 권장했다. 데이비드 칼라카우아 왕은 직접 귀감을 보였고, 외국으로 유학을 간 왕자들은 1885년에 미국 캘리포니아 산타크루스에서, 1890년에 영국 브리들링턴에서 서핑 시범을 선보였다. 하지만 이것만으로는 하와이 왕국을 구하기에 충분하지 않았다. 결국 1893년에 소수의 미국인이 하와이 왕국을 전복했고, 1898년에 하와이제도는 미국에 병합되었다. 식민지 지배자들은 원주민을 개화할, 무엇보다 본국에 있는 미국인을 식민지로 유인할 수단으로 서핑에 주목했다. 유능한 서핑 홍보 대사였던 알렉산더 흄 포드는 서핑을 통해 오스트로네시아인과 아시아인이 대다수인 하와이 사회를 백인 주류 사회로 바꿀 수 있다고 생각했다. 그는 작가 잭 런던에게 서핑을 전수했고, 잭 런던이 쓴 글은 서핑의 대중화에 힘을 실어주었다.

또 흄 포드는 최초의 전문 서퍼 두 사람이 전 세계를 무대로 활동할 수 있도록 도움을 주었다. 아일랜드와 폴리네시아 혼혈인 조지 프리스는 1907년부터 미국에 서핑을 알렸고, 올림픽 수영 종목에서 다섯 번이나 메달을 거머쥔 하와이인 듀크 카하나모쿠는 제1차 세계대전 초창기에 오스트레일리아와 뉴질랜드에 서핑을 소개했다. 이 둘은 경이로운 노하우를 보여주면서 전 세계 관중을 매혹했다.

1912년에는 오스트레일리아 청년들이 하와이 서핑 보드를 주문해놓고 제대로 다룰 줄을 몰라 다리미판으로 쓰는 해프닝이 벌어졌다. 1920년 미국 디트로이트에서는 톰 블레이크라는 젊은이가 세계 순회 중이던 듀크 카하나모쿠에게 감명을 받아 이듬해 로스앤젤레스에 정착해 인명 구조원으로서 재능을 보였고, 더 훗날에는 홀로 보드를 발명해 서핑에 일대 쇄신을 가져왔다. 기존 보드보다 훨씬 가벼운 홀로 보드는 보드를 안정시키는 핀을 장착했고 1930년대부터 공장에서 생산되었다.

카하나모쿠가 1938년 고향 하와이의 와이키키 해변에서 카를로스 도그니에게 준 것이 바로 이 홀로 보드였다. 이후 도그니는 페루의 리마에서 서핑을 발전시켰다. 도그니가 만든 서핑 클럽 '와이키키'에는 사업가, 은행가, 폴로 선수 등 내로라하는 부호들이 모여들었고, 1965년 리마에서 세계 서핑 선수권 대회가 성대하게 개최되었다.

시간이 조금 더 흐른 뒤, 서핑은 캘리포니아 남부에서 명실상부한 하나의 문화가 되었다. 〈기젯Gidget〉(1959) 같은 컬트 영화가 개봉했고 기타 선율을 듣다 보면 부서지는 파도 소리가 떠오르는 비치 보이스의 음악이 유행했다. 이제 서핑 보드 하면 비키니와 배기팬츠, 잭 오닐이 1953년에 개발한 서핑 수트, 파도 없는 날엔 할 일이 없던 서퍼들이 1950년대 말 로스앤젤레스에서 발명한 스케이트보드 같은 것들이 떠오른다.

서핑 보드는 '미국적 삶의 양식'의 상징으로 부상해 미국이라는 제국 안에서 자리를 잡았다. 가령 프랜시스 포드 코폴라 감독의 영화 〈지옥의 묵시록〉(1979)에서 서핑광으로 나오는 킬고어 대령이 베트콩도 파도를 탈 수 있다는 것을 인정하지 않으면서 외친 "찰리(영화 내에서 베트콩을 부르는 미군의 은어 — 옮긴이)는 서핑을 안 해!"라는 대사에서도 이를 엿볼 수 있다. 〈지옥의 묵시록〉 촬영지였던 필리핀의 청소년들은 촬영 팀이 버리고 간 서핑 보드를 주워 서핑을 시작했고, 그렇게 발레르만은 새로운 서핑의 메카로 변신했다.

서핑은 바스크 지방(대서양과 피레네산맥으로 둘러싸여 현재의 스페인 북부 및 프랑스 남서부에 걸쳐 있는 지역 — 옮긴이)을 시작으로 유럽에도 퍼져나갔다. 1956년 말, 캘리포니아 출신의 미국인 두 명은 〈해는 또다시 뜬다The Sun Also Rises〉의 촬영지인 프랑스 비아리츠에 발사 나무로 만든 서핑 보드를 보냈다. 이 서핑 보드는 프랑스 안에서 먼저 서핑을 즐기기 시작해 훗날 현지 언론이 '서퍼 아저씨tontons surfeur'라 부른 이들의 호기심을 자극했다. 프랑스 서핑의 선구자 중에는 서퍼와 보드를 잇는 끈인 리시를 발명한 사업가 조르주 엔뷔트와 더 가볍고 다루기 쉬운 폴리우레탄 폼 서핑 보드를 유럽 최초로 제작한 엔지니어 재키 로트가 있다. 이제껏 없던 형태와 새로운 소재가 등장하며 서핑은 마침내 많은 이가 즐길 수 있는 운동이 되었다. 1990년대부터는 중국에서 서핑 보드를 생산하며 생산비가 감소해 대중화에 가속이 붙었다.

기모노

세르주 무앙그는 2008년 와프리카(일본어로 '와和'는 조화와 평화를 의미한다)라는 아프리칸 기모노를 선보였다. '아프리카 패턴'이라고도 불리는 왁스 염색으로, 아시아와 아프리카 문화에서 착안한 무늬를 넣은 기모노였다. 서로 다른 두 문화를 섞은 아프리칸 기모노는 순수한 전통이라는 환상을 파괴하고 세계가 공유하는 보편성에 한 걸음 다가갔다. 아프리칸 기모노는 단순한 우연의 산물이 아니다. 기모노는 제국주의와 세계화에 끊임없이 영향을 받으면서도 문화적 정체성을 드러내는 아주 드문 옷이기 때문이다.

일본인들의 옷은 9세기부터 바다 건너편에 있는 중국의 영향을 받았다. 시간이 흘러 17~19세기 쇄국정책을 펼치던 시기에 '코소데'라는 구체적인 의복 형태가 정립되었고, T자형의 겉

옷과 속옷, 오비(허리띠) 등 옷의 전체 요소를 합쳐 '기모노着物'라는 이름이 탄생했다. 일본은 19세기 말 메이지 시대에 유럽과 북미를 선택적으로 모방하며 현대화를 이루고자 했기에 서양식 의복이 들어오면서부터 기모노는 일본 전통 복식을 가리키는 말이 되었다.

일본인들은 오랫동안 서양식 의상을 좋지 않게 생각했지만 직물 산업이 발전하고 생활수준이 향상되면서 상업 문화가 두드러지기 시작했다. 기모노는 점점 더 많은 대중을 대상으로 규격화되면서 소재가 분명해졌고 유행이 생기기도 했다. 신분과 상관없이 다양한 소재와 색상으로 만들어졌고 재단도 달리 하여 눈에 띄도록 했다. 유럽에서 온 숄이나 베일을 걸쳐서 입는 경우도 있었다. 그래도 의상이 서양식으로 바뀌기까지는 거의 50여 년의 시간이 걸렸다. 가령 양차 대전 시기에 남성은 직장에서는 양복을 입고 집에서는 기모노를 입었지만, 여성은 집 안팎에서 늘 기모노를 고수했다. 이런 모습은 관동대지진과 제2차 세계대전 이후부터 확 바뀌었다. 1951년에 인류학자 곤 와지로가 도쿄의 긴자 거리를 지나는 사람들을 조사했더니 52퍼센트의 여성이 서양식 복장, 나머지 48퍼센트는 기모노를 입고 있었다. 1933년에는 서양식 의복과 기모노의 비율이 각각 19퍼센트와 81퍼센트였는데 말이다. 결국 제2차 세계대전 이후로 기모노는 전통 의상이자 특별한 날에만 입는 의복으로 자리 잡았다.

하지만 기모노가 일본 내부에서만 통용되던 건 아니다. 일본식 의상은 19세기 중반부터 외부에서도 제2의 생명을 얻었다. 기모노가 세계적으로 퍼진 데에는 두 가지 요인이 있는데, 첫 번째는 유행이었다. 일본이 청일전쟁과 러일전쟁에서 승리한 이후 유럽 예술인들은 일본풍에 심취했다. 세잔과 클림트의 작품같이 유명한 그림도 많지만, 특히 산업 디자인(그림, 종이, 칠기 등) 분야에서 일본풍이 굉장히 유행했다. 일본에 대한 뜨거운 관심은 만국박람회에서도 확인할 수 있었다. 1900년 파리 만국박람회에서 〈게이샤와 기사La geisha et le chevalier〉라는 공연이 엄청난 성공을 거두었고, 주연 배우 사다 야코는 파리의 유명 인사가 되었다. 사다 야코가 기모노를 입은 모습을 실은 영국 잡지 《스튜디오》의 화보는 많은 사람의 마음속에 깊이 남았다. 비평가 에르네스트 셰스노의 말에 따르면 일본풍은 장식 예술, 가구, 직물 분야에서만큼은 독보적인 예술이었다.

20세기 초 서양에서 기모노는 동양적인 환상을 불러일으키는 옷이었다. 자연과 더 가까운 전통문화로 여겨졌고 몸에 꼭 맞게 입었기 때문에 성적인 분위기가 강조되기도 했다. 가녀린 실루엣은 남성 동성애자들이 전율하는 원천이기도 했고, 기모노를 한 겹씩 벗는 모습을 그리며 성적 해방을 부추기기도 했다. 세계 여성들은 장식 예술이나 아르누보 잡지를 장식하는 화려한 기모노에 열광했다. 이렇듯 일본의 기모노는 세상의 양쪽 끝에서 변화를 겪었으나 이 영향이 일방향이기만 했던 건 아니다. 일본에도 서양의 직물과 장식 예술이 퍼져 현대적 스타일의 특징이 되었기 때문이다.

기모노가 세계로 번진 두 번째 요인은 스포츠다. 특히 가라테, 유도같이 일본에서 시작된 스포츠가 큰 영향을 끼쳤다. 유도는 1880년대 초 가노 지고로가 창시했다. 일본 정부의 주도하에 유도는 세계로 수출되었다. 당시 수련생들은 상의, 하의, 허리띠로 이루어진 유도복을 입었는데, 이 유도복을 통상 기모노라 불렀다. 유도복은 찢어지지 않아야 하기 때문에 다른 운동복보다 두껍고 무거웠다. 이후 유럽과 미국에서 유도 동호회가 생겨나며 교재가 번역되고 수련생의 수도 늘어났다. 유도는 세계적으로 성장했고 1910년대에는 브라질에도 유도 동호회가 생겨났다. 하지만 일본인들이 조선과 대만을 비롯한 식민지에서 동화정책을 펼치며 강요했다는 점에서 유도의 확산에는 난폭한 면도 있었다. 제2차 세계대전 이후인 1964년에 유도는 올림픽 정식 종목으로 채택되었는데, 당시로서는 서양 스포츠가 아닌 유일한 종목이었다. 덕분에 확산세가 더욱 빨라지며 규칙과 규정이 확립되었고 승급과 승단 체계가 늘어났다. 유도복의 옷감도 기술 변화에 적응했다. 원래 대회복은 주로 두껍고 오돌토돌한 이중직 면으로 제작했지만 이제 대부분의 운동복은 합성섬유로 만든다. 오늘날까지도 185개국의 1500만 명이 유도 다다미 매트에 오르기 전에 유도복을 갖춰 입는다.

영화를 포함한 미디어와 예술 작품도 기모노를 입은 캐릭터를 더 많이 비추었다. 무술 영화에는 보통 쿵푸 고수가 많이 나왔지만 1984년에 개봉한 영화 〈베스트 키드〉는 가라테를 세계적으로 알리는 데 혁혁한 공을 세웠다. 만화도 기모노가 자주 등장하는 매체 중 하나였다. 이후 유럽과 미국의 패션 디자이너들도 정기적으로 기모노에서 아이디어를 얻었다.

기모노가 처음 만들어진 일본에서도 다시금 관심이 커졌다. 1960년대에 민족주의적 움직임이 일어 전통 의상에 관심이 생기면서 여학생에게 기모노 제작 기술을 가르치는 전문 학원이 생겨났다. 2000년대에는 유카타가 성행해 젊은 여성들 사이에서 유행했다. 일본을 비롯해 미국, 프랑스, 스페인에서 기모노 애호 커뮤니티 '기모노 잭'의 활동으로 전문 잡지, 기모노 그룹, 유튜브 채널 등이 만들어지며 기모노는 21세기 디지털 문화와 하이브리드 문화 속으로 완전히 편입되었다. 이런 흐름 끝에서 무앙그는 독창적인 방식으로 공들여 재정의한 아프리칸 기모노를 선보이기에 이른 것이다. 일본에서 탄생했으니 기모노는 일본의 옷이지만, 이제는 세계의 옷이라고 할 수 있을 정도로 널리 퍼져 활용되고 있다.

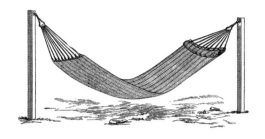

해먹

1969년 11월 19일에 달 착륙 우주선 아폴로 12호가 폭풍의 바다에 착륙했다. 우주 비행사 피트 콘래드와 앨런 빈을 위해 미항공우주국이 마련한 비장의 휴식 공간이 빛을 발할 시간이었다. 우주 밖으로 나갈 수 있게 프로그래밍된 두 개의 출구 사이에 각각 특수 해먹을 설치한 것이다. 아메리카 원주민이 수천 년 전부터 사용하다 16세기 콩키스타도르가 발견한 물건인 해먹은 이렇게 우주로 진출했다.

　　1492년 크리스토퍼 콜럼버스의 첫 항해 때부터 해먹은 유럽인의 호기심을 불러일으켰다. 바르톨로메 데 라스 카사스(스페인의 가톨릭 성직자이자 역사가로 아메리카 대륙에 정착한 스페인인 1세대 ─옮긴이)의 기록에 따르면 해먹은 타이노족과 아라와크족이 "발레아레스제도(지중해 서부의 섬들로, 현재 스페인의 자치 지방 중 하나 ─

옮긴이) 언어로 '하마카'라 부르는, 일종의 매달린 그물"을 지칭하는 말이었다. 해먹은 아메리카 대륙 전역에서 흔히 사용했으며 지칭하는 용어도 매우 다양했다. 예를 들어 브라질에서는 그물이라는 뜻의 '헤지rêde'라는 포르투갈어로 총칭한다. 면으로 만든 것이 가장 일반적이지만, 지칭하는 어휘의 다양성만큼이나 짜는 기법과 소재도 다양하다.

무엇보다도 해먹은 가정에서 취침용 가구로 자주 사용했다. 해먹을 걸고 그 안에서 자면 곤충이나 작은 동물에게 물리는 일을 막을 수 있었다. 아메리카 대륙으로 넘어온 유럽인은 원주민이 쓰던 해먹을 받아들이면서 물물교환으로, 나중에는 강제 노역으로 해먹을 얻어 주로 낮잠을 자거나 이동할 때 사용했다. 해먹은 실생활에 활용된 혼합 문화의 증거였지만 유럽인은 해먹이 어디까지나 아메리카 원주민 문화의 것이라고 받아들였다. 이런 사실은 기욤 르테스투가 지도책 『만국 우주형상지Cosmographie universelle』(1556)에 아메리카 지역의 나무 두 그루 사이에 해먹이 걸려 있는 그림을 넣었던 걸 봐도 알 수 있다.

17세기부터 가정용으로 쓰이던 해먹은 포르투갈-인도 항로를 오가던 카라벨과 갤리언 선박에도 진출했다. 그때부터는 유럽 공방에서 규격에 맞춘 해먹을 제작했다. 프랑스 해군과 무역상은 해먹을 '가방sac'이나 '흔들이branle'라고도 불렀다. 해먹은 당시 선박의 갑판과 선창에 득시글거리던 설치류로부터 해병과 선원을 보호해주는 위생 용품이었다. 짚을 채워 넣은 매트리스와 달리 해먹은 항해를 마친 뒤에 세탁해서 이, 진드기, 벼룩 같은 해충을 없앨 수 있었다. 나무 프레임이 있는 더 큰 장교용 해먹은 영국 왕립 해군이 먼저 도입했다는 이유에서 '영국식 해먹'이라 불렀다. 영국식 해먹은 매트리스, 커버, 이불까지 있어서 해먹과 침대의 중간 정도 되는 물건이었다. 18세기 말 영국 해군의 전열함은 600~700명의 승무원을 수용할 수 있었다. 이렇게 인구밀도가 높아지자 해먹을 쓰지 않고는 병참 문제를 해결할 수 없었다. 전보다 사용량이 늘어나면서 해먹에는 전투를 준비할 때 포격에 맞아 떨어지는 활대나 총격으로부터 선원들을 보호하는 새로운 기능이 추가되었다.

하지만 아무리 전투 장비가 현대화되었다고 해도 배에서 곧장 해먹이 사라진 건 아니다. 프랑스 육군은 세계대전 동안, 해군은 간이침대로 대체되기 전인 1960년대까지 쭉 해먹을 사용했다. 해먹은 휴대용 취침 도구를 칭하는 용어였다. 1850년대 초 프랑스 군의관 앙리 스쿠테탕은 크림전쟁 부상자 운송을 위해 해먹을 만들어 사용했고, 미군은 제2차 세계대전과 베트남전에서 태평양 연안의 열대우림에 진격한 부대에 나일론으로 만든 해먹을 보급했다. 다만 판초 모양의 지붕이 달린 M1966 정글 해먹은 방수 기능 때문에 바닥에 빗물이 계속 고인다는 결함이 있었다. 미국은 베트남 정글부터 우주 정복까지 제국주의적 신념을 위해 해먹을 사용한 셈이었다.

서양에서 해먹이 집 안의 침대까지 대체하지는 못했지만, 방충망 해먹과 전환형 해먹처럼 수많은 관련 특허가 제출되었다. 해먹이 현대사회의 특징 중 하나인 이동성에 이상적으로 부합했기 때문이다. 또 실내 인테리어와 정원을 꾸미는 용도로 걸어두기도 했다. 물론 아메리카 대륙에서 취침용으로 사용하던 해먹은 현대에 접어들며 현저히 감소했다. 남미, 북미 할 것 없이 자유주의 국가가 주도한 평화 유지 작전과 아메리카 원주민 강제 동화정책이 이 과정을 가속화시켰다. 19세기 브라질에서는 노예 두 명이 해먹을 들어 플랜테이션 농장주를 이동시키는 일이 흔했는데, 노예제도가 사라지면서 해먹 사용도 따라 줄어들었다.

그렇지만 오늘날에도 아프리카와 아시아는 물론이고 남아메리카의 아마존이나 파라나강 지류를 도는 배에서는 여전히 취침용으로 해먹을 사용하며 배가 아닌 실내에서 휴식을 취할 때도 해먹을 사용한다. 일부 아메리카 원주민 부족에서 전통을 보존한 덕에 수공예 방식 생산도 이어지고 있다. 고급 소재를 사용해 전통적인 기법으로 짠 값비싼 해먹은 이국적이고 진정성 있는 소품을 찾는 서양 고객의 관심을 끌며 비약적으로 발전했다.

해먹이 이렇게까지 상업적 성공을 거둔 건 신항로 개척 시대부터 형성된 이미지 때문일지도 모른다. 문화적, 시각적, 지성적 표상으로서 관능미가 드러나는 편안한 여건에서 영혼과 신체가 나른해지며 우수에 젖는 상상의 나래를 자극하는 물건이 된 것이다. 1844년 귀스타브 쿠르베가 그린 〈해먹 또는 꿈Le Hamac ou le rêve〉은 이런 분위기를 잘 보여준다. 이 작품은 쿠르베가 여동생 젤리를 그린 초상화로, 살롱 드 파리에 출품했지만 낙선했다. 아마도 해먹에 누워 선잠에 든 시골 여성의 아슬아슬한 자세와 차림에서 읽을 수 있는 에로틱한 분위기(꿈이 황홀경에 가까워진 장면) 때문이었을 것이다.

오늘날 서양에서 해먹이라 하면 열대 지역에서 보내는 휴가와 안락함을 상징한다. 하지만 이 친숙한 물건은 제국주의적 야심, 특히 스페인 왕정과 대영제국, 이후에는 미국의 야심을 위해 이용된 아메리카 원주민의 물건이기도 하다.

지도

1890년대 중반에 열여덟 살의 량치차오는 중국 외에도 많은 나라가 뒤섞여 살아가고 있다는 사실을 깨달았다. 『30대에 쓴 자서전三十自述』에서 그는 지리학자 쉬지위가 상하이에서 운 좋게 발견한 세계지도가 중화사상을 비판하는 싹을 심어주었다고 말했다. 하지만 량치차오만 그런 건 아니었다. 같은 시기, 유라시아 대륙 반대편에서 쥘 베른도 같은 경험을 한 뒤 인생의 의미를 찾았다. "내가 길고 긴 지리 소설 시리즈를 쓸 수 있도록 이끈 건 세계지도와 위대한 탐험가들을 향한 열광이었다."

지도 없이는 전체성에 대한 감각을 가질 수 없다. 지도는 지구를 '그린' 것이라기보다 보이지 않는 행성 전체를 볼 수 있게 해줌으로써 지구를 '만들어낸'다. 1972년 아폴로 17호에 탑승한 우주 비행사들이 '파란 구슬' 사진을 찍기 전부터 말이다. 지도만이 지구 전체를 한눈에 보여주며 인류의 지성에 접근할 수 있게 한다. 말로는 묘사하기 힘든 지구의 끝없음을 우리 눈앞에 펼쳐준 것도 지도였다. 학술 지도, 군사 지도, 행정 지도, 무역 지도, 식민지 지도처럼 다양한 형태와 상징을 가진 지도들은 세상을 차지할 수 있게끔 도왔다. 정밀과학에 의한 지도 제작 방식은 18세기부터 유럽에서 무르익어갔다. 대대로 천문학자인 카시니 가문이 삼각측량법을 이용해 제작한 국가 지형도는 옛 지도에서 볼 수 있던 바다 괴물과 괴수들을 상상 속으로 밀어넣고 논리적으로 지형을 나타냈다.

지도는 국가를 숭배하게끔 하는 물건이기도 했다. 학교에 걸린 지도는 학생들에게 애국심을 주입했으며 영국과 프랑스 학생들은 세계지도를 보면서 자국의 식민지가 세계 곳곳에 있다는 사실을 확인하고 감탄했다. 화가 알베르 베타니에의 〈검은 얼룩La tâche noire〉(1887)은 교사가 지도에서 검게 칠한 '잃어버린 지역(알자스로렌)'을 가리키는 장면을 그렸다. 당시 식민 열강은 마치 뽐내듯 거대한 해변을 붉은색이나 분홍색으로 표시한 지도를 만들었는데, 이는 바다 저편의 광활한 공간을 지속적으로 지배한다는 의미였다.

1891년 베른에서 개최된 국제지리회의에서 독일 지리학자 알브레히트 펭크가 1 대 100만 축척의 세계 전도를 만들자고 제안한 이래 이를 이루려는 수많은 시도가 이루어졌다. 하지만 이 계획은 1970년대에 단념되었다. 강대국들이 지도 규약(투영법, 색상 코드, 지명, 자오선, 측량 체계, 표기 글자 등)을 표준화하는 데 성공하지 못했기 때문이다.

1970~2000년대에는 지구를 그리는 다양한 방식이 등장했다. 새로운 지도들은 예수회 선교사 마테오 리치 같은 인물이 훨씬 예전의 실험들에서 착상을 얻었다. 16세기가 거의 끝나갈 무렵부터 리치는 중국 지도층에게 기독교와 서구 과학의 우월함을 증명하기 위해 태평양을 한가운데에 배치한 세계지도를 그렸다. 또 1943년 남반구에 위치한 우루과이의 화가 호아킨 토레스 가르시아는 "우리의 북쪽은 남쪽이다"라고 선언하며 남북이 완전히 뒤바뀐 지도를 만들었다. 토레스 가르시아는 식민지 유산을 해체하고 미국의 제국주의에 대항하기 위해 남극이 지도 위쪽에 자리한 〈뒤집힌 아메리카América Invertida〉를 그렸다. 1979년 호주의 스튜어트 맥아더는 〈개정 범세계지도Universal Corrective Map of the World〉에서 통상 유럽이 있던 지도의 가운데 자리에 호주를 그렸고, 이 세계지도는 인기를 얻어 50만 부나 판매되었다.

이처럼 탈유럽중심주의라는 방향 전환에 따라 대중에게 세계를 설명할 새로운 투영법이 필요해졌다. 기존의 주류는 1569년에 완성된 메르카토르 도법이었다. 메르카토르 도법으로 만든 지도는 평면으로 표현하기에 유리해 교과서, 홍보물, TV 뉴스의 배경, 장난감 등에 이용되며 대세가 되었다. 그러나 메르카토르 도법은 열대 지역 영토는 작게 표현하는 반면, 유럽과 북미의 면적은 실제보다 훨씬 크게 표현한다. 그러던 중 1973년에 독일 역사학자 아르노 페터스가 스코틀랜드의 제임스 갈이 그린 지도에 착안해 페터스 도법을 제시했다. 이 방법은 저위도에 있는 아프리카 대륙과 개발도상국의 크기를 훨씬 더 충실하게 재현한다. 유네스코가 공식적으로 채택한 페터스 도법 지도는 거의 1억 부 가까이 팔렸다.

2000년 전부터 특유의 세계관을 반영하던 각국의 지도 제작 전통은 이제 거의 사라진 상태다. 대신 서양의 지도가 19세기 중후반부터 곳곳에 보급되었고 그리니치 자오선이 점차 아랍권의 메카, 인도의 히말라야, 중화권의 중국 같은 중심축을 대체해갔다. 지형학과 한 장의 종이가 몇십 년 만에 지도의 다양성을 없애버린 것이다.

마셜제도의 뱃사람들은 20세기 초까지 해류와 바람과 별에 관한 지식을 동원해 야자나무 막대기로 두 가지 유형의 지도를 제작했다. 첫 번째 유형은 '마탕'으로, 추상적인 방식을 통해 시야 너머에 있는 섬의 위치를 알려주는 지도다. 두 번째는 '메도'로, 나뭇가지와 매듭을 이용해 항로를 알려주고 조개로 섬들의 위치를 표시한 지도다. 메도는 오랫동안 유럽 사람들이 몰랐던 해양 지식을 내포하고 있다. 사하라사막에서 투아레그족은 모래 위에 금방 사라지는 도표를 그려 지형의 기복(모래언덕, 고원 등)과 카라반이 지나다니는 길을 정확히 표시했다. 아메리카 원주민들도 고유의 지도 패러다임이 있었다. 카토바족은 지형을 정확히 묘사하기보다는 대단히 도안화된 방식으로 사슴 가죽에 주민들의 공간과 네트워크를 그리는 걸 선호했다. 19세기 말까지 그린란드 아마살리크섬의 이누이트족은 카약을 타고 가는 데 걸리는 기간을 나무에 새겨서 피오르(빙하가 소실된 후 빙하의 침식으로 만들어진 골짜기에 물이 들어와 생긴 좁고 긴 만 — 옮긴이)와 연어 낚시 구역을 알려주는 지도를 만들었다. 나무에 새겨 손으로 만지며 읽을 수 있었기에 밤이 네 달이나 지속되는 북극의 환경에 적합했다. 아시아에서는 특히 일본이 지도를 다양한 물건에 그려 넣었는데, 주로 일본 열도의 큰 섬 세 개를 도자기, 부채, 병풍, 검의 날밑(칼날과 칼자루 사이에 끼워 손을 보호하는 둥글고 납작한 테—옮긴이), 도장 갑, 칠기 빗, 벽지 같은 물건에 그렸다.

아시아의 지도는 사람들에게 우주와 지형에 관한 복잡한 정보를 전했다. 유럽 지도가 눈에 보이는 현실을 표현하는 데 집중했다면, 아시아 지도는 무형의 현상과 영적인 현상을 나타내는 걸 주저하지 않았으며 속세의 땅과 신성한 공간을 긴밀하게 연결했다. 도교의 영향을 받은 중국과 한국의 세계지도는 자국을 포함한 대륙이 중심에 있고, 동서남북 네 곳의 바다가 외부 해양으로서 땅을 둘러싸고 있다.

잘 알려지지 않은 미지의 땅들이 있는 원형 대륙은 바다의 가장자리에 접해 있다. 여기서 지도는 세상에 질서와 의미를 부여하여 보는 사람이 마치 빨려들어가듯 지도가 표현하는 현상들을 민감하게 느끼도록 만든다. 가령 중국, 베트남, 일본 지도에서는 영토를 그릴 때 국왕과 순례자뿐만 아니라, 꽃이 가득한 아름다운 전경을 감상하며 걷는 관광객들의 모습을 함께 그려넣은 걸 볼 수 있다. 이런 지도들을 보면 먼 옛날의 지하철 노선도나 GPS까지 미리 표현한 게 아닌가 싶다. 스마트폰과 GPS는 공간에 대한 매우 주관적인 관계를 새로 만들어냈다. GPS상에서는 각자가 개인적이고도 표준화된 자기만의 단편적인 지도를 경험하기 때문이다.

쿠피야

2015년 헤브론에 있는 히르바위 공장은 팔레스타인에서 쿠피야를 생산한 최후의 장소 중 하나였다. 팔레스타인 자치정부 수장 야세르 아라파트가 착용한 모습으로 유명해진 쿠피야는 오늘날 대부분 중국이나 인도에서 만들어지며, 유용한 일용품이자 정치적 정체성을 드러내는 물건이기도 하다. 어떻게 중동의 베두인과 농부들의 두건이 전 세계적인 패션 아이템이 된 걸까?

쿠피야라는 단어의 시초는 분명하지 않다. 일부 아랍 작가들이 중세 이라크 도시 '쿠파'에서 왔을 것이라고 추정할 뿐이다. 반대로 네덜란드 동양학자 레인하르트 도지는 이탈리아어 '쿠피아'의 변형일 것이라 주장했다. 정확한 어원은 알 수 없지만, 여행기를 보면 19세기 시리아 알레포부터 예루살렘까지 많은 사람이 쿠피야를 썼다는 사실은 확인할 수 있다. 'kéfié', 'keffieh' 등 표기법은 다양하지만 모두 시골 남성들이 머리에 쓰는 빨간색이나 검정색 바둑판무늬 스카프를 가리킨다. 둥근 고리인 아갈로 고정해 착용하기도 한다.

쿠피야의 가장 중요한 용도는 먼지와 혹독한(여름은 덥고 건조하며 겨울은 춥고 바람이 많이 부는) 기후로부터 머리와 얼굴을 보호하는 것이다. 사회적 구분의 수단이라고도 하지만 부족마다 특정 문양으로 구별하는 것 같지는 않다. 쿠피야는 시리아부터 오만까지 넓은 지역에서 찾아볼 수 있으며 '하타', '쉬마그'를 비롯해 여러 이름으로 불리는 두건의 한 유형이다. 쿠피야는 긴 외투인 카프탄과 마찬가지로 근동 지역에서 부족장끼리 주고받는 답례품이기도 했지만, 도시 사람들이 깔보는 시골 사람이나 유목인 고유의 물건이기도 했다. 도시인들의 경우, 1829년 마흐무트 2세가 현대성의 상징으로 도입한 페즈('타르부시'라고도 한다. 원통형 빨간색 펠트에 긴 술이 달린 모자 ─ 옮긴이)로 대체되기 전까지는 주로 터번을 썼다.

20세기가 시작되고부터 1930년대까지 쿠피야는 정체성을 드러내는 물건이었다. 1900년대에는 시리아를 비롯한 근동의 주요 인사들이 쿠피야 착용에 활기를 불어넣었고, 아랍인으로서의 정체성을 주장하며 오스만제국의 질서에 대항했다. 그러나 쿠피야를 쓰는 건 여전히 드문 일이었다. 제1차 세계대전 동안 쿠피야는 샤리프(부족장 혹은 토후라는 개념의 아랍어 ─ 옮긴이) 군대의 제복이었다. 1916년 6월, 메카의 샤리프인 후세인 빈 알리는 오스만제국에 대항해 반란을 일으킬 것을 촉구하며 자기 아들들을 중심으로 주변 부족을 규합했다. 영국은 여러 사람을 파견해 재정적, 물질적으로 후세인을 후원했는데, 그때 파견된 인물 중 하나가 〈아라비아의 로런스〉로 유명한 영국 장교 토머스 에드워드 로런스다. 로런스는 후세인의 아들인 파이살과 함께 2년 동안 게릴라전을 이끌며 쿠피야를 쓰고 다녔다.

1930년대가 되자 쿠피야에는 정치적 의미가 더해졌다. 빨간색 쿠피야는 트란스요르단의 정규 군인인 아랍 군단의 표상이었다가, 1931년부터 영국의 존 바고트 글러브가 이끄는 사막 정찰대의 군복이 되었다. 글러브는 1939년에 아랍 군단의 수장이 되었고, 제2차 세계대전 초기부터 1948년 사이 부대원의 수는 수백 명에서 7000명으로 빠르게 증가했다. 대부분 체르케스인과 베두인 등 시골 마을 정착민으로 구성된 초창기의 아랍 군단은 각자 개인용 두건을 썼다. 이후 징집을 확대하며 군단의 대부분은 베두인으로 채워졌고, 이때부터 빨간색 쿠피야가 점차 요르단 군대의 제복으로 자리를 잡기 시작했다. 1953년부터 요르단 국왕 후세인 1세는 하심왕가와 군대를 중심으로 부족들 사이의 관계를 상기시키며 요르단 왕실의 전통으로서 쿠피야 착용을 제도화했다.

같은 시기에 팔레스타인 민중 봉기가 일어나면서 검은색 쿠피야는 독립운동의 상징이 되었다. 1921년부터 팔레스타인인(무슬림과 기독교인)과 유대계 주민들 사이에 충돌이 일어났고, 유대인 기구가 이스라엘 수립을 지휘하기 시작한 이후로 농민들이 발붙일 수 있는 땅은 급격히 줄어들었다. 검은색 쿠피야는 게릴라 부대와 농민들로 조직된 분대를 알아볼 수 있는 물건이었다. 이들은 위임통치를 하는 영국과 유대계 이주자들을 비난했다.

하지만 영국 위임통치 당국이 쿠피야로 이들을 쉽게 식별할 수 있었기게 번번이 두시 기습에 실패하고 말았다. 결국 1938년, 아랍고등위원회는 자국민들을 보호하기 위해 도시에서는 검은색 쿠피야를 의무적으로 착용하기로 결정했다. 이후 폭력적인 진압이 끝나고 다시 평화의 시기가 도래했을 때, 강경 노선에 반대한 이들 중에서도 나샤시비 가문은 주저 없이 쿠피야를 버리고 페즈 모자를 되찾았다. 그러나 1940~1950년대의 이스라엘 총리 다비드 벤구리온이 쿠피야를 쓴 모습으로 찍힌 여러 장의 사진을 보면 쿠피야가 무조건 팔레스타인의 독점적인 표장이라고 할 수는 없었다.

그럼에도 쿠피야가 팔레스타인을 연상시키는 물건인 건 사실이다. 1948년 제1차 중동전쟁과 팔레스타인 주민 70만 명을 추방한 이후, 소설가와 예술가 들은 식민지화 계획에 저항하는 상징으로 전쟁 이전의 농경 생활을 신화화했다. 쿠피야는 향신료인 자타르와 함께 시골 생활의 상징 중 하나였다. 주변국에서 온 난민들이 시골의 대다수를 이루며 벌어진 농경 생활 예찬은 자국민을 보호하는 데 실패하거나 배신한 지도층을 향한 비난으로 이어지기도 했다. 이런 사회적 비난과 정치적 투쟁 운동은 도시와 시골의 중산층이 가까워지기 시작한 이래로 중동 전역에서 찾아볼 수 있게 되었다. 이 서로 다른 두 문화의 융합이 아라파트의 복장으로 구현된 것이다. 아라파트는 이집트나 시리아 동료들을 따라 도시 생활의 상징인 카키색 군복을 입었지만, 머리에 두른 검은색 쿠피야는 한 번도 벗지 않았다. 1960년대 검은색 쿠피야는 이스라엘에 대항하는 팔레스타인 게릴라를 상징하는 물건이었다.

팔레스타인의 상징은 세계로 퍼져나갔다. 1960년대 말 베트남전쟁 반대 시위에 쿠피야가 등장했으며, 레바논 내전에서는 아랍계 개혁가들의 복장이기도 했다. 당시 쿠피야의 모양은 여성들이 착용하는 스카프나 두건처럼 변했는데, 1970~1980년대 이후부터는 아랍계 주민과 지도자 모두 성별을 가리지 않고 대의(팔레스타인 투쟁과 더 크게는 반제국주의 투쟁)에 연대하는 의미로 쿠피야를 썼다. 쿠피야가 대중화되기 시작한 1987년부터 요르단 서안 지구와 가자 지구의 난민 청년들이 팔레스타인 깃발과 함께 쿠피야를 집어 들며 제1차 인티파다(이스라엘을 향한 팔레스타인의 민중 봉기 – 옮긴이)가 시작되었다.

쿠피야는 아랍 세계를 뛰어넘어 장벽을 허물었다. 미국 래퍼들도 쿠피야를 썼고 1980년대 말에는 마돈나가 머리에 쿠피야를 두르기도 했다. 1990년대에 팔레스타인과 이스라엘의 충돌이 위성방송으로 중계된 것을 계기로 유럽에서도 쿠피야 붐이 일어났다. 이렇게 쿠피야가 세계화되자 자연스레 생산도 세계화되었다. 인도와 중국이 주요 생산국으로 자리 잡았고 색상을 바꾸거나 무늬를 넣는 디자인을 시도했다. 검은색과 흰색이 섞인 것은 여전히 팔레스타인 투쟁의 상징이지만, 빨간색은 새로운 희망을 좇는 아랍 청년들을 상징한다. 이제 이스라엘에서 쿠피야는 다양한 스타일로 연출할 수 있는 하나의 패션 아이템이 되었다.

텐트

1856년 미군 장교 헨리 홉킨스 시블리는 아메리카 원주민의 티피 텐트에서 착안한 텐트로 특허를 취득했다. 시블리가 특허를 낸 이 텐트는 남북전쟁에서 광범위하게 쓰였다. 텐트는 원뿔형으로 꼭대기 부근에 바람이 빠져나가는 구멍이 있어서 환기가 아주 잘 된다는 장점이 있었는데, 당대까지 군용 텐트에 없던 유형이었다. 같은 시기 영국은 크림전쟁에서 튀르키예군의 텐트를 차용해 그때까지 써온 벨 텐트를 개선했다. 이 경우도 텐트 꼭대기에 환기 구멍을 내고 아래쪽에 수직으로 벽을 추가해 공간을 넓히는 식이었다. 영국군은 인도 세포이 항쟁 시기부터 개량된 텐트를 보급받았다. 영국이 식민지를 넓히고 전쟁을 치르는 동안 텐트의 독특한 형태는 전 세계로 뻗어나갔다.

텐트는 19세기 중반 서양에서 현저한 기술적 발전을 맞이

한 동시에 군대라는 공간을 벗어나 여가 활동을 위한 사물이 되었다. 물론 텐트는 아주 먼 옛날부터 인간의 안식처가 되어준 인류학적으로 중요한 사물이다. 유럽에서는 고대부터, 주로 군대에서 텐트를 사용했다. 화려하고 위엄 있는 캐노피 텐트는 고위 장교와 권력자에게만 주어졌다. 18세기가 되자 군사 작전에 동원되는 병사의 수가 많아지며 더 이상 지역 주민의 주거지에서 숙영하기 힘들어진 탓에 일반 병사들도 텐트를 이용해 야영할 수 있게 되었다. 사병용 텐트는 장교급 텐트에 비하면 수수할뿐더러 썩 실용적인 것도 아니었고 방수도 잘 되지 않았다. 나폴레옹이 이끄는 군대는 오히려 텐트 없이 야영하는 편을 선호했을 정도다. 비교적 성능이 떨어지던 유럽의 텐트는 다른 민족들의 텐트를 만나면서 개선되었다.

유목 사회에서는 텐트를 집으로 사용했다. 가장 특이한 것 중 하나는 이란부터 모로코까지 사막 지역에 사는 베두인족의 검은 대형 텐트다. 염소 털이나 낙타 털로 짠 이 '검은 텐트'는 직사각형 모양이며 절대 원형으로는 만들지 않는다. 베두인족은 이 검은 텐트가 우주를 표상한다고 여겼다. 한편 중근동 지역에서 견고한 면직물 소재에다 자수로 장식한 '하얀 텐트'도 사용되었다. 하얀 텐트의 모양은 다양하나 대개 원형이며 전반적으로 베두인족의 텐트에 비해 훨씬 간소하고 조립과 해체가 쉽다. 아마 튀르키예에서 유래한 형태일 것이다. 이런 종류의 텐트는 오스만 군대뿐 아니라 여행객과 상인, 성지순례자도 사용했다. 위신 과시용으로 개인 행사나 공식 행사에 사용된 텐트는 권력자들이 주목을 받는 데도 기여했다.

유목 사회에서 텐트는 무척 중요하고 활용도도 다양하기에 텐트와 그 부속 장비를 만드는 수공업과 교역이 활발할 수밖에 없었다. 가령 오스만인은 군용 텐트를 제작하고 보수하는 일, 조립하고 해체하는 일에 특화된 직무를 발전시켰다. 시리아 북부 알레포가 텐트 원단의 주요 생산지였고, 다른 지역에서도 수수한 모델부터 화려한 모델까지 다양한 텐트를 만들었다. 나폴레옹이 이집트원정을 떠났을 때 쓴 『이집트지Description de l'Égypte』에 실린 한 삽화에는 18세기 말 맘루크족이 사용했던 일곱 가지 종류의 텐트가 실려 있다. 30여 년 후 무함마드 알리가 이집트에 육성한 초기 현대 산업 가운데 하나가 바로 면직물로 텐트를 만드는 것이었다.

프랑스인들은 이집트원정과 1830년 알제리 정복 등의 사건으로 오스만 텐트의 다양한 종류와 훌륭한 품질에 눈을 떴다. 다른 식민 열강도 마찬가지로 새로운 텐트를 접하고 아이디어를 얻었다. 1850년대부터는 국제박람회와 식민지 박람회를 통해 유럽 대중에게 여러 종류의 텐트가 소개되었고, 군사령관들이 기존에 서양에서 쓰던 텐트를 개선한 것도 바로 이 시기였다. 이런 개선 작업과 사막 생활이 불러일으킨 멋진 이미지 덕에 텐트는 취미의 영역으로 파고들었다.

19세기 탐사 여행이 발전하고 초기 형태의 관광산업이 출현하면서 텐트는 유례없이 널리 활용되기 시작했다. 이 분야의 선구자는 영국인이었다. 영국인들은 텐트 자체뿐 아니라 온갖 집기, 여행 용품, 캠핑 용품을 발명하고 개량하는 데도 선구적이었다. 만국박람회에 참가한 사람들을 통해 이 시장이 얼마나 역동적인지를 알 수 있을 정도였다. 제1차 세계대전은 유럽 땅에서 군용 텐트가 대거 사용된 마지막 시기였다. 전쟁이 끝나고 유급 휴가 문화가 일반화되자 최신 성능의 텐트는 관광과 레저 스포츠에서도 활용되었고, 곧 야외 활동과 자유의 상징이 되었다.

한편 서양 외 지역에서 텐트는 다른 방향으로 발전했다. 제1차 세계대전이 발발하고 국지적으로 전염병이 도는 응급 상황에 텐트가 사용된 것이다. 특히 남반구의 식민지 군의관들은 부족한 병원을 대신해 환자를 임시로 격리하고 치료하기 위한 용도로 텐트를 사용했다. 홍해의 검역소에서는 메카를 찾아온 성지순례객들을 텐트에 수용했고, 순례객들은 국제사회가 요구하는 엄격한 보건 관리 방침을 따라야 했다. 이때부터 텐트는 강제수용을 위한 수상쩍은 장소가 되었다. 수용자들은 텐트에서 가족들과 떨어져 격리된 채 지내기를 두려워했다. 오늘날 에티오피아나 아이티에서는 콜레라 치료를 위해, 콩고나 기니에서는 에볼라 치료를 위해 텐트를 사용하기도 한다. 하얀색 대형 격리 텐트는 전염병이 도는 위급 상황에 빠지지 않고 등장해 여전히 같은 두려움을 유발한다.

전혀 다른 맥락에서 텐트를 쓴 적도 있다. 영국인들은 남아프리카 보어전쟁 때 텐트를 민간인 수용소로, 오스만제국은 1915~1916년 동안 아르메니아인 수용소로 사용했다. 죽음이 만연했던 두 수용소는 유대인 강제수용소의 전신이라고도 할 수 있다(강제수용소는 텐트가 아닌 가건물로 세워졌다).

이후 난민 수용소에서도 텐트 사용은 이어졌다. 이집트와 리비아의 아르메니아 생존자들은 전쟁 이후 천으로 만든 텐트에서 지냈다. 이때부터 난민 유입 속도에 맞춰 텐트 사용량이 늘어나기 시작했다. 20세기 들어 텐트는 선진국에서는 레저 용품으로, 개발도상국에서는 비상시를 위한 물품이자 난민을 위한 임시 숙소로 사용된 것이다. 난민과 이주자를 위한 텐트는 이제 경제적, 인도주의적 상징이다. 캠핑이 취미인 이들을 위한 개량과 보급까지 감안하면 앞으로 텐트를 필요로 하는 사람은 더욱더 많아질 듯하다.

국기

미항공우주국 국장 톰 페인은 1969년 2월 '최초 달 착륙을 위한 상징적 활동 위원회'를 구성했다. 위원회의 임무는 인류가 처음으로 발을 디딜 천체에 보낼 상징적 물건을 선택하는 것이었다. 주된 제안은 역시 깃발을 꽂자는 것이었다. 그해 11월 아폴로 11호가 임무를 달성한 이후, 미국 대통령은 연설문을 발표하며 "우주선 승무원들은 달을 비롯한 여러 행성의 표면에 다른 어떤 국가의 국기도 아닌 미국 국기를 꽂아야 합니다. … 이는 국가의 자긍심을 상징하는 행동이되, 주권을 주장함으로써 점유하겠다는 선언으로 해석되어서는 안 될 것입니다"라고 명시했다.

　달에 미국 국기를 꽂기 훨씬 전부터 수많은 국기가 각국의 영광을 위해 전 세계 곳곳을 거쳐 세상 끄트머리에까지 꽂혔다. 1912년에 주영국 미국 대사는 영국 탐험가 로버트 팰컨 스콧의

사후 훈장 수여식에서 말했다. "스콧이 남극에 유니언잭을 꽂으면서, 그리고 로버트 피어리가 북극에 성조기를 꽂으면서 세계지도를 완성했습니다." 같은 해 스콧의 경쟁자이자 최초로 남극에 도달한 노르웨이 탐험가 로알 아문센은 "전체 여정 중에서 가장 위대하고 장중했던 순간은 남극에 우리나라 국기를 꽂을 때였다"고 회상했다. 뉴질랜드 산악인 에드먼드 힐러리와 네팔 셰르파(히말라야 등반 시 산악원정대의 안내 및 짐꾼으로 활동하는 사람들―옮긴이) 텐징 노르가이는 1953년 에베레스트 정상에서 영국, 네팔 국기와 유엔기가 펄럭이는 등산 피켈을 높이 들었다. 정복을 상징하는 국기는 남극과 북극부터 세계의 지붕이라 불리는 히말라야산맥까지 세계 어디서나 사진으로 찍혀 사람들의 기억 속에 남았다.

국기는 꽤 최근의 발명품이다. 물론 유럽과 일본 같은 나라들에는 이전부터 귀족 가문의 장식용 깃발이나 문장이 있었지만, 바람에 날려도 잘 보일 수 있도록 일정한 형태를 갖춘 선수기船首旗 형태의 국기가 널리 퍼진 건 18세기 해상무역이 전 세계로 확대되면서부터였다. 해골과 뼈가 그려진 해적기 졸리 로저부터 왕국과 열강의 국기까지, 직사각형이나 삼각형 깃발이 깃대에 달려 길게 휘날렸다. 이외에 두 갈래로 나뉜 국기, 군기, 삼각기, 작은 깃발도 늘어났다. 아무 약속도 없었지만 전 세계의 국기 모양은 유럽을 시작으로 100년 정도 사이에 직사각형으로 거의 통일되었다. 현재는 세계 국기 중 단 두 가지, 바티칸과 스위스 국기만이 정사각형이다. 사각형이 아닌 국기는 네팔 국기 딱 하나로, 삼각형 두 개를 이어 붙인 모양이며 마지막 남은 삼각형 국기다. 그전에는 청나라 국기도 삼각형 모양이었고 1912년 중화민국을 선포하기 전까지 쓰였다.

국기는 전쟁터에서 적군과 아군을 구분해주기 때문에 오랫동안 전투와 떼려야 뗄 수 없을 듯했다. 1848년 2월 25일 파리 시청 앞에서 제2공화국을 선포할 때 시인 라마르틴은 새로운 정권이 국기를 붉은색으로 바꿔야 한다고 요구하는 군중에게 다음과 같이 연설했다. "여러분이 삼색기를 없애려고 한다면 잘 알아두십시오. 여러분은 프랑스 외력의 절반을 없애려고 하시는 겁니다! 유럽은 오직 프랑스 공화국과 프랑스 제국의 국기에서만 그들의 실패와 우리의 승리를 읽어냅니다. … 프랑스와 삼색기는 동일한 사상이자 동일한 위용이며, 우리 적들에게는 동일한 공포입니다!" 포획한 일부 국기는 전리품으로 파리 생루이 앵발리드 대성당 돔 지붕에 걸렸다. 나폴레옹이 전쟁에서 거둔 전리품이나 루이 필리프가 알제리에서 정복한 오스만 국기, 나폴레옹 3세 치하의 멕시코 국기, 1880년대 중국과 베트남 국기, 1912~1913년 평화 회복 작전에서 획득한 모로코 국기, 1925~1927년 시리아 폭동에서 탈취한 드루즈족의 깃발 등은 150여 년 동안 프랑스 제국의 확장을 압축해서 보여준다.

특히 제2차 세계대전이 끝날 때 국기를 게양하는 장면이 담긴 두 장의 사진은 사람들로 하여금 연합군의 승리를 영원히 기억 속에 남겼다. 그중 한 장은 1945년 2월에 벌어진 이오지마 전투 중 섬 꼭대기에 성조기를 꽂는 미군들을 찍은 것으로, 퓰리처상을 받았으며 애국 포스터에도 많이 활용되었다. 다른 하나는 같은 해 5월 베를린을 함락한 소련군이 독일 국회의사당에 적기를 게양하는 사진이다. 이 두 장의 사진은 미국과 소련이라는 새로운 초강대국의 승리를 분명하게 드러내 보였다.

국기는 단순한 천 조각 이상으로, 일종의 토템처럼 국민들에게 상호 의무를 일깨우고 규범을 제시하며 정체성을 확립해준다. 국기 게양부터 반기半旗까지 나라마다 차이는 있지만 모두 상징적 의미와 의례가 있다. 국기를 지칭하는 이름이 있거나(가령 유니언잭) 국기를 접을 때 따라야 하는 특정한 관습을 예로 들 수 있다. 시크교를 상징하는 문양이 그려진 삼각형 깃발 니샨 사히브는 신자들에게 아주 신성한 대상이다. 신자들은 이 깃발을 '사히브'라는 존칭으로 부른다. 종교 행사가 있을 때는 깃대를 내려서 우유와 물을 섞어 닦은 다음, 깨끗한 수건으로 말리고 깃대와 깃발을 성인처럼 대하며 따로 숭배해야 한다. 1989년 미국 연방 대법원이 텍사스주의 성조기 훼손 처벌법에 위헌판결을 내린 일명 '텍사스주 대 존슨 사건'처럼 많은 국가에서 국기를 훼손하는 행위를 오욕이나 모독으로 규정하고 있다.

일부 깃발은 논쟁의 대상이다. 딕시기라 불리는 미국의 남부연합기가 대표적인데, 인종차별주의에 반대하는 사람들에게 이 깃발은 명백히 백인 우월주의의 상징이지만 일부 남부 주에서는 역사적 유산이다. 또 중국은 1959년부터 티베트 국기를 금지했다. 일곱 색의 격자무늬 위팔라는 남미 원주민의 상징으로서 2009년에 제2의 볼리비아 국기로 인정받았다. 그러나 2019년 에보 모랄레스 대통령이 사퇴하면서 나치를 상징하는 하켄크로이츠卍가 사용된 깃발처럼 10년 만에 공공장소에서 완전히 퇴출되었다. 프랑스 형법에 따르면 나치기는 반인류 범죄와 그 조직의 표장이다.

또 국기는 국내외 정치적 긴장의 바로미터다. 이란의 길거리에서는 미국과 이스라엘 국기를 짓밟는 모습을 자주 볼 수 있다. 반대로 정권에 불만이 있는 사람들은 이 깃발들을 보전하기도 한다. 세계 어디서나 공공건물과 상징적 장소에서 국기를 내리거나 교체하는가 하면 요구 사항을 관철하기 위해 더럽히거나 불태우기도 한다. 어떤 국기는 국가의 문장을 넘어서 하나의 절대적 상징이기도 하다. 라마르틴이 반대했던 적기는 사회주의 운동과 밀접한 관련이 있고, 소련부터 중국까지 공산주의 혁명으로 탄생한 정권에서 이를 계승했다. 무지개 깃발은 이제 LGBTQIA+ 커뮤니티 전체가 공유하는 상징이다. 미술관에 가면 다양한 예술 작품 속에 등장하는 깃발을 볼 수 있다. 세계에서 가장 비싼 깃발은 화가 재스퍼 존스가 그린 성조기로, 2014년 소더비 경매에서 465억이 넘는 가격에 팔렸다. 2020년 유럽에서는 코로나 바이러스로 인한 록다운 기간 동안 국가적 연대와 의료진에 대한 지지의 의미로 발코니에 국기를 내걸었다. 국기는 이제 전쟁터를 떠나 발코니, 콘서트장, 운동경기장에서 휘날리고 있다. 하지만 책임을 묻거나 요구 사항을 주장할 때도 사용하는 여전히 집단적 정체성을 내재한 사물이다.

여권

이동할 때마다 챙겨야 할 서류가 너무 많아지자 1941년 슈테판 츠바이크는 『어제의 세계』에 다음과 같이 썼다. "1914년 이전의 대지는 모두 인간의 것이었다. … 허가증이나 비자, 번잡한 수속 도 필요 없었다."

    여권의 역사는 제1차 세계대전보다 훨씬 이전에 시작되었 다. 이동 시 필요한 공식 문서에 대한 가장 오래된 기록은 『구약 성경』에서 살펴볼 수 있다. 「느헤미야서」를 보면 느헤미야가 유 다 지역까지의 여행을 위해 왕에게 통행 조서를 받아내는 구절 이 있다. 중국 한나라 시대에는 여권에 소지자의 호적과 외양뿐 아니라 여행 목적과 여정에 대한 기초 정보가 적혀 있었다. 서양 에서 여권이 널리 퍼지기 시작한 건 중세 말기부터였다. 외교관 이자 법률가였던 에메르 데 바텔은 1758년 국제법에 관한 논문에서 여권을 "사람이 안전하게 왔다 갔다 할 수 있는 권리를 부여하거나 물건을 안전하게 운송할 수 있는 권리를 부여하는 일종의 특권"이라고 정의했다. 한편 프랑스에서는 대혁명이 일어난 1789년 한 해 동안 여권에 대한 불만들이 제기되었다. 여권이 점점 더 공포정치의 상징이 되어감에 따라 개인의 자유로운 이동은 지켜야 할 새로운 권리가 되었다. 그 결과 1791년 헌법은 '가고, 머무르고, 떠날' 자유를 확고히 했다. 하지만 여권 철폐 조항은 바로 다음 해에 빠르게 복구되었고, 프랑스대혁명을 반대해 이민을 떠나는 움직임을 우려하는 목소리가 높아져가는 상황에서 15세 이상의 모든 여행자는 주거지를 떠나자마자 서류를 제시해야 했다. 제1제정 시기 경찰부 장관이던 조제프 푸셰는 비치는 종이에 여권을 인쇄하도록 해 위조를 방지했다. 판형은 1807년 행정명령으로 규정되었고, 여권 중 반드시 한 부분을 잘라 여권 소지자에게 주고, 나머지 한 부분은 관청 사무실 장부에 붙여야 했다.

미국에서는 1790년 법률로 여권 위조를 금지했다. 미국 시민은 외국을 여행할 때 거추장스러울 정도로 큼직한 여권(약 30×45센티미터)을 사용했는데, 1835년 미국 대법원의 판결(우르테티키 대 다시 사건)이 보여주듯 여권이 곧 시민권은 아니었다. 그렇지만 19세기 초중반을 거치며 신원과 국적을 입증해주는 도구로서 자유롭게 이동할 권리를 증명하는 쪽으로 진화했기에 여권을 소지하고 있으면 추방되지 않고 보호받을 수 있었다. 1856년 미국 의회는 시민에게만 여권을 발급해줄 수 있으며 발급은 국무장관이 하는 것으로 결정했다. 오랫동안 추천서 같았던 여권이 드디어 국적과 시민권 증명서로 바뀐 것이다.

한편 자유무역협정이 비약적으로 발전한 결과 여권이 쓸모없어졌다고 하는 사람들도 있었다. 노르웨이는 1860년부터 자국 영토에 입국하는 외국인에게 서류를 요구하지 않기로 했고, 이어서 프랑스와 스웨덴이, 이후에는 작센 왕국과 스위스가 여기에 동참했다. 1865년에는 독일 북부의 네 개 주가 자유로운 이동을 허가했다. 일본은 에도막부가 1866년에 서양을 모방한 국제 여권을 도입했지만, 이 여권은 해외여행을 권장하기보다는 당시 막 허용된 해외여행을 조절하는 목적으로 사용되었다. 메이지 시대 초기부터는 해외 이민과 여행 용도로 여권을 사용하는 일이 확 늘어났다.

1860~1870년대 서구에서도 여권 사용이 늘어났다. 이 시기 영국의 여행 가이드북을 보면 여행객이 자신의 국적과 권리의 증거를 항상 가지고 있을 수 있도록 외국인청을 통해 여권을 구비해둘 것을 권장한다. 미국에서는 남북전쟁 동안 이동을 하려면 여권이 필수였다. 여권 신청자는 헌법 앞에 충성을 서약해야 했고 이는 1973년까지 시행되었다. 프랑스에서는 1870년 7월 프로이센과의 전쟁이 발발하자 다시 여권이 필수가 되었다. 전쟁이 끝난 후에는 여권을 제시하는 의무가 해제되었지만 여행자와 무역업자는 계속 여권을 지니고 다녔다. 미국도 남북전쟁이 끝나자 여권을 반드시 소지하지 않아도 된다는 새로운 이민 정책을 폈지만 아시아인 중에서도 중국인은 특히나 예외였고 유럽계 백인에게만 적용되었다.

그러다 1914년 여름, 제7차 세계대전이 터지면서 여권은 다시 필수가 되었다. 전쟁 초창기에는 교전국에서, 1916년부터는 중립국(스페인, 덴마크, 스위스)에서도 여권을 꼭 지녀야 했다. 그렇게 제1차 세계대전은 여권이 세계적으로 쓰이는 계기가 되었다. 신분증 역할을 하는 서류도 등장했는데, 이동 허가증은 아니지만 인상 기록과 사진이 포함되어 있어서 손쉽게 신원 확인을 할 수 있었다. 프랑스는 1917년에 신분증을 도입하고 외국인에게는 필수라 선언했으며 같은 해에 여권 서식을 개정했다. 1922년 국제연맹은 고등판무관 프리드쇼프 난센의 이름을 따서 러시아 난민을 위한 난센 여권을 도입했다. 난센 여권은 우선 러시아 무국적자들을 위해 만들어졌고 이후 아르메니아와 아시리아인, 스페인 난민에게까지 확대되었다. 제2차 세계대전 이후 1951년 채택된 제네바협약은 난민의 권리를 규정했다. 하지만 냉전 시기에 여권 발급은 민감한 사항이었다. 동구권 국가들은 외국인 여행객에게 비자를 소지하게 했고 자국민에게는 여권 없이 영토 밖으로 나가는 걸 금지했다. 또 소련의 프로피스카(거주지 승인) 제도에서 볼 수 있듯 내국용 여권을 통해 왕래를 철저히 관리했다. 러시아는 1994년에야 이 제도를 폐지했다. 중국에서는 마오쩌둥 통치 시기에 호구 제도를 실시한 탓에 모든 시민은 서류에 따라 본적 주소지에 정착해야 했으며 시골에 사는 사람은 도시에 사는 사람보다 더 제약을 받았다.

1985년 셴겐 조약이 체결되며 유럽연합 회원국끼리는 더 자유롭게 이동할 수 있게 되었지만, 조약 체결 국가 외의 개발도상국 국민들이 국경을 넘어 들어올 가능성은 굉장히 축소되었다. 셴겐 지역 내에서는 자유로운 왕래를 허용한 한편 국경을 초월해서는 생체 인식 정보를 활용해 신원 확인과 감시를 위한 경찰 제도를 실시했기 때문이다. 미국은 2001년 9·11 테러 이후 여행자의 신원을 확인하기 위한 첨단 기술을 동원하고 있다.

오늘날 여권이 제공하는 이동의 권리는 점점 더 서열화되고 있다. 해당 국가 여권 소지자가 무비자로 방문할 수 있는 국가 수를 척도로 여권의 힘을 측정해 매년 순위를 발표하는 관행이 이를 잘 보여준다. 2022년 기준 공동 1위인 일본과 싱가포르 여권으로 무비자 입국이 가능한 국가는 192개국(한국 여권으로 무비자 방문을 할 수 있는 나라는 190개국으로, 글로벌 여권 순위에서 독일과 함께 공동 2위에 올랐다 — 옮긴이)인 반면, 아프가니스탄 여권으로 무비자 입국을 할 수 있는 국가는 27개국밖에 되지 않는다.

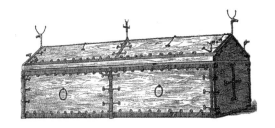

관

프랑스 혁명력 9년 맹월Germinal 27일, 서기로는 1801년 4월 17일
에 파리 경찰청장 니콜라 프로쇼는 그다음 달인 화월Floréal 1일
부터 극빈자를 포함한 모든 파리 시민이 개인용 관을 써야 한다
는 프랑스 최초의 의무화 규정을 실시했다. 이 조치에 내포된 영
향력과 혁신적인 변화를 이해하려면 시신을 관에 담아 매장하는
게 전혀 당연하지 않았다는 사실을 알아야 한다.

'관cercueil'이라는 프랑스어는 그리스어 '사르코파고스'에서
파생했고 사르코파고스가 짧아져 1050년경에 '사르쾨sarqueu'가
되었다. 사르쾨는 '인육을 삼키는 것'이라는 뜻으로, 말 그대로 장
례를 치를 때 시신을 담는 상자를 지칭한다. 동양 일부 지역이 고
대부터 관을 사용하기는 했지만 어디에나 존재하는 관습은 아
니었기에 전 세계적으로 관 문화는 매우 드물었다. 인도 문화권

과 동남아시아에서는 관 없이 화장하는 풍습이 지배적이었다. 이슬람 지역에서는 신의 계율에 따라 매장을 하되 관 사용은 금지했다. 반면 중국에서는 시신을 물리적으로 온전히 보존하는 것을 중시했고, 아주 오래전부터 시신을 관에 넣어 매장하는 풍습이 있었다. 『대청율례大淸律例』에 따르면 무덤을 훼손하거나 묻혀 있는 관을 파헤치는 사람은 즉시 참수형에 처했다. 유럽에서는 10세기 무렵에야 석관과 구별되는 목관이 나타났고, 그마저도 한정적으로 활용한 터라 대부분은 간단히 염해서 땅에 묻었다.

제각기 다르던 관 사용 경향은 19세기 들어 급격하게 바뀌었다. 관을 대량생산하기 시작하며 서양인이 이를 전 세계 곳곳에 보급했기 때문이다. 프랑스에서 보편적으로 관을 사용하게 된 건 무엇보다 정치적이고 윤리적인 이유 때문이다. 파리 시민은 프랑스혁명 기간 동안 매장 풍습 때문에 많은 고통을 겪었다. 당시는 무연고 사망자나 익명의 시신이 너무 많았던 탓에 서둘러서 공동 묘혈에 매장하는 경우가 많았다. 현대의 민주주의 국가에서는 개개인을 중시한다는 의미에서 일반적으로 고인을 개인용 관에 모신다.

개인용 관을 구비하는 건 장례를 치르는 동안 시신을 보관하는 데 따른 위생 문제 관리 차원에서도 필수적이었다. 대부분의 유럽 국가는 18세기 중후반부터 시신을 관에 모셨다. 덴마크 왕 크리스티안 7세, 이탈리아 모데나 공작 프란체스코 3세, 스웨덴 왕 구스타브 3세, 오스트리아 대공이자 신성로마제국의 황제인 요제프 2세, 스페인 국왕 카를로스 3세의 경우도 그랬다. 성당에 매장하는 것이 금지되어 도시 외곽에 있는 공동묘지로 시신을 옮기면서는 이동을 위한 상자로서의 관이 더욱더 꼭 필요해 졌다. 시신이 내뿜는 유독가스와 악취로부터 산 사람을 보호하려는 목적도 있었다.

사실 서유럽에서 관의 형태는 균일하지도, 보편적이지도 않았다. 대다수의 유럽 국가는 19세기 초까지만 해도 개인용 관을 의무적으로 사용해야 한다는 법이 없었고, 전문가(영국에서는 17세기 말부터 관 제작자가 따로 있기는 했으나 대부분 목수이거나 관 제작과는 큰 관련이 없는 나무 상자 제작자였다)나 개인이 권해 유가족이 원하는 경우에만 고인을 관에 모셨다.

관이 기술적으로 복잡한 사물은 아니다. 볼트와 너트, 못, 나사를 사용해 널빤지로 조립하기만 하면 되니까 말이다. 그렇지만 프랑스 대도시와 해외 식민지에는 1830~1840년대에 들어서야(알제리의 수도 알제에서는 1845년부터) 사설 상조 회사가 등장했다. 이후로 점차 관을 사용하는 장례 절차가 표준화되었고, 그 결과 관의 형태와 관을 짤 때 쓰는 수종, 부속품 등이 통일되었다. 1869년 파리의 어느 상조 회사는 목수 60~70명과 땜장이 10명을 고용해 표준화된 관을 다양하게 제작한 뒤, 구청에 관 주문 서식을 배치해놓고 신청하면 장식을 해주는 서비스를 제공하기도 했다.

장례 시장이 발전하며 서구권에서는 서로 유사한 장례 절차가 생겨났다. 이는 해외 식민지로 퍼져나가며 개인의 취향과 지역색을 반영하기도 했다. 유럽에서는 사다리꼴이나 육각형 목관을 선호했고 극빈자가 사망한 경우에는 산자판橵子板용 목재(소나무가 가장 많이 쓰였다)로 평평하게 관을 짰다. 일반적으로 오크,

마호가니, 흑단처럼 어두운 색깔의 단단한 목재로 짠 관이 인기가 많았다. 그보다 수요는 훨씬 적었지만 장거리 수송이 필요하거나 감염병으로 사망한 경우에는 납으로 만든 금속관을 쓰기도 했다. 상류층은 관을 보석으로 장식한 뒤 여러 개를 겹쳐서 매장하기도 했다. 1852년 런던에서 웰링턴 공작이 사망했을 때는 납관, 오크관, 마호가니관, 송판관까지 총 4개의 관을 켜켜이 겹쳐 매장했다.

오늘날도 유럽에서는 목재로 만든 관을 선호하지만, 미국에서는 1860년대부터 표준이었던 금속관이 남북전쟁을 겪으며 보다 대중화되었다. 1999년 미국 인류학자 제임스 데이비드슨과 레이철 블랙은 1874년 6월에 결핵으로 사망한 미국-멕시코전쟁 참전 용사 윌리엄 에이어스 크로퍼드의 유골을 우연히 발견했다. 크로퍼드의 관은 표준 형태에 꼭 부합했다. 1867년에 만들어진 크레인 브리드 앤드 컴퍼니 카탈로그에서 '플랫 탑 케이스'라 부르는, 오하이오주 신시내티에서 제작된 육각형 관에다 머리와 어깨 부근에 둥근 창을 부착한 스타일이었다.

캐나다에서는 1970~1980년대에 초기 개척자 묘지 발굴 작업을 실시한 결과, 1850년대까지 유럽에서 온 식민지 개척자들이 현지에서 조달 가능한 자재(대부분 목재)로 제작한 육각형 또는 팔각형 관에 매장되었다는 사실을 밝혀냈다. 당시 캐나다에서는 영국처럼 관을 '코핀coffin'이라 불렀는데, 이후 19세기 중후반부터 온타리오 남부에서 미국식 사각형 금속관이 유행하자 이때부터 관을 '캐스킷casket'이라 부르기 시작했다. 1860년 이후로는 금속 손잡이를 다는 것이 점차 통례가 되었으며 1870년대에는 금속 못과 나사가 표준화되었고, 얼마 지나지 않아 관 뚜껑에 붙이는 둥근 창까지 등장했다. 영국 식민지였던 오스트레일리아에서도 영국식으로 제작한 비슷한 형태의 영국인 매장용 목재 관을 사용했다. 그렇게 19세기 중후반에는 금속 부속품을 쓴 관이 대폭 증가했다. 발굴 작업을 진행하면서 부유한 가정일수록 관에 금속 장식을 더 많이 단다는 사실이 밝혀졌다. 금속의 무게는 빈곤층의 경우 300그램 미만부터 부유층은 거의 4킬로그램까지 다양했다. 당시 관 부속품으로 쓴 금속은 전부 영국 버밍엄에서 수입한 것이었다.

하지만 19세기 말부터 썩지 않는 소재(납이 대표적이다)로 만든 관에 반대하며 화장을 지지하는 여론이 거세졌다. 지금도 많은 사람이 이용하는 납골당이 등장한 것이다. 또 터무니없이 비싼 장례 비용과 묘지로 낭비되는 땅 문제가 대두되며 버드나무, 마분지, 산자판같이 썩는 소재로 만든 가벼운 관이 사용되기도 했다. 썩는 관을 사용하는 방식은 서구에서 1960년까지만 해도 비주류였지만 오늘날은 그렇지 않다. 프랑스에서는 아직까지 풍장과 수장을 금지하고 있지만, 이런 장례 의식이 앞으로 점차 늘어난다면 시신을 관에 담아 매장하는 행위는 없어질지도 모른다.

이야기를
전하는 것들

엽서

여기서는 모든 사람이 글을 써. 다른 사람들도 다 하는데 나만 안 할 수는 없지. 그런데 당신이 이미 잘 알고 있는 사실 말고는 쓸 이야기가 하나도 없네. 난 언제나 당신 곁에 있을 거라는 거 말이야.

— L. G.

　　이 글은 에펠탑에 올라간 '등반가'가 1889년 파리 만국박람회 때 부친 그림엽서를 두고 벌어진 새로운 현상을 놀리듯이 쓴 글이다. 막 완공된 에펠탑 위는 전보만큼 놀랍고 현대적이면서도 저렴한 그림엽서를 부치려는 사람들로 인산인해였다. 엽서는 편지와 달리 서신 내용이 그대로 드러남에도 엄청난 인기를 누렸다. 뇌르댕 형제는 에펠탑 그림엽서의 전매권을 따내 기념품 상점에서 판매했다. 그림엽서의 성공은 4년 뒤 대서양 건너편에서도 이어졌다. 1893년에 개최된 시카고 만국박람회에서는 기념품용 컬러 엽서를 대량 판매했다. 관광지 방문 기념이나 기념일을 축하하기 위해 엽서를 보내는 일은 자연스레 문화적 의식이 되었고, 이는 오늘날에도 여전히 유효하다.

1889년 이전에도 그림이 그려진 엽서를 판매하려 한 시도가 없었던 건 아니다. 독일 올덴부르크의 서적상 슈바르츠, 화가 프랑수아 보리히, 프랑스 사르트의 서적상 레옹 베스나르도, 마르세유의 아마추어 사진가 도미니크 피아자 같은 개인이 시도한 적도 있었고, 라벨자르디니에르 백화점이나 시카고 주간산업박람회에서 홍보용으로 만들어진 적도 있었다. 그렇지만 기념품용 그림엽서라는 아이디어가 구체화되고 폭넓게 퍼져나가기 위해서는 만국박람회라는 행사가 필요했다.

그림은 없지만 규격에 맞춘 우편엽서는 훨씬 전부터 있어왔고 대륙을 넘나들며 오갔다. 이 우편엽서로 장거리, 특히 무역을 위한 서신을 주고받을 수 있었고 해상 및 철도운송이 발전해 사람들의 이동이 증가하자 특송도 가능해졌다. 1863년 파리 총회는 만국우편연합 수립을 발의했고 이어 1874년 베른 회의에서 창설되었다. 만국우편연합은 1863~1920년 우편물 관련 규정(크기, 무게 및 측정법, 해상 및 육상 운송비, 국가 간 요금)을 정했다. 1865년에 독일 외교특사들은 앞면에는 주소를, 뒷면에는 내용을 적은 '우편 용지'라는 아이디어를 제시했고 이는 1869년 오스트리아 우체국에서 발행한 엽서로 구체화되었다. 이후 여러 국가의 행정부는 우표가 미리 인쇄된 엽서의 인쇄권을 독점하기 위해(독일, 영국, 프랑스는 1870년, 러시아는 1871년, 미국은 1873년) 앞다투어 경쟁했다. 일본, 실론(현재의 스리랑카), 칠레 등 만국우편연합 회원국에서 1875년에 부친 엽서는 약 2억 3150만 통이었다. 1885년부터는 개인도 엽서를 제작하고 판매할 수 있게 되자 엽서 제작 활동이 늘어나며 쓰임새가 다양해졌다. 미국은 1898년부터 1센트만 내면 우편엽서를 보낼 수 있도록 했다(사적우편물법이라 불렸다). 같은 해 러시아도 국가 독점을 멈추고 이전까지 스톡홀름, 파리, 베를린에서 수입해오던 엽서를 자체 생산하도록 했다.

1890년대에는 사진가, 인쇄업자, 그림산업이나 관광산업에 종사하는 사업가들이 그림엽서를 전파하는 주요 주체였다. 사진가들은 기존에 있던 사진을 새로 찍어내거나 색을 입히거나 구도를 달리해 그림엽서를 생산했다. 이집트 유적지와 관광객들이 선호하는 풍경 사진에 익숙했던 잔가키 형제는 20세기 초부터 컬러 엽서를 판매했다. 펠릭스 봉피스나 파스칼 세바의 수집품 같은 오래된 사진 컬렉션을 활용하거나 인수하여 판매했으며, 심지어 새로운 크기로 찍어내기 위해 사진을 위조하기까지 했다. 1867년부터 싱가포르에 진출한 사진 업체 램버트 앤드 컴퍼니는 방콕과 보르네오섬에 지사를 냈고, 19세기 말부터 매해 엽서를 25만 장 이상 생산하며 사업을 다각화했다. 같은 시기 호주 출신 찰스 케리는 뉴사우스웨일스 주정부의 주문 덕분에 사진집 내용을 더 풍성하게 채울 수 있었는데, 그가 찍은 풍경과 원주민들의 인물 사진은 시드니 언론 기사에 실리며 1903년부터 엽서로 제작되기도 했다.

영국의 라파엘 터크 앤드 선즈 같은 기존 인쇄업자들은 일찍부터 자신들이 제작한 축하 카드나 다색 석판 인쇄 카드를 보완하며 그림엽서 시장에 자리를 잡았다. 1866년 런던에 설립된 라파엘 터크 앤드 선즈는 1899년부터 대량으로 그림엽서를 제작했고 파리, 몬트리올, 토론토, 베를린, 뉴욕 등의 지사에 엽서를 보급했다. 특히 독일의 인쇄 및 세공업자는 기술 숙련도, 장비, 직원으로서의 자질 면에서 굉장히 경쟁력 있었다. 이들은 현지에서 엽서를 제작하고 발행자들의 수요에 따라 인쇄하며 보급을 도왔다. 가령 1899년 사진가 헤르만 잘츠베델이 인도네시아에서 찍은 사진을 독일에서 인쇄한 다음, 수라바야로 다시 보내 개당 10센트에 판매하는 식이었다. 아돌프 셀리주나 라이더, 휴레이턴 시 등 20세기 초에 미국 엽서를 제작하고 발행한 사람들은 대부분 독일에서 인쇄를 했다. 하지만 1909년에 수입 물품을 보호하기 위한 조치로서 페인-알드리치 관세법(무역 시 비교우위와 상관없이 관세액을 정해야 하는 법. 보호주의적인 당시 공화당 연합이 입법했다─옮긴이)이 적용되자, 커트 테이치 인쇄소처럼 미국으로 인쇄소를 옮기는 업체가 많아졌다. 이로써 엽서 생산 경로가 다양해졌고 경제적인 이유로 국가를 넘나들며 제작과 판매가 이루어졌다.

한편 엽서를 제작하고 발행하는 직업이 전문성을 잃기도 했다. 전 세계 서점, 일반 상점, 문구점, 관광업 종사자가 너도나도 엽서 인쇄를 맡기면서 과잉 생산되었기 때문이다. 감광제 인화지에 사진을 현상한 엽서(브로마이드 인화지 엽서)가 1910년대에 쏟아져 나오면서 이 현상은 정점에 달했고, 심지어 아마추어도 엽서를 생산할 수 있게 되었다.

1905년경 시장이 성숙기에 도달하자 경쟁 때문에 판매율이 엄청나게 하락하면서 엽서는 발행 부수가 많은 신문사에서 사회적이거나 정치적인 문제, 스포츠 행사에 동원하는 선전 매체로 이용되었다. 제1차 세계대전이 터지자 교전국들은 홍보용으로 엽서를 대거 사용했다. 1905~1917년 러시아에서 엽서는 혁명을 선전하고 관련 단체의 인기를 모으는 역할을 했다. 미국 기업가 월터 H. 혼은 멕시코혁명 당시 사회문제를 담은 엽서를 만들어 정치와 상업에 이용했고, 때로는 왜곡하기까지 했다.

이렇게 이미지는 돌고 돌며 사람들의 상상을 자극했다. 엽서는 18~19세기의 그림을 반복해서 사용하고 대거 보급하면서 대중들의 집단 무의식 속에 고착되었다. 반복적으로 사용된 이미지들은 일종의 시각적 표준화를 만들어내며 때로는 왜곡되고 강화되었다. 특히 그림에 곁들인 지나치게 간단하거나 틀린 설명문은 사회, 문화, 인종적인 고정관념을 만들어내 강화했다. 특히 관광산업에서는 이런 허구적인 이미지가 잘 받아들여졌다. 커트 테이치가 1950년대 미국에서 발행한 리넨(빈티지) 엽서의 반짝이는 색채는, 같은 시기 프랑스에서 그라비어인쇄로 찍은 콩비에사 엽서의 파란 하늘처럼 초현실성을 부여했다.

일찍부터 대륙 간을 잇기 위해 고안된 엽서는 더 현대적인 물건들에 비해 효율성이 떨어지긴 해도 자기만의 강력한 매력으로 오늘날까지 살아남았다. 하지만 이미지와 함께 짧은 메시지를 전달한다는 엽서의 첫 번째 존재 이유는 이제 다른 매체를 통해 거의 즉각적으로 실현되고 있다.

우표

1840년 5월 6일, 젊은 빅토리아 여왕은 우표에 자신의 옆모습
을 넣었다. 그는 일상에 새롭게 등장한 이 사물에 자기 얼굴을 넣
은 최초의 군주였다. 영국 체신부 국장 롤런드 힐은 사람들에게
우표가 영국 경제 발전에 이바지할 것이라는 걸 납득시킬 방법
을 알고 있었고, 빅토리아 여왕은 그런 그가 주도한 새로운 제도
를 반겼다. 영국에서는 매일 50만 장씩 우표를 찍어냈다. 프랑스
는 영국이 과감하게 시도한 이 페니 블랙(빅토리아 여왕의 옆모습
이 인쇄된 세계 최초의 우표 — 옮긴이)이 과연 성공을 거두는지 신중
히 지켜보았다. 후에 페니 블랙이 재정적으로 성공을 거두자, 프
랑스 제2공화국은 안심하며 1849년 1월 1일부터 새로운 공화정
을 상징하는 로마신화 속 곡물의 여신 케레스를 넣은 우표 1억
1000만 장을 발행했다. 20상팀(프랑스 화폐 단위로 100상팀은 1프랑

— 옮긴이)짜리 검은색 케레스 우표로는 7.5그램까지 우편물을 보낼 수 있었고, 1프랑짜리 빨간색 케레스 우표는 15~100그램짜리 우편물을 부칠 때 썼다.

페니 블랙과 케레스 시리즈는 영국과 프랑스라는 두 식민 열강의 영향 아래에서 세계적인 성공을 거두었다. 영국과 프랑스는 우표라는 사물에 전 세계로 뻗어나갈 수 있는 힘을 부여했고, 그동안 다른 나라들도 우표를 도입했다. 미국은 1847년, 아르헨티나는 1858년, 일본은 1871년, 중국은 1878년에 도입했으며 영국, 프랑스와 지리적으로 가까운 유럽 국가들에는 더 빨리 보급되어 스페인은 1850년, 이탈리아는 1862년에 우표를 도입했다. 문자 교육이 보편화되고 법 제도가 발전하며 경제 발전을 이룩함에 따라 전 세계적으로 우표 사용이 대중화되었다. 각국 정부는 제1차 세계대전 동안 전쟁에 동원된 군인과 그들의 가족이 손쉽게 교신할 수 있도록 우편요금 면제 제도를 도입했다. 이 제도는 세계대전이 끝나고 폐지되었지만 그 후로 우표는 완전히 보편화되었다.

우표 제도 원칙은 국경을 넘어 공유되었다. 전국에 동일한 표준을 적용하는 우편요금 조정 체계가 만들어지며 한 국가 내에서 편지 한 통은 거리와 상관없이 같은 요금이되 무게에 따라서만 가격이 달라졌다. 우표는 발신인이 우편을 보내기 전에 먼저 요금을 지불해야 한다는 '운임 지급필' 개념을 사물화한 셈이었다. 남반구 북반구 어디서든 우체국이나 집배원에게서 구매할 수 있었고, 우표와 짝지어 다니게 된 엽서를 따라 일반 상점이나 관광지에서 판매하기도 했다. 20세기 중후반부터 서구에서는 유급 휴가 제도가 시행되었는데, 휴가지에서 엽서를 보내는 게 관례처럼 자리 잡으며 우표와 엽서의 관계는 더욱 공고해져갔다.

또 우표는 열정에 불을 지피고 욕망을 불러일으키는 사물이었다. 20세기 초반부터 전 세계적으로 우표 수집가가 생겨났고 유수의 대학과 별의별 협회에서 우표 수집을 장려했다. 어느덧 시간이 흘러 우표 수집은 보편적 취미 활동의 영광스러운 대열에 올라섰다. 한편으로는 널리 알려진 만큼 위조범들이 위조 우표를 만들 궁리를 하기도 했다.

우표는 회화나 조각 같은 가장 고전적인 예술 분야의 친척 격으로서 예술 작품이라고도 할 수 있다. 우표를 제작하려면 그라비어인쇄나 요판인쇄 같은 수공예적인 방법과 공업적인 방법의 조합이 필요하다. 이런 기법은 전 세계에서 몇십 명뿐인 전문가의 전유물이었기에 더 아름다운 우표를 만들기 위해 고도의 기술을 가진 장인들이 동원되었다. 프랑스는 1970년부터 불라작에 설치한 우표 및 지폐 인쇄기 덕분에 세계적인 노하우를 갖추게 되었다.

우표의 물성은 나라마다 차이가 있다. 길쭉한 직사각형에 뾰족뾰족한 가장자리가 일반적이지만 그 외에도 매우 다양한 형태로 만들어졌다. 위로 길거나 넓적하기도 했고, 물방울 모양도 있었다. 프랑스에서는 스포츠(원형이나 타원형)나 감정(하트 모양)에서 영감을 받아 혁신적인 그래픽 우표가 나오기도 했다. 기술 발전에 따라 증강 현실 같은 디지털 기술을 접목한 우표도 등장했고, 후각 디자인처럼 새로운 개념이 등장하기도 했다.

우표는 국가 주권의 상징 중 하나였기 때문에 고유한 전통과 문화에 따라 상징체계가 무척이나 다양하다. 민주주의 체제에서는 정의나 자유 같은 공화주의적 가치를 표방한 우표를 흔히 볼 수 있으며 혹은 집단이 공유하는 전설 속 인물이나 수호성인 같은 이미지를 넣어 꾸미기도 한다. 왕정에서 우표는 무엇보다도 군주를 의미한다. 오래 왕정을 유지해온 국가들은 우표로 공식적인 왕정의 이미지를 홍보하기도 한다.

우표는 보통 국가의 자긍심과 저명인사를 널리 퍼트리는 강력한 수단이자 전쟁, 혁명, 선거, 독립, 정복 등 역사적으로 중요한 기념일을 널리 알리는 수단이다. 또 건축, 풍경, 요리, 관광지를 비롯한 역사적 문화유산을 드러내기 때문에 제국주의 시대 우표는 식민지 문화, 지방색, 식민 본국의 정체성을 주고받는 중계 역할을 하기도 했다. 무엇보다도 편지 앞면에 붙어 온 나라로 뻗어나간다는 점에서 개별성을 표현하는 독특한 상징이라 할 수 있다.

편지

1884년 마닐리에의 『비서관 실무서: 서한, 청원서, 초대장 등을 쓰기 위한 새로운 안내서Le Secrétaire pratique : Nouveau guide pour écrire lettres, pétitions, invitation, etc.』에서는 다음과 같이 권고한다. "얼룩지거나 구깃구깃한 종이를 쓰는 것을 엄격하게 금지해야 하는 건 두말하면 잔소리다. 이런 종이에 글을 쓰는 건 예의범절이라고는 찾아보려야 찾아볼 수 없는 사람이라는 걸 스스로 보여주는 셈이기 때문이다."

편지 쓰기에 관한 개론서는 고대부터 내려오며 18세기에 널리 발전하기 시작했다. 러시아에서는 1708년부터 프랑스 비서관이나 독일의 모범 서간 교본 등이 출간되었다. 19세기 말 이탈리아에도 편지 쓰기에 관한 책이 많았는데, 문자 교육률이 높아지면서 경제적인 이유로 거주지를 옮겨야 하지만 학업 수준은 그다지 높지 않은 사람들을 주요 독자로 설정했다. 개론서는 글쓰기의 사회적 규칙을 알려주면서도 한편으로 사업상 편지, 연애편지, 가족에게 보내는 편지, 이의 신청서 등 각종 상황에서 쓸 수 있는 편지의 모범적인 양식을 알려주었다. 이렇게 편지와 편지지는 물건일 뿐만 아니라 규칙과 예의범절을 따르는 사회적 관계의 매개체가 되었다.

편지의 역사는 종이 생산의 역사와 떼놓고 생각할 수 없다. 누더기로 펄프를 만들고, 그 펄프로 종이를 만들면서 종이 생산은 한결 수월해졌다. 글씨를 쓰거나 인쇄를 할 수 있는 종이는 수많은 제조 공정(풀 바르기, 프레싱, 건조, 압착, 요철을 없애고 결을 고르기 위한 다림질)을 거쳐 만들어졌다. 18세기 말부터 종이 재료가 귀해지자 제지업자들은 수입에 의존할 수밖에 없었다. 프랑스 오베르뉴의 제지업자는 부르고뉴에서, 네덜란드 제지업자는 독일에서 원자재를 수급했다. 산업화 시대의 혁신이던 기계화와 목재의 활용으로 대규모 생산이 가능해지기 전까지 종이는 소중한 물자였고 값도 비쌌다.

이후 종이 가격이 내려가도 편지를 쓰는 데는 비용이 꽤 들었다. 종이는 물론이고 펜(거위 깃털로 만든 펜을 쓰다가 19세기부터 만년필을 썼다), 잉크, 잉크통, 편지를 접어서 봉인하기 위한 밀랍, 편지 봉투(18세기 말 독일에서 등장해 S. K. 브루어가 1820년 영국 브라이턴에서 판매를 시작했다) 및 운임비(처음에는 수신인이 부담했다), 우푯값 등이 필요했기 때문이다.

1853년 칠레에서 우편요금 인하와 발신인이 운임을 부담하자는 내용을 골자로 하는 롤런드 힐의 개혁안을 도입하며 우편 서비스 사용을 장려했다. 게다가 호주에서는 1905년부터 1페니 우편제를 실시해 1페니만 내면 편지를 발송할 수 있었다. 그 전까지 고국에 있는 가족에게 정기적으로 소식을 전하기가 힘들어 직접 얼굴을 보기 위해 대서양을 횡단하던 수많은 이민자들은 덕분에 오고 가는 데 필요한 많은 비용을 줄일 수 있었다.

편지를 쓸 때 날짜, 주소, 서명을 기입하기만 하면 평범한 종이가 편지지로 바뀌었다. 일기장, 공책, 장부 등 어떤 종이에라도 편지를 쓸 수 있긴 했지만 19세기에 들어서는 편지지의 크기도 다양해지고 색상지, 향기가 나는 편지지, 무늬지, 송아지 가죽으로 만든 독피지 등 여러 종류의 편지지가 등장했다. 같은 시기 회사와 호텔에서는 종이 상단에 주소와 상호명 같은 정보가 찍힌 공식적인 편지지를 구비해두었다. 그 외에도 가두리 장식, 모노그램, 프리즈(띠 모양의 연속무늬 — 옮긴이), 기하학적 문양, 꽃무늬 등 편지지를 꾸미는 다양한 장식이 있었다.

편지는 소식을 전하는 목적뿐만 아니라 통치하기 위한 수단이자 거리를 뛰어넘어 부재중에도 소식을 남기는 수단이었다. 행정서한, 공개서한, 봉인 영장, 자기소개서, 연애편지, 청첩장, 부고장, 공식서한, 가족이나 친구에게 보내는 편지 등 종류가 다양했고 편지마다 각자의 방식대로 이야기를 들려주었다. 지인, 가족, 친구, 애인에게 보내는 개인적인 편지를 예로 들어보자. 이런 개인적인 편지는 18세기에 비약적으로 발전했다. 많은 사람이 문자 교육을 받게 되어 가족과의 이별, 사생활에 대한 존중같이 개인적 편지가 만개할 만한 필요조건들이 충족되어가는 과정이었기 때문이다.

하지만 18세기의 편지는 여전히 철학가와 과학자로 구성된 좁은 업계 내에서만 돌고 돌았다. 편지 교환은 계몽주의 시대 유럽에서 하나의 망을 형성하는 데 기여했고, 이 공간 안에서 서로 편지를 주고받았다. 편지를 쓴다는 건 당시 사회적 신분을 나타내는 것처럼 여겨졌다. 18세기에 엘리트들만 편지를 쓴 건 아니지만, 편지를 주고받는 행위가 보다 넓게 퍼진 시기는 '친밀함의 세기'인 19세기였다. 예를 들어 독일에서는 1840년경 기준 연간 1인당 한두 통 정도 보내던 것에 비해 1900년에는 58통으로 늘어났고, 1829~1914년간은 미국에서 독일로 1억 통의 개인 서신을 보냈다. 확실히 19세기는 사생활을 장려하고 문자 교육이 진일보했다는 점에서 편지 교환이 활발해질 만한 시기였다.

19세기와 20세기 초의 케냐, 가나, 시에라리온, 남아프리카 공화국에 대한 연구들을 보면 문자 교육률이 아주 낮았던 식민 시대의 아프리카 사회에도 편지를 쓰는 행위가 존재했다는 사실을 알 수 있다. 편지 주고받기는 특권적인 행위이기도 했지만 동시에 연대의 기회였던 것이다. 가령 나폴레옹 시대에 일부 병사는 동료 병사가 편지 쓰는 걸 도와주기도 했고, 미국으로 이민 간 리투아니아인과 폴란드인은 공동으로 편지를 쓰기도 했다. 이런 연대의 현장을 고려하면 편지가 혼자 쓰는 것이라는 선입관에 의문을 제기하게 된다.

19세기와 20세기에는 대규모 이민과 가족을 갈라놓는 전쟁 때문에 수많은 사람이 편지를 쓸 수밖에 없었다. 미국 남북전쟁 동안도 마찬가지였다. 유럽에서는 제1차 세계대전이 전환점이었는데, 전쟁 동안 독일군과 민간인은 편지를 거의 300억 통이나 주고받았다. 영국군과 프랑스군도 후방으로 매일 100만에서 200만 통의 편지를 보냈다.

20세기와 21세기에 들어서는 새로운 커뮤니케이션 수단이 생기면서 편지를 주고받던 관습이 보기 어려워진 듯하다. 하지만 결코 편지가 사라진 건 아니다. 오히려 글을 쓰는 행위가 이메일과 SNS에 녹아들어 그에 맞게 변화하고, 더 나아가 재탄생했다고도 할 수 있겠다.

테이블 터닝

1853년 3월 《아우크스부르크 신문Augsbourg Allgemeine Zeitung》의 기자는 "테이블 터닝이 뉴욕발 증기선을 타고 브레멘에 출현한 이래로 도시가 광기에 휩싸였다"고 썼다. 테이블 터닝은 폭발적으로 유행한 심령술의 원형이었다.

1854년 5월 크림전쟁 초기까지 유럽 사회는 거의 일 년 동안 테이블 터닝으로 들끓었다. 이 시기에 테이블 터닝을 언급하지 않은 서신을 찾아보기가 힘들 정도다. 나폴레옹 3세부터 지방의 프티부르주아, 빅토리아 여왕까지 거의 모두가 테이블 터닝을 경험했다. 1853년 5월 바티칸의 비공식 기관지 《치빌타 카톨리카Civiltà cattolica》는 "유럽 전역이 테이블이 돌아가게 하는 데 몰두해 있다"고 썼으며 얼마 뒤 프랑스 일간지 《르 시에클Le Siècle》은 "이렇게 테이블을 돌려 대는 행위는 지금까지 한 번도 본 적이 없다"고 표현했다.

테이블 터닝은 '테이블 댄스danse des tables, tafldans', '테이블 무빙table moving', '테이블 돌리기tischrüken', '회전 테이블tavolini giranti' 등 여러 국가에서 다양한 이름으로 불렸다. 프랑스 판화가 오노레 도미에는 아프리카, 아시아, 유럽, 아메리카 네 대륙의 사람들이 테이블 터닝을 하는 그림을 그렸다. 서양에서만 유행했기에 지구촌 전역이 테이블 터닝에 빠졌다는 표현은 물론 거짓이지만, 기독교 소수파와 프리메이슨을 통해 주로 콘스탄티노폴리스(현재의 이스탄불), 스미르나, 다마스쿠스, 베이루트 등지로 퍼져나간 것은 사실이다. 이는 철도, 대서양 횡단 여객선, 언론, 전신기 같은 교통과 통신수단의 혁명 덕에 가능했던 일이다. 뿐만 아니라 당시 테이블 터닝은 '심령술에 의한 전신기'라 불리기도 했다.

테이블 터닝의 유행은 처음으로 유럽이 미국 문화에 영향을 받은 사건으로도 꼽는다. 1852년에 해리엇 비처 스토의 소설 『톰 아저씨의 오두막』이 성공을 거둔 지 얼마 되지 않아 작품 안에 등장하는 테이블 터닝이 유행한 것이다. 테이블 터닝은 4년 전 뉴욕주 서부 하이즈빌에 사는 폭스 자매의 집에서 시작되었다. 폭스 자매는 감리교 농부 집안 출신이었는데, 집에 사는 귀신들과 '한 번 치면 A, 두 번 치면 B' 같은 식으로 알파벳을 사용해 교신할 수 있다고 주장했다. 이 흔한 귀신 이야기는 자매의 적극적인 태도와 언론의 부채질 덕에 미국 북동부와 중서부 백인 개신교도들 사이에서 예기치 못하게 규모가 커졌다. 1852년에 유럽 언론이 이 이야기를 전하기 시작했지만 그때까지만 해도 테이블 터닝이 유럽에까지 퍼질 것이라고 상상한 사람은 아무도 없었다. 유럽인들은 그다지 진지할 것 없는 양키의 유행이라 여기거나, 이보다 조금 전에 미국에서 창시된 모르몬교와 혼동하며 최근 미국 종교의 소산이라 생각할 뿐이었다.

테이블 터닝이 미국에 본격적으로 번진 건 1851~1852년 무렵부터다. 18세기 전통적인 심령술에 간단한 물리 실험을 곁들인 테이블 터닝은 대중을 강력하게 매료했다. 미국 영매들 입장에서는 영국에 상륙한 뒤로 그다지 좋은 성과를 거두지 못하고 있던 시기에 테이블이 돌파구가 되어준 셈이었다. 미국적인 색채를 벗겨내고 실험에 객관성을 부여함으로써 테이블 터닝은 유럽까지 알려졌다. 자기도취적인 유럽의 이성주의에 유용한 전략을 택한 것이다.

미국에서는 혼령에서 테이블로 이동했다면 유럽에서는 그 반대 방향이었다. 기본적인 원리는 다음과 같다. 여성과 남성이 번갈아 테이블에 둘러앉은 다음, 각자의 손가락 끝이 옆 사람과 닿게 해서 '유체'가 '사슬' 안에 흐를 수 있게 한다. 이때 테이블은 카펫 없이 바닥에 바로 두는 편이 더 좋다. 얼마나 기다려야 하는지는 상황에 따라 다르지만 어느 정도 시간이 흐른 뒤 테이블이 흔들리기 시작하면 사람들은 선 채로 테이블을 따라간다. 어떤 사람은 자신이 다른 사람보다 '유체'가 더 많다는 걸 재빨리 알아차릴 수 있었는데, 이 사람이 바로 (미국식으로 말해) 영매였으며 앞으로 전개될 활동을 통솔할 인물이었다.

언론에서는 이 현상을 두고 열띤 토론을 벌였다. 손재간을 부려 의식적이건 무의식적이건 속임수로 사람들을 속이는 것뿐이지 않을까? 아니면 더 믿을 만한 무언가가 있는 걸까? 신비로운 '유체'란 무의식이 나타나는 현상인 걸까? 혹시 악마의 조작이거나 죽은 이들과 소통할 수 있는 방법은 아닐까? 정부 당국과 종교 기관은 매우 신중한 태도를 보였지만, 유명한 과학자들 중에서 이 현상을 진지하게 연구하는 사람은 드물었다. 하지만 영국 물리학자 마이클 패러데이가 테이블 터닝에 대한 구체적인 기록을 남겼고, 그 요지는 참가자들이 무의식적으로 테이블을 눌러서 발생하는 본의 아닌 운동이라는 결론이었다.

하지만 1853년 6월, 테이블 터닝 현상의 본질은 '말하는 테이블'로 바뀐다. 새로운 유행이 시작된 것이다. 루브르박물관 사무총장 오라스 드 비엘 카스텔은 일기에 다음과 같이 썼다. "테이블 터닝을 능가했다. 이제 우리에게는 말하는 테이블이 있다." 도미니크회 수도사 앙리 라코르데르는 소피 스웨친에게 "테이블이 도는 걸 봤나요? 테이블이 말하는 걸 들었나요?"라 물었고, 스웨친은 "테이블이 과거와 현재에 대해 상당히 놀랄 만한 것들을 제게 이야기해주었어요"라고 답했다.

테이블을 통해 혼령과 의사소통할 수 있다는 이야기가 알려지자마자 이를 발전시킬 방법들이 제시되었다. 초창기 방식은 꽤나 원시적이었는데, 보통 사용하던 다리 세 개 달린 조그마한 원탁에서 첫 번째 다리는 '그렇다', 두 번째 다리는 '아니다'라는 것이었다. 세 번째 다리는 알파벳 글자를 하나씩 가리켜 의미를 전하는 용도였다. 문제는 y나 z처럼 알파벳 끝 쪽에 나오는 글자가 아니더라도 너무 느리다는 것이었다. 이런 초창기 방식을 오랫동안 신봉했던 빅토르 위고는 심령회에서 밤을 지새웠다. 다른 곳에서는 재빨리 더 효율적인 방법을 도입했고 바구니나 널빤지에 묶은 연필, 숫자 대신 알파벳을 적은 시계판(1853년경 파리 고급 가구 제작자들이 대량으로 만들었다), 속칭 영매 자동 기술 기법 같은 것들이 등장했다.

1854년 봄, 시끌벅적하던 유행은 상당히 갑작스럽게 진정 국면에 접어들었다. 그러나 아주 사라졌다고 할 수는 없었다. 그 이후 몇 년 동안 테이블 터닝은 특히나 프랑스에 뿌리를 내렸다. 어떤 이들이 여기에서 심령술의 진정한 엘도라도를 찾아냈다고 생각한 것이다. 이 현상은 프랑스에서 시작해 1860년대부터는 브라질까지 폭넓게 퍼졌다. 브라질에서는 오늘날에도 여전히 가톨릭과 개신교 다음으로 많은 사람이 믿는 종교가 심령술이라고 한다. 테이블은 영혼과 대화할 수 있다는 것을 근거로 여러 가지 판결을 내렸다. 테이블을 둘러싸고 오간 수많은 이야기는 고전 사료에서도 쉽사리 찾아볼 수 없다. 아마 우리가 이 기이한 유행에서 흘러나온 소식들을 접한다면 깜짝 놀랄 수밖에 없을 것이다.

신문

1789년 프랑스 신문 발행인이자 편집자인 샤를조제프 팡쿠크는 《가제트 나시오날Gazette nationale》의 판형을 대판으로 바꿨다. 이는 프랑스혁명 이래로 4절지에 인쇄하던 대다수의 신문 및 소형 8절지 신문과는 뚜렷하게 차이 나는 판형이었다.

팡쿠크가 파격적으로 판형을 바꾼 이유는 영국 신문에서 영감을 얻었기 때문이다. 1712년 영국에서는 신문의 무분별한 증식을 막기 위해 신문을 비롯한 출판물에 세금을 부과하는 인지세법을 제정했는데, 이는 예기치 않은 효과를 불러왔다. 인지세법은 신문 쪽수에 따라 세금을 부과했기 때문에 여러 정기간행물이 판을 대형으로 바꾸면서 브로드시트(약 75×60센티미터) 판형이 등장했다. 처음에는 '신문 세 면이면 병풍도 만들 수 있겠다'는 비웃음을 샀으나 점차 전 세계적으로 가장 많이 쓰는 판형이 되어갔다.

17세기 초 유럽에서는 짧은 주기로 찍어내는 초창기 신문이 등장했다. 맨 처음 스트라스부르에서 요한 카롤루스가 발행한 독일어 신문이 나왔고, 프랑스에서는 1631년 테오프라스트 르노도가 《가제트Gazette》를 발행했다. 1660년에는 세계 최초의 일간지 《라이프치거 차이퉁Leipziger Zeitung》이 탄생했다. 아메리카 대륙에서는 1690년 9월 25일에 최초의 신문 《퍼블릭 어커런스Publick Occurences》가 발행되었으나 창간호를 끝으로 폐간했다.

17세기 언론이 발전하기 시작한 데는 두 가지 이유가 있다. 하나는 정치인들이 정보를 통제하고 싶어 했기 때문이고, 또 하나는 자본가들이 사업 확장에 몰두해 상업이 발달했기 때문이다. 그래서 특히 미국과 영국을 중심으로 경제 신문이 엄청나게 발전했으며 자유주의 성향의 신문도 성장했다. 정부가 굳이 언론에 투자를 많이 하지 않은 데에도, 또 기자라는 직업이 전문성을 갖추게 된 데도 이러한 배경이 있다. 사회적, 경제적 환경이 달랐던 남유럽 등지에서는 권력에 의존적인 신문이 많았지만, 경제면이 빈약했고 정치권이나 문학계 출신 기자가 대부분이었기 때문에 기자로서의 전문성이 떨어졌다. 이런 차이는 광고의 위치, 정치·경제·사회면의 지면 구성, 신문사의 규모, 배포 방식 등에 많은 영향을 끼쳤다.

17세기 중후반부터 국제적 정보 체계가 정착하면서 신문은 때로 먼 거리를 뛰어넘어 소식을 전하기도 하고, 지식인들 사이에 없어서는 안 될 문화적 사물로 자리매김하며 유럽 전역에 유통되었다. 서점이 많아지면서 신문 배포는 더 쉬워졌다. 19세기에는 기차역도 책과 신문을 판매하는 아주 중요한 공간이었다. 국내와 국제 뉴스를 전달하는 데 가장 중요한 역할을 한 철도가 보편화되면서 배포 속도에 가속이 붙었기 때문이다.

신문의 성장은 다른 수많은 산업의 발명과도 연관이 있다. 1803년부터 영국에서는 롤지를 생산하기 시작했고 잉크 장치가 기계화되었다. 1811년 프리드리히 쾨니히와 안드레아스 프리드리히 바우어가 증기 원압인쇄기를 발명했으며 1840년대에는 회전식 인쇄기가, 1880년대에는 영국과 프랑스에서 윤전기가 발명되었다. 마침내 1886년에는 미국의 인쇄 기술자 오토마르 머건탈러가 라이노타이프를 발명했다. 파리, 마드리드 같은 대도시에 신문 가판대가 생겨났던 걸 보면 신문의 성장세를 실감할 수 있다. 19세기 말의 신문 가판대, 신문 배달원, 벽보는 공공장소의 분위기가 얼마나 활기찼는지 느낄 수 있는 요소다.

전 세계적으로 조간 및 석간 일간지가 매일 발간되면서 규칙적으로 뭔가를 읽는 습관이 만들어졌다. 아침 식사를 하면서, 카페에서, 통근길 차 안에서, 퇴근 후에 신문을 읽는 행위가 하나의 의식이 되었다. 실제로 마르셀 프루스트는 아침 식사를 하며 세상에서 벌어지는 온갖 끔찍한 일들에 더욱 강렬하게 몰입할 수 있다는 점을 강조했다. 실제로 집 안에서도 신문을 읽기만 하면 세계화 시대에 진입할 수 있었다. 1884년 창간한 조간신문 《르 마탱Le Matin》은 1면 상단의 제호 양옆을 두 개의 전신주로 장식해 세상과의 연결성을 상징적으로 드러내 보였다.

신문은 산업혁명과 맥을 같이하며 비약적인 발전과 미친 듯한 양적 성장을 이루었다. 1904년 카미유 플라마리옹은 세계 신문 생산량의 절반, 즉 108억 부를 발간해 배포하는 신문 3만 종이 매일 나무 반죽 1000톤을 소비한다고 추정했다. 기관차 1800대가 3만 7500칸의 객차로 실어 나를 양이다. 대략적인 계산이긴 했지만 이 계산은 한 가지 사물의 성장만으로도 지구의 산림이 한 세기 만에 위험에 처할 수 있다는 사실을 드러냈다. 신문 산업은 문자 교육의 발전, 제작비 하락, 신문 읽기의 대중화로 매우 빠르게 증식했다. 산업화가 이루어진 서유럽 국가의 평론가들은 신문이 황금기에 돌입했다며 입을 모아 주장했고, 이 황금기는 제2차 세계대전 시기까지 지속되었다.

수백만 가지 사건을 논하는 명철한 신문 매체는 역설적이게도 길거리를 휩쓰는 더러운 종잇장이기도 했다. 신문지는 일반 종이보다 품질이 떨어지는 목질소 성분을 많이 함유하고 있어 쉽게 변색되고 재사용도 많이 되었다. 비닐봉지가 등장하기 전에는 주로 상점에서 상품을 포장할 때나 난로 불쏘시개용으로 사용하기도 했다. 폐지 수거와 재활용은 매우 고된 일이라 현재는 신문지를 재활용하는 지역이 크게 줄긴 했지만, 그래도 브라질에는 여전히 신문지로 장식품이나 의류를 만드는 재활용 협동조합이 있다.

신문은 현대성의 상징이기도 했다. 소설가 쥘 클라르티는 1881년 2월 22일 자 《르 탕Le Temps》에 기고한 사설에서 큰 사건이 벌어진 날이면 신문지로 뒤덮이는 길거리의 풍경을 다음과 같이 묘사했다.

마치 손끝에서 흰 종이가 푸른 나뭇잎보다 더 빨리 자라나는 것 같다. 전기로 만들어내는 개화開花나 다름없다. 잉크 냄새를 풍기는 신문지 뭉치가 신문 가판대 앞에 그득그득 쌓인다. 가게 주인들은 신문을 진열하고 또 진열한다. 가스등마다 멈춰 서던 가로등 켜는 공무원처럼 신문 배달원들은 이 가판대에서 저 가판대로 인도를 따라 질주하다 멈춰 서기를 반복한다.

판형, 색상, 조판 등 각 신문의 물질성을 살펴보면 내용을 읽어보지 않아도 어떤 주제를 다루는 신문인지 한눈에 알 수 있었다. 1896년 영국 노스클리프 자작은 브로드시트 판형의 절반 크기로 《데일리 메일》을 창간하며 타블로이드판을 만들었다. 타블로이드라는 명칭은 가루약을 먹기 편하게 압축한 납작한 알약 형태를 가리키는 말에서 따온 것이다. 덕분에 회사원들은 매일 아침 통근길에서 타블로이드 신문을 재빨리 읽을 수 있었다.

다루기 쉬운 소재로 뉴스거리를 만들어내는 타블로이드지는 가십거리, 뜬소문, 험담, 때로는 가짜 뉴스까지 앞세워 자극적인 기사를 뽑아내며 포퓰리즘을 확산시켰다. 오늘날 브라질에서 가장 많이 팔리는 신문 《슈퍼 노티시아스Super Notícias》가 대표적이다. 대부분 극빈층인 벨루오리존치 지역 통근자들은 매일 대중교통 안에서 《슈퍼 노티시아스》를 펼쳐 읽는다.

신문지 색상에도 중요한 의미가 있다. 1883년 조지프 퓰리처는 파산 위기에 처한 일간지 《뉴욕 월드》를 인수하면서 뉴욕에 진출했다. 스캔들 보도와 시사만화, 잡보 기사를 뒤섞어 발간하는 비법을 바탕으로 《뉴욕 월드》는 15년 만에 미국 전역에서 가장 많은 판매 부수를 기록했다. 만화는 따로 색지에 출력하고 시사만화 주인공을 '옐로 키드'라 칭한 《뉴욕 월드》이래로 사람들은 비슷한 종류의 신문을 '황색 언론yellow journalism'이라 부르기 시작했다. 《데일리 메일》, 《데일리 스타》, 《선》 같은 영국 타블로이드지는 제호가 빨간색이었기 때문에 '레드탑'이라는 별명을 얻기도 했다.

신문의 세계사는 매우 복잡하다. 세계화의 상징인 동시에 지역색을 드러내며 보편성과 특수성을 함께 띠기 때문이다. 국가와 지역은 저마다의 문화적 특수성에 따라 신문의 수준을 유지한다. 가령 일본의 신문 구독과 배달 체계는 일본인의 생활과 사고방식에 깊이 뿌리내리고 있다. 구독료가 저렴하기 때문에 (한 달에 약 3만 원) 일본에서 신문 판매 부수의 95퍼센트가 구독 형태로 유통되고, 5퍼센트만이 가판대나 편의점에서 팔린다. 일부 국가에서는 종이 신문이 여전히 활발히 인쇄되지만(오늘날 세계에서 가장 많이 팔리는 신문 두 종이 모두 일본 신문이고 세 번째가 인도 신문이다), 무료 인터넷 기사의 비약적 발전 앞에서 종이 신문의 운명은 아무래도 불확실해 보인다. 세상의 흐름을 따라가기 위해서는 신문도 디지털로 바뀔 수밖에 없다. 그렇지만 온라인 신문의 레이아웃이 타이블로이드지와 비슷하다는 사실은 꼭 짚고 넘어가고 싶다.

플래카드

시작은 20세기 초 영국이었다. 더 정확하게는 1903년부터 서프러제트가 런던의 길거리와 광장에서 최초로 플래카드를 들었다. 여성사회정치동맹의 창설과 여성 인권 운동은 전례 없는 정치적 탄압과 동시에 일어났다. 여성 인권 운동가들은 참정권이라는 요구 사항과 서프러제트를 상징하는 색깔(보라색, 초록색, 하얀색)이 잘 보이도록 깃발을 들었다. 포스터와 팻말뿐 아니라 양쪽 장대에 달아맨 천 위에도 구호를 수놓았다. 엽서에 "여성에게 투표권을Votes for Women"이라는 문구가 실린 뒤부터는 시위에 참여하는 인원이 두 배로 늘어났다. 플래카드를 든 여성들의 사진은 온 유럽에 퍼져나갔고, 이 사진은 어떠한 설명도 필요로 하지 않았다.

플래카드는 처음부터 사진에 잘 나오기 위해 만들어진 물건이었다. 사진술의 발전과 긴밀한 관계를 떠올리지 않고는 플래카드의 역사도, 엄청난 성공도 생각할 수 없다. 예를 들어 2019년 가을 칠레에서 시위 참가자들을 고무한 건 시위대 중 한 명이 핸드폰으로 찍은 금방이라도 찢길 듯한 플래카드 사진이었다. 플래카드에는 "NO+"('No More'를 뜻한다)라는 짧은 문구가 쓰여 있었다. 칠레의 독재자였던 피노체트에 대한 저항의 상징이었던 'NO+' 구호가 이 플래카드에 다시 등장한 것이다. 이 간단명료한 구호는 2019년 군부독재 치하에서도 플래카드나 벽에 재빨리 쓸 수 있었다.

플래카드는 아르만도 페트루치가 '드러내는 글쓰기'라고 부른 것에 속하지만, 고대부터 공적 글쓰기 행위였던 그래피티와는 다르다. 오히려 플래카드는 신체 위치(팔, 가슴, 이마)를 정해 글자나 도안을 그리는 타투와 비슷하다. 타투는 나폴레옹 군대 병사들이 동양 원정에서 돌아오던 19세기 중후반 서양에서 등장했다. 초반에는 선원들이 먼저 새기기 시작했고, 그다음으로는 유형수들이 이마에 '불행의 자식', '경찰은 죽어라' 같은 단어나 기호를 새겼다.

하지만 타투는 집단적이고 일시적이라는 점에서 플래카드와 차이가 있긴 하다. 플래카드는 노조나 조직에 속해 있다는 상징이기에 혁명주의자들은 시위대처럼 플래카드 뒤로 줄을 지어 행진했다. 플래카드의 또 다른 특징은 깃발 역할 외에도 거기 쓰인 문구를 읽게 한다는 데 있다(깃발은 플래카드와 자주 경쟁한다). 러시아혁명에 참여한 많은 이가 문맹이었는데도 플래카드를 들었다는 사실이 어리둥절하게 느껴질 수도 있지만, 가만 생각해보면 사실 시위대는 플래카드를 읽지 않는다. 글은 창문가나 인도에 서 있는 사람들을 위한 것이다. 동시에 시위대는 글을 쓸 권리가 통치자의 특권이 아니라는 점을 확실히 하며 지배 계층에 저항했다. 실제로 플래카드는 움직이는 글쓰기 도구로서 도시의 수많은 글자 사이에 자리를 차지했고 공문, 상점 간판, 광고, 노상 시설 같은 곳들이 20세기 도시의 거리를 점령했다. 다른 말로 하면 담론의 질서를 깨부수기 위한 것이었다고도 할 수 있다.

귀스타브 르 봉이 1895년에 출간한 『군중심리학』 같은 책처럼 군중이 연구 주제가 된 시기에 플래카드가 공동체의 화두를 내포하고 있었던 건 무관한 일이 아니다. 실제로 플래카드는 집단적인 장치의 역할을 했다. 메시지를 담은 천을 두 개의 장대에 매달려면 적어도 두 명의 시위 참가자가 모여야 하기에 자연스레 행렬이 조직되고, 시위대는 플래카드를 통해 동시대를 살아가는 여러 사람의 목소리를 전한다. 플래카드는 성경 구절이 써진 몇몇 중세 회화에 가득한 불꽃 같은 행렬의 명찰일 뿐만 아니라, 솟구쳐 나오는 현재형의 기록이기도 했다. 이렇듯 플래카드를 휘두르는 일은 세상이 외면하고 침묵하던 문제를 뒤흔드는 힘을 갖고 있다. 1968년 8월 25일 일요일, 반체제 인사 일곱 명이 붉은 광장의 레닌 묘 앞 인도에 앉아 "점령군은 물러가라" "둡체크에게 자유를"이라고 쓴 플래카드를 펼쳐놓았다. 1982년 여름에는 계엄령이 내려진 폴란드에서 활동가들이 금지된 노조인 솔리다르노시치를 상징하는 붉은색 글씨의 플래카드를 성당 철책에 걸었다.

1966년 5월 중화인민공화국에서 마오쩌둥이 "당 전체는 마오쩌둥 동지의 지시를 따라 프롤레타리아 문화대혁명의 커다란 깃발을 높이 들어야 한다"고 명문화된 공문에 서명했을 때, 플래카드는 프로파간다(어떤 것의 존재, 효능, 주장을 남에게 설명하며 동의를 구하는 일이나 활동. 주로 사상이나 교의가 여기에 포함된다—옮긴이)의 주요 도구였다. 결국 행렬에서 팔을 높이 들어 보여주던 『마오 주석 어록毛主席语录』 깃발과 대자보, 목에 두른 팻말까지 삼종 세트가 완성되었다. 대자보를 작성하고 포스터에 정치나 윤리 문구를 쓰는 건 중국에서 오래전부터 여론을 표현하는 방식이었다. 특히 홍위병이 반혁명적인 부르주아 계층의 범죄를 고발하는 글귀로 망신을 줄 때 극단적으로 사용했다. 하지만 마오쩌둥 치하에서의 이런 표현법은 보통 시대 상황에 맞춰 수정되거나 강화되었다.

플래카드의 형태 자체는 120년이 넘는 기간 동안 거의 변하지 않았지만 내용은 상대적으로 가벼워졌다. 또 예전에는 문구를 수놓아 적었다면 1936년부터는 페인트를, 1960년대부터는 스프레이 페인트를 이용했다. 그렇다고 플래카드의 역사가 변하지 않은 건 아니다. 1970년대 초 유럽과 미국에서의 페미니즘 운동은 플래카드의 글씨체를 둥글둥글하게 바꾸었고 필기체도 등장했으며, 유머가 성공적인 재료로 쓰이기도 해 그 특성까지 바뀌었다.

가끔은 플래카드 대신 검은색이나 붉은색, 후에는 보라색이나 무지개 깃발을 쓰기도 했으며 필요하다면 무기처럼 사용할 수도 있었다. 이제 플래카드는 깃발이라는 개념보다는 개성을 드러내는 경향이 강하다. 1865년 3월 미국 셀마에서 몽고메리까지 행진하던 시위대는 샌드위치맨(거리에서 이동 광고판을 메고 다니는 사람. 샌드위치처럼 가슴과 등에 광고물을 걸치고 다닌다 해서 붙은 명칭이다―옮긴이)처럼 광고판을 멨다. 거기에는 커다란 글씨로 "나는 사람이다I Am A Man"라는 문구가 적혀 있었다. 플래카드를 비롯한 이런 시위 도구들은 반복해서 사용할 수 있었고, 언론에 사진이 찍혀 기사에 실리면 시위의 메시지를 보다 강력하게 알리는 역할을 했다.

1980년대 말 뉴욕과 파리에서 에이즈가 유행하자 액트업(에이즈와 에이즈 환자를 위해 노력하는 국제 행동 단체―옮긴이) 활동가들은 호루라기를 불어서 관심을 끌며 "침묵=죽음" "동성애 혐오가 사람을 죽입니다" "콘돔=생명" "감옥=죽음" 같은 구호가 적힌 표지판을 휘둘렀다. 플래카드에 더해 행진 대열의 맨 앞 사람 티셔츠에도 같은 문구가 적혀 있었다.

메시지 노출 기법은 해가 지날수록 발전했다. 액트업은 2000년대 시위에서 새로운 유형의 플래카드를 보여주었다. 빔 프로젝터로 건물 벽면에 구호를 비춘 것이다. 새로운 형태의 플래카드가 등장한 후로는 어느새 도시 건물들이 시위 문구를 전하는 매체가 되었다.

필진

샴푸
쥘리 마르케Julie Marquet

부채
클레르아키코 브리세
Claire-Akiko Brisset

비데
질 베르트랑Gilles Bertrand

쇼핑 카트
카트린 그랑클레망
Catherine Grandclément

마스크
프레데릭 바녜롱Frédéric Vagneron

콘돔
비비아 파바르Bibia Pavard

타이어
토마 르 루Thomas Le Roux

지폐
블레즈 트뤼옹로이
Blaise Truong-Loï

분필
필리프 아르티에르Phillippe Artières

탐폰
클레르 프레지Claire Fredj

달력
실비아 시폴로Sylvia Chiffoleau

목줄
에리크 바라테Éric Baratay

경구피임약
비비아 파바르

젓가락
클레망 파브르Clément Fabre

통조림
스테파니 수브리에Stéphanie Soubrier

음료수 캔
프랑수아 자리주François Jarrige

페트병
니콜라 마르티Nicolas Marty

식기
안 르호에르프Anne Lehoërff

추잉 껌
폴린 페레Pauline Peretz

양초
장바티스트 프레소
Jean-Baptiste Fressoz

반도네온
주느비에브 베르도Geneviève Verdo

분재
필리프 펠르티에Phillippe Pelletier

플립플롭
아르멜 앙데르Armelle Enders

성인 용품
폴린 모르타스Pauline Mortas

카우치
에르베 마쥐렐Hervé Mazurel

피아노
실뱅 브네르Sylvain Venayre

콘솔 게임기
로맹 르바이Romain Lebailly

밴조
뱅상 이리바렌
Vincent Hiribarren

프리메이슨 앞치마
피에르이브 보르페르
Pierre-Yves Beaurepaire

숄
아룬다티 비르마니
Arundhati Virmani

축구공
쥘리앵 소레즈Julien Sorez

로인클로스
장피에르 바Jean-Pierre Bat

미니어처 기차
실뱅 브네르

아편 파이프
그자비에 폴레스Xavier Paulès

시가
로미 산체스Romy Sanchez
잔 무아상Jeanne Moisand

리볼버
도미니크 칼리파Dominique Kalifa

카메라 플래시
다니엘 폴리아르Daniel Foliard

칼루멧
질 아바르Gilles Havard

코카
리셀 키로즈Lissell Quiroz

텔레비전
이자벨 가야르Isabelle Gaillard

스마트폰
니콜라 상톨라리아Nicolas Santolaria

필진

페니실린
기욤 라슈날Guillaume Lachenal

보르네올
로맹 베르트랑
Romain Bertrand

퀴닌
클레르 프레지

면실
바네사 카뤼Vanessa Caru

전구
레오나르 라보리Léonard Laborie
이브 부비에Yves Bouvier

주먹도끼
프랑수아 봉François Bon

가시철사
올리비에 라작Olivier Razac

망원경
로랑스 기냐르Laurence Guignard

타자기
필리프 아르티에르

노란 조끼
레나 모제Léna Mauger

양복 정장
마뉘엘 샤르피Manuel Charpy

볼펜
피에르이브 소니에
Pierre-Yves Saunier

경찰봉
아르노 우트Arnaud Houte

광부용 안전모
마리옹 퐁텐Marion Fontaine

재봉틀
마뉘엘 샤르피

우리
비올레트 푸야르Violette Pouillard

시코트
랑슬로 아르젤Lancelot Arzel

장갑
필리프 아르티에르

드럼통
필리프 페트리아Philippe Pétriat

연자방아
프랑수아 자리주

조가비
샤를로트 기샤르Charlotte Guichard

서핑 보드
피에르 싱가라벨루Pierre Singaravélou

기모노
캉탱 들뤼에르모Quentin Deluermoz

해먹
세바스티앵 로조Sébastien Rozeaux

지도
피에르 싱가라벨루

쿠피야
마티외 레Matthieu Rey

텐트
실비아 시폴로

국기
파브리스 아르구네스Fabrice Argounès

여권
델핀 디아즈Delphine Diaz

관
스테파니 소제Stéphanie Sauget

엽서
마리에브 부용Marie-Ève Bouillon

우표
세바스티앙 리셰Sébastien Richez

편지
클레망틴 비달 나케
Clémentine Vidal Naquet

테이블 터닝
기욤 퀴셰Guillaume Cuchet

신문
마리에브 테랑티Marie-Ève Thérenty

플래카드
필리프 아르티에르

엮은이 **피에르 싱가라벨루**Pierre Singaravélou

킹스칼리지런던 및 팡테옹소르본대학의 현대사 교수. 식민 제국과 세계화를 전공했다. 『가능성의 역사를 위하여Pour une histoire des possibles』와 『19세기 세계사Histoire du Monde au XIXe siècle』를 공동 집필했다.

실뱅 브네르 Sylvain Venayre

그로노블알프스대학의 현대사 교수. 19세기 역사를 전공했다. 『국내 산책La Balade nationale』과 『19세기 세계사Histoire du Monde au XIXe siècle』를 공동 집필했다.

옮긴이 **김아애**

서강대학교 프랑스문화과와 한국외국어대학교 통번역대학원 한불과(석사)를 졸업 후, 현재 전문 통번역사로 활동하고 있다. 옮긴 책으로 『수학에 관한 어마어마한 이야기』『아름답고 우아한 물리학 방정식』『과학이 답!』『잘 안다고 믿는 것을 다르게 보는 법, 수학』등이 있다.

세계사 만물관

펴낸날 초판 1쇄 2022년 9월 20일

엮은이 피에르 싱가라벨루, 실뱅 브네르

옮긴이 김아애

펴낸이 이주애, 홍영완

편집장 최혜리

편집2팀 김혜원, 박효주, 홍은비

편집 양혜영, 유승재, 박주희, 문주영, 장종철, 강민우, 김하영, 이소연, 이정미

디자인 윤소정, 박아형, 김주연, 기조숙, 윤신혜

마케팅 김지윤, 김태윤, 김예인, 김미소, 최혜빈, 정혜인

해외기획 정미현

경영지원 박소현

펴낸곳 (주)윌북 **출판등록** 제2006-000017호

주소 10881·경기도 파주시 회동길 337-20

전화 031-955-3777 **팩스** 031-955-3778

홈페이지 willbookspub.com **전자우편** willbooks@naver.com

블로그 blog.naver.com/willbooks **포스트** post.naver.com/willbooks

페이스북 @willbooks **트위터** @onwillbooks **인스타그램** @willbooks_pub

ISBN 979-11-5581-509-0 03900